陈廷湘 徐亮工 主编

四川大学『211工程』子项目
中国区域历史与文化
晚清民国四川学术文化系列

抗日战争时期四川省办驿运研究

四川省办驿运研究

肖雄 著

四川出版集团
巴蜀书社

教育部“211”工程“十一五”规划项目子项目
“中国区域历史与文化”重大课题
“晚清民国四川学术文化”丛书

总序

晚清民国时期是中国社会大变动之期，亦是中国学术向现代性转型之季。四川在地理位置上处于边远地区，无论社会变迁，还是学术文化转型都具有鲜明的特点。

四川学术转型与尊经书院的创办和发展关系甚为密切。1875年，四川学政张之洞在成都创办尊经书院，所设课程为经、史、小学、辞章，其中尤重经学。1879年，四川总督丁宝桢聘请湖南著名学者王闿运担任书院山长，主讲春秋“公羊”学。书院曾把学生在经、史、辞章方面的优秀文章刻为《蜀秀集》，后又将《尊经书院一、二、三集》刊刻印行。中日甲午战争以后，尊经书院开始由主通古学转向传授“新学”，增设天文、舆地、中外交涉、商务、测算等现代科目；还创办了《蜀学报》，鼓吹西学。后几经变更，书院成为四川大学的前身之一。其中的许多著名学者，如廖平、宋育仁、谢无量、吴之英、张澜等都曾入长或执教于四川大学及其前身各校。这一转变堪称是四川学术转型的主流。

20世纪20年代以降，祝曾同、何鲁之、叶秉诚、束世澂、丁山、柳诒徵、萧公权、伍非百、吴虞、徐中舒、蒙文通、冯汉骥、胡鉴民、蒙思明、刘咸炘、缪钺、李思纯、任乃强、吴天墀等名家先后活跃于四川学坛。这批学者生活的时代是中国学术更急剧地向现代性转型之季。他们的经历与学源差别极大，有留学西洋者，有来自中心区域者，也有纯属川中地方学者，在新学旧学变换之中所持观点异趣互见。但从总体上看，他们又都处在从旧学向新学过渡的过程之中。来自中心区域的徐中舒先生和留学归国的李思纯先生等已大体走上现代科学史学的道路。但更多学者如蒙文通、刘咸炘等却与廖平等相似，皆由经学而新学，既与古学有剪不断的联系，又受时代的影响而不同程度地涉足新学，形成了独具特色的学术风貌，为中国古学向现代性转型的重要组成部分。研究发掘这一区域性学术转型的进程、成就和特征，是全面考察中国近代学术转型的历史不可或缺的重要环节。《晚清民国四川学术丛书》拟逐个研究此间四川有代表性学者的学术渊源、学术成就与学术特点，以图较充分地展示晚清民国时期四川学术转型的历史形态。

编　者

2006年10月30日

目 录

序

中国传统驿传系统，萌芽于先秦，成形于秦汉，于隋唐两宋趋于完备，元明清时期进一步发展。随着近代交通运输方式的兴起和发展，传统官办驿传系统逐步失去存在的意义，于民国初年被全部裁撤。

抗日战争爆发后，侵华日军对我国交通运输设施大肆侵占，并采取对华战略封锁政策，致使中国抗战后方与前线陷入交通运输力量严重不足的困境。国民政府为摆脱此困境，重新“恢复”传统“驿运制度”，利用中国传统交通运输力量以补战时交通运输力之不足。这一措施的采取，使民间传统交通运输工具与动力重新发挥作用，大批量承担军需民用之运输任务，形成了兴盛一时的“战时驿运”。

1940 年 9 月 1 日，交通部驿运总管理处在重庆成立，负责全国战时驿运的兴办与管理。各省则纷纷成立驿运管理处，主持各该省战时驿运工作。同年 10 月 1 日，四川省驿运管理处在成都成立。省驿运管理处根据四川实际，开辟战时驿运路线，发动民众参与战时驿运，承担军公商各类物资运输，甚得政府与社会人士赞许。根据省驿运管理处存在期间下属驿运机构设立与经营政策的变化，大致可将四川“战时驿运”分为三个时期：一为驿运支线总段时期：从 1940 年

10月1日至1942年5月。此期先后开辟驿运路线五条，分别为奉建支线、新渝支线、渝广水陆联运线、渠万支线、川西支线；二为驿运区时期：从1942年6月至1945年3月。其间，因四川省办驿运营运路线之规模扩大，四川省办驿运划分为两个驿运区：川西驿运区和川东驿运区，并相应成立驿运区之驿运机构；三为四川省办驿运后期：从1945年3月底川西驿运区解散至川省驿运结束，这是四川省办驿运的后期发展阶段。随着战争形势的好转，驿运营运业务大量减少而渐入衰落，到1946年5月，四川省驿运管理处解散，四川省办之战时驿运至此结束。

对于抗日战争时期国民政府主办的“战时驿运”及四川省办战时驿运的研究，目前史学界关注得十分不够，尚无研究专著产生，专题论文亦为数极少，且所论较浅，研究空间较大。肖雄博士的文章以抗日战争时期四川省办驿运为论域，对四川省办驿运制度与设施建设、驿运营运与管理以及民间力量参与四川省办战时驿运加以具体分析，重建抗日战争时期四川省办驿运史实，对展现抗日战争历史的全貌具有重要意义。

诚如章开沅先生所言：“实证研究应是史学研究的基础。”本书作者能在这个论域取得成就，主要因素就在于十分重视史料收集。作者在攻读博士学位期间，不仅全部搜集了四川省档案馆保存完整的有关四川省办驿运的原始档案，还赴南京中国第二历史档案馆搜集了一些极为珍贵的原始资料，如在交通部档、行政院档中所保存的有关战时驿运的地图、统计数据等史料。此外，作者还在重庆市档案馆、重庆市图书馆查阅了散存的相关资料，其中，1941年四川省驿运管理处编的《四川驿运》、1943年四川省政府建设厅编的《四川的驿运》都是当时历史参与者留下的记录，颇具史料价值。这些史料搜集是本书能够顺利完成，并能成为一本有较高学术水平的博士论文的根本所在。

作者依据翔实的史料，重建了战时四川省办驿运的史实，在国民政府主办“战时驿运”对传统运输方式的继承与发展，四川省办驿运的特点、地位及其对抗战作出的贡献等方面提出了众多独到见解。并实事求是地指出，四川省办战时驿运，虽在实际经营中存在诸多问题，但毕竟在战时交通运输困难之际，承担大批军需民用运输任务，毫无疑义地成为打破日军战略封锁的有效手段，具有十分重要的历史意义。

历史存在的意义有大小，但历史的存在都是有意义的。肖雄博士对战时四川省办驿运这一历史存在的重现与阐论由于建基于厚实的史料地基之上，因而在抗战历史研究系谱中留下了有价值的知识。希望肖雄博士继续发扬求真务实精神，拓展领域，不断耕耘，在中国近现代史研究中做出更多更有价值的学术成果。

刻苦自强，必有所得。这是作者的经验，也应是作者永远的追求。

是为序。

陈廷湘

2012 年 3 月于四川大学

绪 论

一、选题及其意义

由驿道和驿站构成的中国古代驿传系统，可喻为华夏文明体系的经络，于商周时代即已萌芽。据学者研究，甲骨卜辞中已多见“传”、“迳”等与驿传相关的文字，西周时期已有“周行”或“周道”通达四方，春秋战国时期，据史籍记载，“良马固车，五十里而一置”，已透露其时驿传设置的某些特征。秦汉之“驰道”制度，使驿传系统渐趋成形，至隋唐两宋，驿传系统基本完备。以后各代，承继了此驿传系统，虽有变革，但基本制度不变。[①] 综观中国历朝各代，其修筑驿道，设置驿站，建立驿传系统，最大目的为传送紧急军情，传递官方文件，辅之以迎送过往官员，运输官方物资，其功能逐步扩大，从而使每朝政府的国家机器得以运转无碍，军情政令能够及时通达。平民百姓，文人骚客也沿驿道运送物品，探亲访友，游览四方，获得各方面的交流。如此之驿传系统，真可谓“脉络贯通，声闻毕达”，[②] 华

① 参阅楼祖诒《中国邮驿发达史》，《民国丛书》第三编第 35 册，上海书店 1991 年，第 1－332 页。

② 王子今：《驿道站史话》，中国大百科全书出版社，2000 年，第 90 页。

夏文明因之流布四方。

然而时至晚清，绵延数千年的华夏文明忽遇西方文明的强烈冲击，中国“所面对的决不再是某个粗蛮不文的、很快就将被自己同化的马背上的战胜者，而是一个高度发展了的、必将对自己的根本价值取向大大触动的文明”，[①] 中国面临的是“数千年未有之大变局”。清末民初，中国社会变革剧烈而又深入，不管是从政治、文化、经济、军事等有关国家制度和国家设施的层面，还是从普通百姓衣食住行的层面去探视近代中国，其变化之迅速令人叹为观止。如此多的变化之中，因受近代交通兴起的冲击，裁撤驿传系统也就在所难免。1906年，清朝政府更定官制，设立邮传部，“兼管船路邮电四政”，1911年，邮传部接管陆军部所管之驿站事宜，“裁驿归邮”已进入政府的议事日程。1913 年 1 月，朝代更替后的北洋政府宣布将驿站全部裁撤[②]。

当然，虽然官办之传统驿传系统实行裁撤，但在现代交通还来不及发展的西南西北等地区，以及其他广大农村地区，民间传统运输力量继续利用原有的驿道从事交通运输，其多少还延续着一些“裂变中的传承”；更惊奇的是，由于“历史的机遇”，传统也可能“回归”！

如果“放宽历史的视界”，会发现，1840 年以来的中国，受外敌侵略和国人反侵略的过程，其规模与剧烈程度逐步加大，其节奏感渐趋加快，至卢沟桥事变日军全面侵华，中国所受侵略及其反侵略的斗争达到高潮。在那血与火的抗日战争前期，日军侵占了交通较为发达的东北华北及其他广阔的地区，占领了上海、南京、武汉、广州等城

---

① 刘东：《序“海外中国研究丛书”》，见余英时《中国思想传统的现代诠释》，江苏人民出版社，2003 年。

② 参阅苏全有《清末邮传部研究》，中华书局，2005 年，第 173 页；王子今：《驿道站史话》，中国大百科全书出版社，2000 年，第 128 页。

市，切断了中国的出海口。国民政府被迫迁都重庆，退守大后方；而日军出于军事政治目的，对中国抗战后方实行了战略封锁政策。相比东北、华北、华东及广州、武汉等地，后方的近代交通较为落后。比如抗战前夕，所谓“民族复兴根据地”的四川，竟无一寸真正意义上的铁路，两条出川公路也才刚刚修通。然而，战争需要后方有超常的运力，输送兵员、枪支弹药、军米军服到前线，支撑反侵略的战争机器顺利运转；同时，成千上万的难民涌入抗战后方，人口增加，粮食必然面临紧缺，调剂民众食米也必须通过大运输管道以济其事；另外，其他民用日常生活物资、国家进出口物品，也唯运输是赖。抗战后方的运输总需求与总供给形成了巨大的反差。加之敌人封锁出海口后，完全依靠进口的汽车及汽车零部件就极端缺乏；且其时虽玉门油田已产油，但产量不大，大部分汽油还得从国外进口，因而汽油供应渐趋紧张，致抗战后方的运输供给更为不足。面对如此困窘的运输现状，国民政府不得不采取一些措施以应时艰，比如加快修筑现代公路，疏浚河道，禁止汽车空回，使用木炭汽车等；并且开始发掘其他的交通运输资源作为补充，传统交通运输方式由是进入了国民政府的视野。1938 年 10 月，行政院召开全国水陆交通会议，决定“利用全国人力兽力之运输，以补机械运力之不足”。[①] 1939 年元旦，政府在重庆成立驮运管理所，统筹全国人力兽力运输，开辟驮运线路，以供军公商方面的物资运输之用。然而，大规模地利用中国传统交通运输力量，则是在全国驿运会议召开之后，由政府主导的战时驿运。

1940 年 7 月 15 日，国民政府在重庆召开全国驿运会议，决定在国民政府所管辖的范围内“恢复”传统驿传系统之驿运制度，即“实

---

① 俞飞鹏：《十五年来之交通概况》，1946 年，出版者不详，四川大学文理图书馆藏第 34 页。

行”中国传统的“驿站运输制度”，举办“战时驿运”。[1] 该会议就重建驿运制的组织、经费、宣传三个方面作出了明确规定。同年9月1日，交通部驿运总管理处成立，全国驿运的重建、营运等事务有了一个统一的领导机关。与此同时，各省也纷纷成立驿运管理处，专事省区内驿运事业的管理。其后，驿运总管理处开辟了数十条驿运干线，设立驿运管理与营运机构，开展驿运营运工作，各省亦开辟了几十条驿运支线，设立机构，从事驿运管理与营运业务。国民政府借用传统驿运的“分站递运”的运输形式，运用传统交通运输工具与动力，以时间换空间，不求其快，但求其“源源不断”地输送物质，支援前线的抗战，力求保证后方生活必需品的供应。

国民政府举办的“战时驿运”，是在恢复传统“驿运”的名义下展开的，其概念的界定，显然必须首先参照传统“驿运”之界说。传统所称的“驿运”，或称驿站运输，指的是传统驿传系统所承担的运输，即由政府设立驿站，修筑驿道，指派管理官员，征集驿丁，其功能包括信息传递和人员物资运输两个方面，具体表现为递送官方文书、迎送官员往来、运输官方物资三个层面，因而其内涵较广。抗日战争时期的战时驿运，借用传统驿运分站递运的运输形式，利用中国传统交通运输工具和动力，展开战时物资运输和客运。虽然在战时驿运过程中也承运部分邮件，但其主要强调运输功能，信息传递的功能相对弱化，“驿运”的内涵相应缩小。[2] 与此同时，战时驿运又可从与近代交通方式相比较的立场来定义。其所指“战时驿运”，是除开

---

① 《全国驿运会议主席团报告书》，中国第二历史档案馆行政院档，全宗号：二，案卷号：8607，案卷名：驿运总管理处及各省驿运管理处段站组织法规。

② 近代电报电话邮局设备相对简单，设置较易，受战争影响不太大，抗日战争时期大致能承担信息传递的任务。战时驿运运输邮件也是通过邮局承运，其主要表现为物资运输功能。参阅龚学遂《中国战时交通史》，商务印书馆，1947年。至于“战时驿运”与“传统驿运”之概念的比较，请参阅伍启元《新驿运运动的意义》，见薛光前编著《新驿运运动》，战地图书出版社，1940年，第39页。

如汽车、火车、轮船等近代交通运输工具之外的所有非机械力运输，如非机械力的木船、人力车、兽力车运输及人兽背驮。此外，在国民政府展开战时驿运的实际中，此概念外延的形成也有一个发展并逐步扩大的过程：最先的战时驿运仅指局限于利用传统陆运工具的陆运，然后扩大到水运，运输工具由板车、大车、独轮车扩展到木船，最后由运货到运人，即客运；另一方面，战时驿运最初仅指政府举办的驿运，1943 年 12 月《奖励民营驿运事业办法》颁布后，民间传统运输也纳入战时驿运的范围，战时驿运几乎就等同于利用传统交通运输工具与动力的运输。战时驿运外延的扩大，也显示了国民政府举办战时驿运其政策上的某些变化。

全国战时驿运开办之时，正如蒋介石所言，其最初设想是“辅助”“机械运输力之不足”；[①] 太平洋战争爆发后，日本侵略者攻占缅甸，滇缅公路完全切断，油料及汽车零配件更为缺乏，驿运的重要性则更为突出。在抗战期间，战时驿运发挥了近代交通运输方式不可替代的独特作用。与国民政府的其他交通运输部门的运量比较，至 1943 年，驿运货运量吨数已居全国各交通运输部门运量第二位，次于铁路，远远超过公路运量吨数，延吨公里量上居第三位，次于铁路与航运，超过公路；而据 1944 年前四个月的统计，驿运运量吨数已跃居全国各交通运输部门之首，延吨公里量上居第二位，仅次于铁路。[②] 战时驿运已由最初构想仅起辅助运输作用，上升为与近代交通运输方式同等的地位。其时驿运相关人士指出，驿运对抗战之贡献巨大，据统计，至 1944 年 9 月，其运输物资 64000 余延吨公里，节省

① 蒋介石：《运输统制与运输运动》，见薛光前等著《新驿运运动》，战地图书出版社，1940 年，第 3 页。

② 参阅《三十二年度全国各交通部门货运运量比较表》，见《驿讯》第三十二期（1944 年 8 月 1 日），第 3 页；《全国各交通部门货运运量比较表》，见《驿讯》第三十三期（1944 年 8 月 16 日），第 3 页。

汽油2570余万加仑，节省汽车共约8590余辆，节省经费每年约46000余万元。其所用总经费“比之历年用于其他交通事业之国帑，仅占百分之二”。①

确实，国民政府战时开办的驿运，便利了军需公用物资的运输，为前后方的物资供应提供保障，方便了民众的流动，后方交通运输因运力不足而形成的紧张局面得以缓解，节省了政府财力。因此，对在抗战时期发挥过如此作用的驿运进行全面研究实具有重要的历史意义。

然而，对国民政府所办战时驿运进行全面而又深入的研究，难度却很大。因为战时驿运分中央举办与各省举办两个层次，对于中央为举办战时驿运而设的交通部驿运总管理处及其所辖干线驿运机构的档案，本人查遍了中国第二历史档案馆和重庆市档案馆，主观上认为在此两个档案馆内极有可能大量收藏了此类档案，然实际却寥若晨星，更谈不上有一个全宗的收藏，仅在中国第二历史档案馆行政院档、交通部档等档案中，零星地收藏了一些有关驿运总管理处的宏观性资料，即一些统计数据和一些驿运地图，而有关该管理处及其所辖干线驿运机构经营与管理的微观性的描述性资料，比如驿运总管理处与上下各级的往来电文，该处的各次会议记录，组织机构的详细情况，驿运干线的具体运输经营状况，以及人事变更等材料，却无踪影。在重庆市档案馆，有关此类的档案更为稀少，仅在重庆市政府档、兵工署档、重庆市警察局档等档案中有少量的与交通部驿运总管理处的往来电文，对于研究驿运总管理处及其所辖干线驿运机构简直无关痛痒。“巧妇难为无米之炊”，对于以实证为基本原则的历史研究，由于交通

---

① 龚警初：《驿运对抗战之贡献》，见《驿讯》第三十五期（1944年9月16日），第1页。

部驿运总管理处及其所辖干线驿运机构档案资料的缺失，暂时已难以重建整个战时驿运的史事。

所幸的是，部分省档案馆却较完整地收藏了该省在抗战时期所办驿运的相关资料。其中四川省档案馆收藏了四川省驿运管理处一个全宗（全宗号：民 132）184 卷的档案，云南省档案馆藏云南省公路局档案中有关该省驿运部分共有 90 卷档案，贵州省档案馆藏贵州省驿运管理处档有一个全宗（全宗号：M88）20 卷档案，湖南省档案馆收藏有湖南省驿运管理处一个全宗（全宗号：87）39 卷档案，福建省档案馆藏福建省公路局档中也收藏了福建省驿运管理处的档案，其他如湖北、广西、广东、甘肃、陕西、江西、浙江等省档案馆，也收藏有该省驿运管理处的一些档案。①

纵观各省档案馆收藏的该省驿运管理处的档案，四川省档案馆收藏的四川省驿运管理处的档案量大而又较为完备，其档案从四川省驿运管理处成立一直到该驿运管理处结束，都予以收藏。四川省驿运管理处档案收藏的较为完整，为该省的战时驿运研究奠定了史料基础。因此，本人拟选取抗战时期四川省办驿运进行研究，虽有避重就轻之嫌，但也为符合史料实际状况的明智之举。

基于以四川省驿运管理处档案材料为主的史料，考察四川省办驿运的实际经营与管理，可以得知，四川省办驿运承担为前方的军米运

---

① 此总结材料基于各省出版的该省档案馆指南以及各省所修交通志、所撰交通史透露的信息，以及各省档案馆网站上的信息。参阅杜鹃《民国时期的云南马帮驿运》（四川大学 2004 年硕士学位论文），未刊稿；《福建省档案馆指南》，福建省档案馆编，中国档案出版社，1997 年；《河南省档案馆指南》，河南省档案馆编，中国档案出版社，2003 年；《广西壮族自治区档案馆指南》，广西壮族自治区档案馆编，中国档案出版社，1997 年；《湖北省档案馆指南》，湖北省档案馆编，中国档案出版社，1994 年；《陕西省档案馆指南》，陕西省档案馆编，西北大学出版社，1998 年；《陕西公路史》第一册《近代公路》，陕西省交通史志编写委员会编，人民交通出版社，1988 年；夏鹤鸣、廖国平主编《贵州航运史》（古、近代部分），人民交通出版社，1993 年；《浙江公路运输史》第一册《近代公路运输》，浙江省汽车运输总公司编史组编，人民交通出版社，1988 年。

输以及一段时间内全面承担第六战区的军运重任，同时负责后方特种工程的工粮工料运输，以及田赋征实后的粮运等等，且较为顺利地完成了上述运输任务。四川省举办的战时驿运，在抗战之特殊时机不失为必要之举措。因此，对四川省办驿运进行研究，既可窥视支援前线运输的实际状况，又可探讨为后方民用而设的驿运经营，对整个国民政府的战时驿运事业可能获得一个管中窥豹式的理解。[①] 此即为本书的意义之一。

血与火的岁月，前方将士浴血奋战，甚至为国捐躯，守卫着西南、西北大后方及东南华中部分地区，其精神已融为中华民族精神的一部分。然而，前方的抗战，缺少不了后方的全面支援。枪支弹药的及时输送到位，军粮军服等生活必需品的准时供应，无不有赖于后方的运输。选取战时驿运作为论题，以之为切入口，探讨民族抗战中，在外援无望的情况下，后方如何支援前线，民众的爱国热情通过何种途径得以表现，民间与政府如何协调维系抗战大业等等，是为笔者阐论本题的初衷。

二、学术史的回顾

对于传统驿传系统的研究，白寿彝先生于 1937 年完成《中国交通史》一书，由商务印书局出版，这是第一部较系统地研究整个中国古代驿传系统发展历史的著作，但论述略显匆促。楼祖诒先生自 20 世纪 20 年代即致力于中国古代驿传系统的探讨，其著作《中国邮驿

① 虽在“地方性知识”与“普遍性知识”的参照下，这种试图所做的普遍意义上的理解有某些理论上的困难，但在整个国民政府所办的战时驿运的“统摄”下，四川省办驿运的历史除了其本身的“个性”之外，应蕴涵了整个战时驿运的“共性”，这种管中窥豹式的理解在历史研究的实践中并不为过。

发达史》于1940年由中华书局出版，此书对中国传统驿传系统的研究，论述较细致深入，史料也掌握得较充分。于省吾于20世纪50年代发表的《殷代的交通工具和驿传制度》一文，以考古材料为基础，对夏商驿传制度予以初步研究。王子今的《秦汉交通史稿》可以说是迄今为止，最为详备的中国断代交通史著作，该书史料充足，论述充分。此外，台湾赵效宣所著《宋代驿站制度》，杨正泰的《明代驿站考》，苏同炳的《明代驿递制度》，刘文鹏的《清代驿传及其与疆域形成关系之研究》等，分别对宋明清三代的驿传系统予以较全面的考察。

至于抗日战争时期的“战时驿运”，在抗战时期即已进入了研究者的视野。当时交通部官员薛光前于1940年就发表了《新驿运运动》一文，提出了“新驿运运动”的概念，并对战时驿运的意义作了评估，这可能是最早对战时驿运进行研究的著作。薛氏在回顾传统驿运之历史的基础上，考察了“新驿运运动”兴起的时代背景，探讨了推行“新驿运”的办法，并思考了“新驿运”的立法问题。但论述上显得过于匆促，有粗枝大叶之感。[①]

其后龚学遂的《中国战时交通史》，俞飞鹏的《十五年来之交通概况》，其作者以历史参与者的身份，对战时驿运有过一定的探讨。在龚著中，以1940年9月1日驿运总管理处成立为界，把战时驿运分为前后两个时期，一是驮运时期，一是驿运时期。1939年1月至1940年8月底为驮运时期，此为战时驿运的初始阶段，因经验不足等原因，举办效果并不尽如人意；自1940年9月1日驿运总管理处成立至1945年3月底止，此为驿运时期。龚氏对举办驿运的整个过程记述较详，但具体细节分析不够，没有进一步展开，仅为《中国战

---

① 参阅薛光前等著《新驿运运动》，战地出版社，1940年。

时交通史》之一章，论述显得粗略。[①] 俞飞鹏的论述，把战时驿运分为两个时期，自武汉广州沦陷到滇缅之战为第一时期，自滇缅之战至抗战胜利为第二时期，其论述过于简单，但记载了一些数据，史料价值较大。[②]

1949 年后，港台地区对抗日战争时期的驿运问题，所做论述不多，具体的论述有洪喜美的《抗战时期四川之驿运》和《抗战时期西北之驿运》两篇文章，分别对四川和西北的驿运做略带概括性的探讨。[③] 由于意识形态的影响，1949 年后一段时间，大陆学术界对抗日战争时期由国民政府发动与领导的战时驿运避而不论。1978 年以后，学术气氛渐趋平和，学者心态渐为公正，对抗战时期的国民政府的驿运事业，偶有论述，其论述散见于改革开放后各省交通厅主持所修之该省交通史中；而对此论域有相当深度的研究，应在 20 世纪 90 年代。1993 年，刘东方在《抗日战争研究》上发表《抗战时期的安徽驿运》，揭开了中国内地对战时驿运研究的序幕。1995 年杨斌的《抗日战争时期国民政府驿运事业》，探讨了战时驿运组织的建立与变迁，驿运干支线的建设，营运业务开展情况，以及战时驿运的作用。[④] 1997 年陈红民的《抗日战争时期的驿运事业》，着重讨论了战时驿运的兴办过程、"绩效"，并借战时驿运的经营来透视国民政府的政治动员能力。[⑤] 上述两文，分别从整个国家的角度考察了国民政府的驿运事业，但论述仅及几个突出的问题，所论并不全面。此外，田霞、李建国、刘世茂分别探讨了陕西、甘肃、四川的战时驿运，描述了各省

---

① 参阅龚学遂《中国战时交通史》，商务印书馆，1947 年。

② 参阅俞飞鹏《十五年来之交通概况》，1946 年 4 月，出版社不详，四川大学图书馆收藏。

③ 上述二文分别见台湾《国史馆馆刊》复刊第 6 期（1989 年），第 8 期（1990 年），转引自陈红民《抗日战争时期的驿运事业》，《抗日战争研究》1997 年第 1 期。

④ 参阅杨斌《抗战时期国民政府驿运事业》，《民国档案》1995 年第 4 期。

⑤ 参阅陈红民《抗日战争时期的驿运事业》，《抗日战争研究》1997 年第 1 期。

驿运的举办经过，经营状况，并对各省驿运在抗战运输中的地位予以分析。①

然总体而言，上述研究尚处于起步阶段。虽然最近几年在刘世茂、谭刚的硕士和博士论文中，也提及战时驿运，但仅作小结性的论述，所述甚为浮浅；杜鹃的硕士学位论文，研究了云南抗战时期的马帮驿运，但探讨的深入程度尚不足。②

综上所述，仅就抗战时期的四川省办驿运的研究而论，则只有洪喜美和刘世茂的两篇论文，及谭刚、刘世茂在其学位论文中略做的论述。其中刘世茂的《抗日战争时期的四川驿运述论》，利用了四川省档案馆的材料，论述上较为客观，该文探讨了四川驿运兴办的历史背景、四川省政府发展战时驿运的政策与措施、路线的开辟，及其对抗战的实际贡献等等，③ 但其论述比较粗浅，完全有必要进一步深入探讨。

因此，对抗日战争时期驿运事业的探讨，不管是就整个国家的层面，还是分省而论，都不够全面深入，至今没有此方面的专著诞生。对于抗日战争时期的四川省办驿运的研究现状，也照样如此，尚有巨大的拓展空间。更重要的是，有关四川省办驿运档案材料比较丰富，所以抗战时期的四川省办驿运完全可作系统而又深入的研究。

---

① 参阅田霞《抗日战争时期的陕西驿运》，《西北大学学报》（哲社版）1997 年第 3 期；李建国《简论近代甘肃的驿运业》，《甘肃社会科学》1995 年第 2 期；刘世茂：《抗日战争时期的四川驿运述论》，《西南民族学院学报》2001 年第 11 期。

② 参阅谭刚《抗战时期大后方的交通建设事业》（南京大学 2005 年博士学位论文）；刘世茂《抗日战争时期的四川交通》（四川师范大学 2001 年硕士学位论文）；杜鹃《民国时期的云南马帮驿运》（四川大学 2004 年硕士学位论文）。上述三文，均为未刊稿。

③ 参阅刘世茂《抗日战争时期的四川驿运述论》，《西南民族学院学报》2001 年第 11 期。

三、研究方法与史料来源

抗日战争时期四川省办驿运的研究，既涉及历史学的范畴，又与运输经济学有联系。所以在研究实践中，尽量运用历史学的研究方法，又以运输经济学的某些理论对具体的驿运经营进行分析，并且尽量做到将其理论方法不落痕迹地融入历史陈述中，同时注意其使用的限度。[①] 限于学科界限的制约，笔者不敢奢望运用经济学的方法对四川省办驿运的经营予以全面分析，但也努力参考了几本经济学的论著，企图能对四川省办驿运的经营寻求一个更深入的看法。

历史学的实证方法是本书的基本研究方法。在西方，兰克（Ranke）即提出了“如实直书”的口号；在中国，傅斯年深受兰克史学观的影响，秉承中国乾嘉学派的家法，极为简洁地概括出“史学就是史料学”的著名命题。虽然他们的说法有所偏颇，也招致了批评，但强调历史研究的实证精神却是无可否认的。现代史家章开沅先生在其弟子的博士论文出版时所写的序言中说：“我只想借此机会再次强调：实证研究应是史学研究的基础。”[②] 青年史家茅海建在其《戊戌变法史事考》的自序中也有一段值得深思的肺腑之言：“在不可靠的‘史实’上，现在正运行着大量的推导、演绎、归纳也只能是不可靠的，学术发展到今天，我们的手中已经不缺乏结论，相反的是，我们的思考却为各种各样相互抵触的结论所累。其中一个大的原因，即为各自所握的‘史实’皆不可靠。因此，到了21世纪，我个人以

---

① 参阅贺照田《从殷海光晚年史学思想的转变看引社会科学治史思路的限度》，见杨念群等主编《新史学——多学科对话的图景》（上），中国人民大学出版社，2003年。

② 章开沅：《序言一》，见苏全有《清末邮传部研究》，中华书局，2005年。

为，在我们这一专业中，最重要的工作似为‘史实重建’。”① 这是一个史学家的深切体味，其中流露出因史学界对历史实证原则坚持不够而产生的焦虑情绪，切中了历史研究的现状，也点出了后现代主义者质疑历史客观性的一个原因。史实重建，求真求实，这是史学赖以存在的基石；史学工作者只有抱着求真务实的态度去研究历史，诠释历史，才有可能不断接近历史的客观真相。

当然，史学研究中，史学工作者的“想像”也是必要的，柯林武德反对那种“剪刀加糨糊”式的历史学研究，认为“史家必须在自己的心灵中重演过去”，他说：“那就是发现历史学家远不是依赖自身以外的权威，使他的思想必须符合于权威的陈述，而是历史学家就是他自身的权威。”②

但是，这种“历史的想像”却有一个限度，也就是必须建立在基本史实基础上，“我们问一项历史陈述是否真实，也就是指它能否诉之于证据来加以证明”。③ 余英时也强调，“历史学家所构成的历史景象必须获得证据的支持。无证据可依之景象，无论其如何生动，都是虚构（fiction），也许有艺术上之价值，但绝无史学上之价值”。④

因此，本书写作十分重视上述原则，以档案等第一手资料为根本，试图重建抗日战争时期四川省办驿运这段“史实”。同时，在构建这段史实时，试图运用运输经济学的一些理论，就实际经营状况中物品结构及流向，运输过程中的管理，运价与物价的关系，进行分析。这些分析将尽可能地体现在史实的陈述中。

---

① 茅海建：《戊戌变法史事考》（自序），三联书店，2004年。

② ［英］柯林武德：《历史的观念》，何兆武、张文杰译，商务印书馆，1997年，第330页。

③ 同上，第343页。

④ 余英时：《一个人文主义的历史观——介绍柯林伍德的历史哲学》，见其著《文史传统与文化重建》，三联书店，2004年，第15页。

本书对四川省办驿运的研究，拟分为如下几部分进行论述：一、抗战时期政府举办驿运的酝酿过程，这部分追溯了中国传统驿传系统的发展历程，阐释其功能，回顾传统驿传系统于民国初年被裁撤的历史，探讨抗战时期政府恢复传统驿运制度、举办战时驿运的原因与经过；二、四川省办驿运之概况，首先对四川省传统交通运输和近代交通兴起做简要陈述，然后阐述四川省驿运管理处成立的过程及其组织构成，再分三个时期陈述四川省办驿运所开辟的线路及其经营机构的设立：驿运支线总段的设立及其线路分布、驿运区的设立及其线路分布、后期的发展，以期对四川省办驿运获得一个略带概括性的认识；三、四川省办驿运的设施及制度建设，探讨驿运各项规章制度的制定情况及驿运经费的筹措与收支状况，同时，对驿运干部的培训与管理，驿运运夫的征雇，民间传统交通运输工具与兽力的征集进行陈述与分析；四、四川省办驿运的实际经营状况，具体描述驿运运输类型与运输形式、驿运运输物品结构及流向，对驿运运输过程中的管理和管制民间传统运输力量予以陈述，并对驿运运价及其与物价的关系进行探讨；五、讨论民间力量参与战时驿运的史事，四川战时驿运必须以民间力量的参与为基础才可能发展，但政府与民间力量在经营驿运过程中又存在矛盾，本书在此部分分析了其矛盾形成的原因；六、对四川省办驿运进行历史性的检讨，分析四川省办驿运的特点，并力求对战时四川省办驿运的实际意义作出评价。

本书的论述主要以原始档案资料为基础，并运用民国有关战时驿运的期刊、书籍相佐证，同时参考最近的相关研究成果，尽可能达到还历史本来面貌之目的。在四川省档案馆，保存着一批有关四川省办驿运的原始档案，共184卷，笔者采用复印与拍照的方式，全部予以收集。这批档案保存完整，展示了四川省办驿运从设立机构举办驿运到最后结束的整个过程，详细记录了省办驿运的设施及制度建设、实际经营状况及民间力量参与的具体情况，这是本书写作能顺利完成的主要史料。另外，在中国第二历史档案馆，笔者找到了一些极为珍贵的原始资料，如在交通部档、行政院档中保存了有关战时驿运的地图、统计数据等史料，可为四川省办驿运研究建立一个宏观背景。在重庆市档案馆，也有少量的相关资料散见于一些全宗中；在重庆市图书馆，笔者找到了两本与四川省办驿运密切相关的小册子，一是1941年四川省驿运管理处编的《四川驿运》，一是1943年四川省政府建设厅编的《四川的驿运》，都是其时历史参与者留下的记录，虽然难免其中有历史参与者的主观情感，但也不失为有价值的史料。

有关抗日战争时期驿运的期刊，当时即有由交通部驿运总管理处主办的《驿运月刊》、《驿讯》两种，现四川大学图书馆及重庆市图书馆，都有收藏。这两种期刊，对战时驿运的记载较详，有时人的议论，有对实际经营的记录和相对全面的统计数据，参考价值较大。另外，本书参考的报刊还有《交通公报》、《交通建设》、《交通月刊》、《四川经济季刊》等多种民国期刊，及《新新新闻》、《大公报》、《新华日报》（重庆版）等民国报纸。其中，《交通建设》第一卷第八期为驿运专号，《新新新闻》有定期的驿运专栏，其史料价值较大。上述期刊，在《驿运月刊》中有陈筑山所著的《四川省驿运之概况》，《驿讯》中有四川省驿运管理处编的《四年来的四川驿运》，《四川建设》中有王余杞所著的《四川两年来的驿运》，《四川经济季刊》中有钟古熙所著的《四川的驿运》等等。这些资料，可与档案资料互相参证，能更清晰地再现历史的原貌。

此外，民国去今不远，当时的一些历史参与者留下了一些有关驿运的回忆录，可为研究驿运提供具体而又生动的记录。如马廷璧、徐智等人，直接参加了其时的驿运工作，文史资料收集了他们的回忆性文章。其中马廷璧的《云南战时驿运》、《抗日战争时期云南驿运纪实》，徐智的《国民政府交通部在星星峡至哈密的公路上办驿运站经过的回忆》，具体记载了他们参与战时驿运的亲身经历，虽所记录的为云南、新疆驿运，但也颇具一定的参考价值；冯天爵的《四川的战时公路交通》讲述抗战时期四川交通状况，虽不直叙驿运史事，但也为四川省办驿运的兴起提供了背景材料。①

① 抗战时期马廷璧曾出任叙昆驿运干线昆明站站长，徐智为西北驿运工程处技术科工作人员，冯天爵为四川公路管理局副局长兼建设厅技正科科长。参阅《抗战时期西南的交通》，中国人民政治协商会议西南地区文史资料协作会议编，云南人民出版社，1992年。

第一章　抗战时期政府举办驿运的酝酿过程

作为与传统交通运输方式不同的近代交通运输方式，随同西方科学与技术的涌入而首先出现于口岸城市，然后随同公路铁路的修筑而进入内陆城市与乡村。近代交通运输方式的兴起，文报局的出现，邮传部的设立，使传统驿传系统的存在面临危机。1913 年 1 月，北洋政府下令裁撤所有的官办驿传系统。然而，时至 1940 年前后，抗战后方因近代交通发展不足以及敌人的封锁政策，导致有关军需民用的物资运输和人员交通面临困难，政府又着手“恢复”传统驿传系统之“驿运制度”，设立驿站，整修驿道，利用传统交通运输工具与动力从事战时运输，为抗战的胜利发挥了积极作用。

第一节　中国传统驿传系统及其功能

中国传统驿传系统萌芽于先秦，成形于秦汉，于隋唐两宋时期渐成规模，趋于完善，在元明清季得到进一步发展。[①] 其结构由驿道和驿站构成，驿道有干线和支线之分，驿站有驿舍、驿吏、驿卒、驿马等人员兽力与各项设施。其功能即运输，或称“驿运”，表现为传递军情，递送官方文书，迎送过往官员，运输官方物质，具体而言即信息传递功能和人员物资运输功能两个方面。

一、传统驿传系统的历史沿革

中国古代驿传系统的发展源远而又流长。先秦时期，早在甲骨文中就已出现了“逕”、“传”等字，透露出其时可能具有了驿传设施。据于省吾的研究，商代专门负责传达中央王命和地方政见的信使就称为“逕”，如“己卯贞，逕来羌，其用于父丁”。[②] 再从《诗经》等文献推断，其时已粗具通达各方的陆路交通网络。在《诗经》中，频繁出现“周行”、“周道”的名称，如“周道如砥，其直如矢”（《诗经·小雅·大东》），“有栈之车，行彼周道”（《诗经·小雅·何草不黄》），“佻佻公子，行彼周行”（《诗经·小雅·大东》）。此外，西周晚期青铜器《散氏盘》铭文有“封于周道”，《左传·襄公五年》引遗诗“周道挺挺，我心扃扃”，也提到了“周道”。[③] 诸此信息，说明当时交通已普及于一般日常生活中。随着“周行”、“周道”的修筑，并延伸四方，沿途也配备了相应的交通服务设施，《逸周书·大聚解》有所记

---

① 就传统驿传系统的内涵而言，完整意义的驿传系统应成形于秦汉，但学界一般把中国传统中承担了官方信息传递，官方人员物资运输任务的非机械力交通运输设施和管理机构，都纳入了传统驿传系统的论述范围，本书也取这一习惯性的较为广义的定义展开对中国传统驿传系统的讨论。参阅刘广生主编《中国古代邮驿史》，人民邮电出版社，1986年；王子今：《驿道驿站史话》，中国大百科全书出版社，2000年。

② 参见于省吾《殷代的交通工具和驿传制度》，载《东北人民大学人文科学学报》，1955年第2期，转引自刘文鹏《清代驿传及其与疆域形成关系之研究》，中国人民大学出版社，2004年，第23页。

③ 参见王子今《驿道驿站史话》，中国大百科全书出版社，2000年。

载:"辟开修道，五里有郊，十里有井，二十里有舍。"每隔确定的路段，各有相应的服务设施。更详备的可见于《周礼·地官·遗人》:

凡国野之道，十里有庐，庐有饮食；三十里有宿，宿有路室，路室有委；五十里有市，市有候馆，候馆有积。

每隔10里设置"庐"，提供饮食；每隔30里设置"宿"，提供休息的"路室"；每隔50里设置"市"，"市"有食宿条件更为优越的"候馆"。"委"、"积"二字从"禾"，从古意上理解，应为提供行旅饮食而准备的日常生活用品。这些记载，反映了其时驿传系统已处于萌芽状态。虽然有专家对《周礼》成书时间有疑，但从《诗经》中频繁出现的"周行""周道"来理解，从西周铭文来推断，《周礼》对其时萌芽状态之驿传系统的描绘应大致相符。

春秋战国时期，战事逐渐增多，外交频繁，有关军情政令的传递相应增加，利用驿传系统的记载也就屡见于文字，如《左传》庄公九年，"公丧戎路，传乘而归"；文公十六年，"楚子乘驲，会师于临品"；成公五年，"晋侯以传召伯宗"；襄公二十八年，"吾将使驲奔向诸晋以告"。"传""驲"其意大致相当于后来的"驿"，所以才有后来的"驿传"连用。[①] 再如《孟子·公孙丑上》中有"德之流行，速于置邮而传命"，其时"邮""传"已为日常用语，从某方面理解，驿传系统已影响了当时人的生活，具有了一定的规模。

综观先秦时期，驿传系统由萌芽到初具规模，军情政令可以迅速传达，文化交流得以实现，中华文明的"轴心时代"迅速到来，[②] 与此应不无关系。

---

① "驿"的含义，原有特定的内涵，仅指乘马传递；"传"则指乘马拉车传递，后来才"驿传"连用。现在学界为了研究的方便，常"驿传"合用，本书亦沿用此意。

② 参阅卡尔·雅斯贝斯《智慧之路》，柯锦华等译，中国国际广播出版社，1988年，第68—70页。

秦汉时期，大一统国家建立，国势日趋强盛，驿传系统进一步发展。秦代的驿传系统以“邮”为主，以马车或马为主要工具；驿传主要有两种方式：“以次行”和“以邮行”。“以次行”是指文书在各郡县传送，各郡县按顺序依次传阅，挨县下发，主要是通告或檄文之类需要广为人知的文书；“以邮行”则指通过驿传组织传送文书，沿途各地无权拆看，只能按封皮上注明的地点转发，此表明秦代已按文书的性质来决定其传递方式。此外，秦代也按路程远近使用驿传人马，“近县令轻足行其书，远县令邮行之”。①

汉承秦制，但亦有变革，以马拉大车传送称为“传”，东越人杀死吴王濞，“盛其头，驰传以闻”（《史记·吴王濞列传》）；后来出现了“驿”，据《史记·汲郑列传》记载，汉景帝时，以“任侠”闻名的郑任太子舍人，每逢假日，“常置驿马长安诸郊”，请迎故朋亲友。“驿”字从马旁，应以马作为传递工具，与早于它出现的“传”相区别。“驿”的出现，开始仅为私家所应用，因利用马而使速度和效率大大超过传车，后来渐为官方使用，在《后汉书》中就大量出现官方运用“驿”来传递信息的记载，“列邮置于要害之路，驰命走驿，不绝于时月”（《后汉书·西域传》），“冠盖不绝于道，又置驿马，千里传问起居”（《后汉书·光武十王传·东平宪王刘苍》）。为驿传设置的中途停驻之站称为“置”，为步行邮递设置的中途停驻之站称为“亭”，“邮亭著地，亦如星舍著天也”，亭设亭长，汉高祖即“泗上亭长”出身。

驿传机构代代相因，魏晋南北朝亦然，“帝驿马召到，引入卧内”（《魏书·明帝传》），“每造书檄，越或驿马催之，应命立成”（《晋

---

① 参阅刘文鹏《清代驿传及其与疆域形成关系之研究》，中国人民大学出版社，2004年，第26页。

书·孙惠传》)。[①]

秦汉时期的驿传系统已为官方大量使用，但史书记载并不详备，为后人研究之困难；到隋唐两宋时期，驿传系统渐趋完善，史书记载也较清晰。唐朝时，全国共有水马驿1643所，其中陆驿1297所，水驿260所，86所水陆相兼。陆行，三十里置一驿，驿有长，名“捉驿”，由“州里富强之家主之”；至德后，改为“吏主驿事”，驿卒由民夫充任。[②]配置上，陆驿有马，水驿有船；马有驿马、传马、驿驴之分，其中驿马最快，传马次之，驿驴仅供非紧急事务者使用。同时由于驿传费用高，地方州县为传送日常公文，组织步递。步递不归中央统一管理，属于州县自办。到五代时期，如后汉政权，开始把步递上升为国家事务，划归中央统一管理。

唐代，驿传事务已明确划归中央兵部，为军事服务之目的尤为突出。“唐驿底组织，有驿长，有驿夫，驿长每驿一人。驿夫每驿数人，或数十人，视驿底等第，事底繁简而定。一县之驿，由县令兼理。一州之驿，掌于州之兵曹。一道之驿，于节度使下，置馆驿巡官四人，判官一人，以治理之。全国之驿，属于兵部之驾部郎中员外郎。”[③]因此其驿传系统的功能主要集中于传递军情。并且，唐代驿传事务，已由《唐律》规定了运行规则，违者必罚，例如其规定，各种文书凡“应遣驿而不遣驿”以及“不应遣驿而遣驿者”，要受到“杖一百”的处罚。

宋朝驿传系统在强化传递军情的功能外，其制度颇多变革：一、调整驿站之间里距：唐代两驿站之间里距为三十里，宋驿增加到六十里；二、以军卒代替民夫充当驿卒。北宋建隆二年（961）“以军卒代

---

① 参看杨正泰《明代驿站考》，上海古籍出版社，1994年，第1页。
② 杨正泰：《明代驿站考》，上海古籍出版社，1994年，第1页。
③ 白寿彝：《中国交通史》，《中国文化史丛书》，上海书店，1984年，第145页。

民役”，开创后代“军站”的先例；三、除马递外，还大量使用驿卒步递，并由中央统一管理，因此出现了驿递的新形式，如递铺、水斥堠、摆铺等。递铺有步递、马递、水递、急脚递四种，元明时的急递铺即由此发展而来。①

元代站赤和急递铺遍布全国各地，“薄海内外，人迹所及，皆置驿传，使驿往来，如行国中”。其站赤有达达站和汉站两种，达达站即蒙古站，主要行于边疆地区，汉站行于腹地，有马站、水站、车站。元世祖又在全国各地广泛设立急递铺，递送公文邮件。至元三十一年，在大都设立总急递铺提领所，置提领三员，以加强对全国急递铺的管理。自是以后，急递铺成为重要的驿递机构。元代管理驿传系统的中央机构，“始者‘站赤’隶兵部，后属通政院”，元至大四年（1311）之后，汉地驿站归属兵部掌管，通政院只管理蒙古驿站，到公元1320年，仍旧由通政院统一管理全国驿站。②

明代驿传的一个特点是驿马养于民间，即验民田粮，出备夫马，显然继承于元代；针对元代“泛滥给驿”的弊端，明朝政府又明确规定驿传系统的基本任务“专在递送使客，飞报军务，转运军需等物”（《洪武实录》卷二五）。宣德年间，兵部尚书张本上言指出：“驿马之设，本以飞报军机重务。今在外凡有符验官司及镇守官，每以常事泛滥给驿，旨宜禁止。”（徐学聚：《国朝典汇》卷一六二）明代驿传事务，由兵部车驾清吏司掌理，各地驿递机构，有驿站、递运所、急递铺三种。同时，于北京、南京设会同馆，相当于在京师的驿递机构；会同馆设大使、副使各一人，各地水马驿设驿丞一人，管理邮传递送事务。明初，递运所主管运送物资和使客，急递铺专司递送公文，驿

① 参看杨正泰《明代驿站考》，上海古籍出版社，1994年，第2页。
② 参见王子今《驿道驿站史话》，中国大百科全书出版社，2000年，第102页。

站则递送使客、飞报军情、转运军需官用物资三者兼而有之。明朝中叶，急递铺逐渐废弃，递送公文的任务改由驿站承担；同时不少递运所也改为驿站，或并入驿站，运送物资与使客的任务亦改归驿站负责。由此而知，明代驿传系统的明显变化是，其已具有了承担运输物资和人员的功能。

明朝中叶，驿传费用庞大，据《明会典》记载，万历五年(1577)，全国驿传银达313万余两。驿传费用浩大，既增加了政府的财政支出，又加重了普通百姓的负担。万历年间，张居正即视驿政为安邦固本之大计，与均徭、赋役、里甲并列为“有司第一议”。崇祯皇帝也针对此弊端，亲自主持大规模的裁驿，削减与限制了官吏的驰驿特权。但此裁驿却致“欲安而得危，图治而得乱”，骤然裁驿，使得许多失业驿卒迅即铤而走险，在明末纷纷投入到农民起义军队伍。

清朝政府吸取明末驿银累民的经验教训，顺治二年即“首革此弊”，改民养马、民应差为官养官应，并裁撤部分驿丞，将驿站划归当地州县管理。康雍乾三朝即秉承此一政策，实行“裁驿丞，归州县”。乾隆二十年正式规定，驿站钱粮均由州县经管，驿站只负责应差喂马，也不必另设官员专门管理驿传事务。[①] 就其驿传系统的结构而言，清代的驿传系统以驿站、军台为主体，以铺、塘为补充，撤销递运所，驿递合一，驿站军台集军情传递、文报传送、官员接送、物资转运等功能于一身。“驿”设于内地及西南边疆，如“四川驿六十五，广东驿十，广西驿十九，云南驿八十一，贵州驿二十三”，“站”设于吉林、黑龙江与内蒙古部分地区，如“吉林站三十八，黑龙江站三十六”，“喜峰口章京所属蒙古站十六，古北口章京所属蒙古站十”，而军台主要设于边疆地区，如“阿尔泰军台都统所属军台四十四”，

① 参见王子今《驿道驿站史话》，中国大百科全书出版社，2000年，第124页。

“库伦大臣所属军台二十五，科布多大臣所属军台二十一，伊犁将军所属军台十二”。[①] 驿站军台，名虽不同，因地而异，但其功能基本一致。

纵观中国传统驿传系统，其萌芽于先秦，成形于秦汉，完善于隋唐两宋，于元明清更趋完备。追溯中国传统驿传系统的历史变化，由此可以获得一个整体性的理解，更重要的是，也可获得如此认识：其所具有的功能促进了中国政治、经济、文化、军事方面的交流与发展。

二、中国传统驿传系统的功能

中国历朝各代建立的驿传系统，其功能即运输，或称“驿运”，主要包括信息传递和人员物资运输两个方面，具体表现为传递紧急军情，递送官方文件，辅之以迎送过往官员，运输官方物资。[②]

（一）信息传递功能

传统驿传系统的信息传递功能，具体表现为传递军情政令，为军事政治服务。从某种意义上而论，中国古代驿传系统的最初设立，以传递军情为第一目的。军情及时通达于决策者，对外来的侵略迅速组织抵抗，对内乱能立即采取措施予以镇压。早在殷商时代，即有传递军情的记载，如其时之甲骨卜辞中说道：“来告：‘大方出，伐我师。’惟马小臣令？”其大意是说：有报告者来说：“大方国军队出动，向我军进攻。”是否应当命令马小臣出击？“小臣”，应为官名，“马小臣”，可能是车骑部队的军官，此为关于军情传递较完整的记载。[③] 其时中

---

① 白寿彝：《中国交通史》，上海书店，1984年，第189页。

② 在传统习惯上，所称“驿运”，不但包括人员物资运输，也包括信息传递，其内涵较广，与抗战时期举办的“战时驿运”有明显的区别，“战时驿运”则仅指人员物资运输，其驿运之“运”更接近近代用法。参阅本书之绪论部分的“战时驿运”之概念。

③ 参阅王子今《驿道驿站史话》，中国大百科全书出版社，2000年，第20页。

央政权收到敌军进犯的军情奏报，称作“来警”，在卜辞中，有“自南有警”，“其北有警”，“来警自西”等记载，说明商朝的警报信息来自各地。当时由四方边境至于首都，都有传递警报的系统。此从广义上理解，就是处于萌芽状态的驿传系统。

春秋战国时期，据《左传·僖公三十三年》记载，秦国远征军企图偷袭郑国，途经滑，遇到前往周地从事贸易活动的郑国商人弦高。弦高伪称已受郑国国君之命犒慰秦师，同时“使遽告于郑”，使郑国有所准备。“遽”也就在一定意义上，相当于后来的驿传机构，也就是使用“遽”传送军事情报。

汉王朝开拓边疆，出于军事政治需要，“列邮置于要害之路，驰命走驿，不绝于时月”，设立“边塞发犇命警备”制度。边境有军事警报，“驿骑持赤白囊”驰报京师。据《汉书·赵充国传》记载，赵充国率领部队与羌人在湟中作战，向汉宣帝请示军事部署和作战方案，“六月戊申奏，七月甲寅玺书，书报从充国计焉”，前后六七日，可谓速度之快，反映了当时汉代驿传系统传递军情的效率。

唐时驿传系统的功能更强调军事目的，《唐律疏议》卷二五指明：“邮驿本备军速。”唐穆宗在诏书中也写道：“使命往来，本于传达军情紧急。”唐代中央政府将全国驿传系统的管理职责归于尚书省的兵部，其为军事服务的特征已很突出。

宋朝因长期深受北方民族的侵略，驿传系统的军事色彩更为明显，普遍实行“以军卒代百姓为役夫”的制度，宋太祖于建国之初，即“诏诸道邮传以军卒递”，强化其军事职能。元代驿传系统，虽然其中央管理机构变化较大，但“遇军务之急，则又以金字圆符为信，银字者次之”，为军事服务的职能并不改变。成书于元末的志书《析津志》中说道：“宣朝廷之政，速边檄之警报，俾天下流通而无滞，唯驿为重。”①

朱元璋称帝后，明确规定驿传系统的基本功能之一是“飞报军务”。兵部尚书张本上书即指出：“驿马之设，本以飞报军机事务。”清朝建立后，即命诸路设“笔帖式”，驰递军情。康熙十二年(1673)，吴三桂发兵叛乱，其时朝廷有三位官员正在贵州，获知变乱信息后，疾驰镇远，而驿站已为叛军控制，得不到驿马，奔至沅州才得驿马，连续驰驿十一昼夜，方到京师兵部。如此事例，正说明驿传系统对于军事政治的重要意义。就是到了咸同年间，军务繁多，遇有胜仗，也“用红旗报捷，飞折八百里驿递”，时至晚清，驿传系统为军事服务的功能并未改变。

历朝各代，相沿利用驿传系统传递军事情报；同样，朝廷颁布的政令，地方呈送中央的奏报，地方政府间的公文，也都需要驿传系统来传递。正如朱元璋所言：“驿传所以传命而达四方之政，故虽殊方绝域不可无也。”② 说明驿传系统传送政令公文的重要性。湖北云梦睡虎地秦墓出土的关于官府传送重要信息的法律文书《行书律》，规定了传送文书的相关要求，说明其时驿传系统已具有传递政府文件的职能。唐律规定，皇帝的诏书，必须急速传递，不得延缓，延缓“一日笞五十，一日加一等，十日徒一年”，规定极为严厉，从制度上保证驿传诏书迅速及时。元代制度规定，每十里、十五里或二十五里设一“急递铺”，“以达四方文书之往来”，这正如《马可·波罗游记》所描述的：“在每个驿站之间，每隔约五公里的地方，就有小村落，大约有四十户人家。这里住着步行信差，也同样替皇帝陛下服役。他们身缠腰带，并系上数个小铃，以便当他们还在很远的地方时，听见

① 参见王子今《驿道驿站史话》，中国大百科全书出版社，2000 年，第 97 页。

② 《明太祖实录》卷一六六，转引自刘文鹏《清代驿传及其与疆域形成关系之研究》，中国人民大学出版社，2004 年，第 42 页。

铃响，人们就知道驿卒将来了。因为他们只跑约五公里，也就是说，从一个步行信差站到另一站，响铃声报知了他们的到来，因此使另一站的信差有所准备，人一到站，便接过他的邮包，立即出发。这样，一站站地依次传递下去，效率极为神速。”① 就因为驿传系统具有如此“神速”的传送军情政令的信息传递功能，人们总习惯上把“驿传”与现代的邮政联系起来，认为驿传就是传递信息，具体到实物就是传递公文信函。事实上，传统驿传系统的核心功能即为信息传递，具体表现为传递军情政令，但不能作仅局限于此的理解，在传统中国，它还具有其他功能。

（二）人员物资运输功能

传统驿传系统的人员物资运输功能，具体表现为迎送过往官员、皇室贵族和转运官方物资两个方面。

迎送过往官员，其中“送”，相当于现时之客运，即为政府官员和有特权者提供驿马车辆；“迎”，即接待过往官员及有特权者，为其提供食宿等条件，具有现代旅馆的意义。② 在传统中国，皇帝的出巡，达官贵人的出行，都必得沿驿道而行，而驿道旁之驿站就承担此一接待迎送之任务。

春秋战国时期，晋文公预知臣下有弑主作乱的密谋，危急时刻，“乘驿以下”，逃往秦国。（《国语·晋语四》），“驿”于此应指驿马，说明其时驿传系统已具迎送人员的交通功能。汉代使臣出行，官员往来，由驿传系统提供食宿和交通工具，《史记·田儋列传》中即记载有田横“乘传”前往洛阳见刘邦。在汉代，明确规定实行乘传车封制

① 参阅《马可·波罗游记》第二卷第二十六章，中国文史出版社，2006 年，第 142—143 页；另请参阅王子今《驿道驿站史话》，中国大百科全书出版社，2000 年，第 94 页。

② 因为驿舍为人员交通的配套设施，为途经驿路的官员等人提供食宿条件，所以传统驿传系统所承担的接待过往官员之责任，也就纳入人员物资运输功能中一起讨论。

度，驿站备有车辆，供官员或使者乘坐。驿车分等级，“四马高足为置传，四马中足为驰传，四马下足为乘传，一马二马为轺传”，根据不同的官职按等级给驿（《汉书·高帝纪》如淳注引汉律），并且规定，政府官员因公抵达各县，照例停宿于传舍，地方官一般在传舍谒见。司马相如出使蜀地，其副使即“驰四乘之传”，赴西蜀抚慰土著部族首领（《史记·司马相如列传》）。

唐代更以官员等级给定数量不同的驿马，在驿舍也按等级接待官员。唐高宗麟德二年（665），征召刘仁轨，抵达莱县，舍于驿西厅，夜已久，又有御史至。驿人说：“西厅条件稍好，但已有人休宿。”御史问是何人，答是带方州刺史。御史令予迁移，刘仁轨不得不移居东厅。（《唐会要》卷六二）此事可知其时驿舍凭等级接待官员之制度。

元朝贵族、官员乘驿必须持有凭证，有“劄子”、“圆牌”以及“铺马圣旨”诸种。元世祖至元十九年规定，诸官府不得自出“劄子”，一律凭“铺马圣旨”乘驿，仅经行水站者可以凭中书省给的“船劄”往来。驿站官员验看“铺马圣旨”、“差劄”之后，方能够提供铺马及食宿的方便，给驿制度较为完备。

明代驿传系统的基本任务即规定有“递送使客”一条，但后来常“泛滥给驿”，万历初年张居正进行驿政改革，削弱和限制官员的驰驿特权，规定官员人等非奉公差，非系军务，严禁驰驿；有关部门官员“不许托故远行参谒，经扰驿递”；驰驿官员“只令驿递应付，有司不许擅派里甲”；过往使官按给驿制度所规定供给米粮蔬菜以及其他必需用品；严禁送金钱、礼品，办宴席。清朝也严厉给驿制度，雍正帝认为驿政弊端在于“官吏通情受贿”，因此严格规定：“嗣后照勘合之外，有敢多给一夫一马者，许前途州县即据实揭报都察院，以听纠参。”①

因此，中国古代的驿传系统也具有人员交通运输功能，其表现为迎送政府官员及皇室贵族，并且历朝政府对此有过严格的给驿制度。

中国传统驿传系统，最初设立主要为传递军情，递送官方公文，强调的是其信息传递功能，后来逐渐扩展，承担了迎送过往官员及官派使者的任务。迎送过往官员，其随行行李，也须运送，自然而然，中国传统驿传系统也就具有了运输物资的职能。此外，官方皇室的紧要物品，边疆前线的军米军衣等必需物资，亦时有借助驿传系统来运输，因此，古代的驿传系统也部分承担着递运官方物资的责任。

早在西汉时，东越人杀死吴王濞，“盛其头，驰传以闻”，即已利用驿传系统运输物品。最著名的莫过于唐玄宗为杨贵妃运送荔枝，其更能体现驿传系统的运输功能，《新唐书·后妃传上·杨贵妃》记载，杨玉环嗜食新鲜荔枝，唐玄宗“乃置骑传送，走数千里，味未变已到京师”，因而才有杜牧的名诗：“长安回望绣成堆，山顶千门次第开。一骑红尘妃子笑，无人知是荔枝来。”安史之乱后，“僖宗在蜀，贡输踵驿而西，帝悦，宠其军为义胜军，即授节度使”，同样为利用驿传系统输送贡物。②

元代经营驿传系统，起初“本以干办急务，布宣号令”，传递“朝廷军情急速公事”作为基本职责，然而后来则“百色所需，全借铺马办集”，一切生活用品，大都通过驿传系统转运，驿传系统的功能扩大了。③

---

① 参阅刘文鹏《清代驿传及其与疆域形成关系之研究》，中国人民大学出版社，2004年，第206—215页；王子今：《驿道驿站史话》，中国大百科全书出版社，2000年，第120—124页。

② 参见王子今《驿道驿站史话》，中国大百科全书出版社，2000年，第76页。

③ 同上，第105页。

时至明代，则明确规定驿传系统的基本任务之一即为“转运军需等物”，正式确认其运输功能，并于明初专设递运所，与主要承担传递军情政令的驿站分开，主管物资运输。清朝建立后，也较长时间保留了递运所的设置，据有关学者研究，在康熙朝与雍正朝之《大清会典》中记载，全国递运所共有 85 所，[①] 但在清代，承担物资转运任务更多的是驿站。康熙年后，递运所或裁撤或并入驿站，驿站就更多地承担物资转运之任务，其运输的物资主要有皇室所用物品（或称贡物），军用物资，官员出行之行李。

中国传统驿传系统，承担着军情政令的传递，过往官员的迎送，官方物资的运输之责任。传统驿传系统的功能即运输，或称“驿运”，主要包括信息传递和人员物资运输两个方面。然而，通过对历朝各代设置驿传系统之目的的考察，可见其信息传递应为核心功能，人员物资运输功能则略显辅助性质。

第二节 近代中国交通方式的转型及战前近代交通概况

中国传统驿传系统，承担了传递军情政令，迎送过往官员、皇室贵族，转运官方物资的责任，其具有信息传递和人员物资运输两个方面的功能。时至近代，随着近代交通工具的使用面逐步扩大，传统驿传系统在整体上日渐失去了存在的必要，不可避免地走向消亡。民国初年，官办驿传系统全部裁撤。但是，中国近代交通方式的发展步履维艰，截止到 1937 年，除了东北地区、关内沿海地区，以及内陆部分地区近代交通较为发达外，西南地区，及其他边疆地区，更重要的

① 参阅刘文鹏《清代驿传及其与疆域形成关系之研究》，中国人民大学出版社，2004 年，第 219—223 页。

是中国整个广大农村地区，近代交通相对发展不足，继续在使用着木船、板车、独轮车等非机械力的传统交通运输工具，依赖着人力、兽力等，沿旧有驿道或乡间小道从事交通运输。

一、近代中国交通方式的转型

西方的“坚船利炮”打开了中国的大门，对中国整个社会的影响巨大而又深远，真可谓“数千年未有之大变局”，中国社会各方面由此开始转型，这也是对“冲击”的必要“回应”。确实，柯文的“在中国发现历史”之论，并不能否定费正清的“冲击—回应”的观点，其实他们都说了中国近代历史现实的一个侧面。中国近代历史有其自身沿传统发展的一面，也有“冲击—回应”的一面。[①] 在此大背景下，西方的近代科学技术及其应用后的产品大量拥入，其中轮船、电报、火车进入了近代中国，铁路公路开始修筑，近代中国交通方式的转型不可避免。

近代新式交通工具首先进入国人视野的是轮船。道光十五年，英轮“渣甸”号已出现于中国海面上；咸丰八年英法轮船航行于长江，进入了中国内陆，到达沿江商埠汉口。同治元年，美国那绥公司在上海设立旗昌洋行经营轮船业。同治四年，英国人设立省港澳轮船公司。同治六年，英国太古洋行又设立中国航业公司。

外国轮船业深入中国，刺激了中国的有识之士。早在同治七年，江苏道员许道身与同知容闳就向政府建议制造轮船，但没有引起官方重视。同治十一年，较有远见的李鸿章向清廷建议设立轮船招商局。其议虽立即引起保守官员的强烈反对，但其奏章从经济与国防两方面

---

① 参见拙文《近代“学术独立”观念辨析》，《海南大学学报》（人文社会科学版）2006 年第 3 期，第 316 页。

对轮船招商局不可缓办的理由阐论十分有力，因而最终得到清廷认可，轮船招商局遂于同治十三年成立。此为中国自置轮船之始。[①]

轮船招商局最初置有轮船伊敦、利运、永利、福星四艘，同治十三年又添置和众、富有、利航三艘，至民国十四年止，该局共有轮船30艘，可装载4039吨，共有各等客位24887个。此一时期，除轮船招商局外，官办商办之轮船公司大量设立，从下述列表可略见一斑。

表1—1 近代中国轮船业基本状况表

公司名称	地址	创办时期	船只数目	共有吨数	备注
大达内河轮船公司	南通	光绪二十九年	19	79.065	
政记公司	烟台	光绪三十一年	18		
吉林官轮局（民国九年，改为松江轮船局，系官督商办性质）	哈尔滨	光绪三十三年			
松黑两江邮船局	哈尔滨	光绪三十四年			
宁绍商轮公司	上海	光绪三十四年			
肇兴轮船公司	营口	宣统二年			
广信公司		宣统三年			
三北轮埠公司	上海	民国三年			
鸿安商轮公司	上海	民国八年	6	4921.15	
戊通船业公司	哈尔滨	民国七年	27	12291	

资料来源：此表来源于白寿彝《中国交通史》，上海书店1984年，第216—217页。

轮船以蒸汽机为动力，航行远较非机械力的中国帆船为快，交通运输效率显著提高；但是中国近代轮船业的发展，却又强烈冲击着中

① 参阅赵尔巽等《清史稿·交通志》卷一百五十，中华书局，1976年，第4451—4453页。

国传统帆船业，这正如李鸿章所说："当咸丰间，河船三千余艘，今仅存四百艘，及今不图，将利权尽失。"[①] 此仅涉及外国在华轮船业，再加上中国自身发展的轮船业，其对中国传统船业的冲击将难以估量。但在另一方面，中国轮船业的发展又大为方便了沿海沿江的水上交通，为中国交通运输业的发展注入了新的活力。

中国建设铁道之议，始于同治三年。是年，英国人司梯文生来华倡议在苏州上海间建铁路，但无人应和。但翌年七月，英国商人杜兰德在北京宣武门外造小铁道一里多长，试行小火车。这是铁道火车进入中国之始。但国人"群情骇怪"，清廷即令步军统领将其撤毁。此后近十年，无人提议再修铁路。

时至同治十三年，怡和洋行才建议在上海修筑淞沪铁路。该路自吴淞到上海，于同年十一月十六日建成。路成后，随即又引起朝野强烈反对，朝廷不得不于光绪三年以二十万五千两白银购回掘毁。几经周折，直到光绪六年，政府始同意修筑唐胥铁路，但不准用机车，只准用驴马拖拉，这就是所谓马车铁道，是为中国自建铁路之始。光绪八年才始用机车，以后又将该路延长，最后即为京奉铁路。

总而言之，从中国初建铁道到清朝末年止，所建铁路由官修商办之主要者有如下表：

表 1－2　清朝铁路建设概况表

铁路名称	起讫地点	开工时间	长度（公里）	性质
京汉（芦汉）	北京至汉口	光绪二十二年	1213	官修
京奉	北京至奉天（沈阳）	光绪六年	849.39	官修
津浦	天津至浦口	光绪三十四年	1013	官修
京张	北京丰台至张家口	光绪三十一年		官修

① 赵尔巽等：《清史稿·交通志》卷一百五十，中华书局，1976 年，第 4451 页。

续表

铁路名称	起讫地点	开工时间	长度（公里）	性质
沪宁	上海至南京	光绪二十九年	211.04	官修
沪杭甬	上海南站至闸口	光绪三十二年	186.15	官修
正太	石家庄至太原	光绪三十年	243	官修
汴洛	开封至洛阳	光绪二十一年		官修
道清	道口至清化镇	光绪二十八年	163	官修
广九	广州至九龙	光绪三十三年	178	中英合筑
株萍	株洲至萍乡	光绪二十五年	96	官修
吉长	吉林市至长春	宣统年间	127	中日合资
齐昂	齐齐哈尔至昂昂溪	清末	31	官修
新宁	广东斗山至北街	光绪三十二年	110.5	商办
南浔	南昌至九江	光绪三十三年	50	商办
漳厦	嵩屿至江东桥	光绪三十三年	28	商办
潮汕	潮州至汕头	光绪三十年	28	商办

资料来源：此表来源于白寿彝《中国交通史》，上海书店，1984 年，第 237—241 页。

除了官修商办之铁路外，还有中外合办及由外国人承办之铁路。其中最重要者有日本经营的南满铁路，俄国经营的中东铁路，德国经营的胶济铁路，法国经营的滇越铁路。

中国轮船业的发展，铁路的大量修筑，极为便利国人的交通与运输，同时也促进了近代邮电事业的产生与发展，给官方与民间的信息传递提供了方便。

在传统中国，以公文、书信等为形式的信息传递，官方由驿传系统完成，已有前述，自不必说。民间则有多种方式，传说中有“鸿雁传书”、“青鸟传书”、“鲤鱼传书”等方式，虽不足信，但也反映出民间曾有多种多样的通信形式存在，更反映出古代民间通信的艰难。其时民间没有专门的私人通信机构，只好幻想出天上的鸟、水里的鱼来传递书信，以抒发思乡思亲之情。除了宋代“许以家书附递”，官办驿传系统一般禁止递送私人书信，政府官员及富裕人家，则派专人递送私人信件，而一般人家，则由熟人捎寄。

大致在明永乐年间，因商人及宦游官员幕友的需要，民间信局逐渐兴起。一方面，虽然宋代“许以家书附递”，但仅为政府官员享用，而中国历史进入宋代以后，民间商业逐渐发达，商人流动渐趋频繁，私人书信往来逐渐增多；另一方面，明代官场惯例，凡做官宦游各省，必得携带幕友做其顾问，办理文书案牍。当时做幕友大多为浙江绍兴人，民间称为“绍兴师爷”，他们分布于各省各县，为了解它省它县情况，必得与它省它县“师爷”互通信息，往来信件必得有人寄送，但明代官方驿传系统严禁附递私人书信。由此，民间信局兴起。民间信局即由商人经办，简称民信局。它除为商人、幕友等服务外，也给一般平民百姓寄送信件、包裹和汇兑银钱。民信局业务首先出现在沿海地带，以后逐渐发展到内地，后来扩展到外洋各国。到清朝道咸年间，全国大小信局有数千家。五口通商后，上海商业繁盛，其中宁波商帮扩大原有的民信局组织，在上海设立总局，于各地设分局和代办所，又有联号、支店，构成了全国性的通信网。此外，国内的东三省和西北、陕、甘、新疆等地，也有各号民信局的营业。国外扩展到南洋群岛、暹罗、缅甸、安南、爪哇、澳大利亚、菲律宾、檀香山各地，华侨寄回国内的信件，即由民信局承担。[①] 民信局的商业性质及服务的全民性，已远远望见了现代邮政的影子。

时至晚清，近代军事政治经济等事务对信息传递之速度要求更高，传统驿传系统已难以适应其需要。据记载，咸丰三年（1853），

① 楼祖诒：《中国邮驿史料》，人民邮电出版社，1958年，第53—59页。

胜保奏报，因文报延误，地方官员未能及时接到调动军队之命令，军队不能按时到达指定地点。这年九、十月间，河南等省的奏折多未能按时到京，延迟五六日之多者，就达八件。咸丰十一年（1861），兵部受命核查军报延误情况，其结果是：仅在三月二十七、二十九日两天，所到各处奏报就有许多迟到数日者，其中最严重者竟迟到30多天。① 此类记载也许有夸大的成分，但在近代交通逐步兴起之背景下，清朝政府为提高信息传递之效率，则于驿传系统之外，另设文报局递送官方文件，“文报局亦为官办，用以递送地方政府公文者也”。据记载，中国各省文报局设立，在轮船通航以后。“盖各省官宪，深感驿递文报，费时久而需款巨，乃改设文报局，以文报交轮船投递。其后铁道兴修，并利用火车输送。洎夫驿政废弛，文报局更普设于各省及各通商口岸，所耗经费，概由地方政府筹措，未从户部支出，此其大较也”。② 文报局利用近代交通运输工具轮船与火车递送政府文报，速度快，效率高，传统驿传系统难以与其相比。文报局的产生与近代交通方式的引进与发展密切相关。另据记载，“光绪二年，驿站之外，复设文报局，专将寄往出使外国钦差文报，递至上海，交该地外国轮船寄送，并于上海传送进口文报”。③ 与国外“互通声息”，此一需求亦导致文报局之产生。

文报局的设立，与传统驿传系统及民信局比较，“要之文报局，乃驿站之变例，而顺应时势以进步者也。惟在当时法律上未见有何明文规定，殆与自然发达之信局，如出一辙。”寥寥数语，勾勒出文报

---

① 参见刘锦藻《清朝续文献通考》卷三七五，商务印书馆，1936年，第11209—11211页。

② 仇润喜主编：《天津邮政史料》第一辑，北京航空学院出版社，1988年，第72页。

③ 楼祖诒：《中国邮驿发达史》，《民国丛书》第三编第35册，上海书店，1991年，第138页。

局与民信局及驿传系统的区别与联系。文报局产生于近代交通方式进入中国之后，其借助近代交通工具运送“官方文件”，递送速度大为提高，文报局颇具近代因素；由政府设立并管理，此可谓“驿站之变例”，文报局即有官办性质；经营范围之广，以至于国外，又在法律上“未见有何明文规定”，又与民信局有相同之点。

讨论中国的民信局和文报局，客观上已显示中国传递文报信函包裹方式上的某些变化，与运用近代交通工具运送国内外信函包裹的近代邮政比较，确有相通之处。然而，真正的中国近代邮政则确实首先由西方人引入。

鸦片战争后，五口通商，英国人首先于香港设立邮局，再及于其他通商口岸，归伦敦英国邮政总局管辖。以后其他与华订约各国，则援例于通商口岸相继设立邮局，并及于中国内地，“为各侨民谋通信之便利”，此即为“客邮”。这些“客邮”，不仅设于中国沿海沿江通商口岸，还逐渐推及中国内地和边远地区，如新疆、西藏、云南、黑龙江等地。截止至1918年，外国在华所设“客邮”统计如下：

表1—3 外国在中国设立“客邮”统计表 单位：处

年份国别	1870	1897	1906	1913	1918
英国	2	8	14	14	20
法国	1	2	14	13	21
美国	1	1	1	1	4
俄国		5	5	18	119
德国		2	14	12	40
日本		7	17	129	140
总计	4	25	65	187	344

资料来源：此表来源于《中国近代邮电史》，邮电史编辑室编，人民邮电出版社，1984年，第17页。

西方在华设立“客邮”，一方面侵犯中国邮政主权，迫使中国政府发展近代邮政，以维护国家主权；另一方面则为中国改革传统驿传系统提供新思路。光绪四年（1878），李鸿章在天津、北京、烟台、牛庄、上海五处，效仿西方，试办邮政，开设邮局，并委托海关总税务司赫德管理，此为海关邮政。海关邮政按西方邮政制度建立，为中国官办邮政提供直接经验。1888年，刘铭传在台湾设立官府民间都可使用的近代国家邮政，此为中国独立自办近代邮政之始。台湾邮政系统是在原有驿传系统的基础上改建而成，改省内各地驿站为邮站，将原来的驿站官员、驿丁改为邮站工作人员。这种改驿为邮的方式，对于中国近代邮政的全面建立实具示范意义，后来中国国家邮政体制的建立，即在传统驿传系统的框架内发展而来，驿站改为邮局，驿传线路改为邮政路线，旧有驿站人员改为邮局工作人员。此一举措，避免了因裁驿而使大量驿站人员失业所形成的社会问题，以免重蹈明末裁驿之覆辙，社会得以稳定。1896年，清朝中央政府在总理衙门“具奏议办邮政，请由现设邮递推广，并与各国联合”的奏折上批示“依议”，从而正式开始办理国家邮政，各处邮局在原有驿站的基础上逐渐建立。1906年，设立邮传部，1912年邮政完全归邮传部主办。自光绪四年起，经过二十余年的努力，至于清末，“通邮区域已遍于全国各大城市。宣统三年之统计，全国邮局，连总局、分局、支局、代办处总计在内，共六千二百零一所；全国邮路，连邮差邮路、民船邮路、轮船邮路、火车邮路总计在内，共三十八万一千华里。”①

中国电信之开创，始于大北大东两公司在中国领海铺设海底电线之时。1870年，英国大东公司铺设香港水线（海底电报线），由香港达天津。1871年，丹麦大北公司（实由英、俄、挪威、丹麦等国电

① 白寿彝：《中国交通史》，上海书店，1984年，第259—260页。

报公司组成）将海底电线由海参崴经日本长崎，铺设到上海，此为中国最早的两条电报线。大东大北两公司为解决在中国争设海底电报线的矛盾，经秘密协商，规定上海以北的水线划归大北公司经营，香港以南的水线划归大东公司经营，香港、上海间则为双方共同经营的“中立区”。在陆线（陆地电报线）方面，1873 年，大北公司由吴淞设陆线至上海。

面对外国在中国铺设电报线，其时有识之士认识到电报在军事政治上的重要意义，对此做出了积极反应。光绪六年（1880）八月十二日，李鸿章奏请自设南北洋电报：“现自北洋以至南洋，调兵馈饷，在在俱关紧要，亟宜设立电报以通气脉。”① 1882 年，在李鸿章的努力下，从天津沿运河经镇江至上海的津沪电报线建成，此线在 1883 年延伸到通州，与北京相接，又向北至山海关，再经营口直达旅顺。几年以后，中国自设电报线以上海、天津为基点，迅速向其他省区延伸。由上海向西进入江浙，沿长江至湖北、湖南，入四川，又经贵州直达云南省；向南入福建、广东等地。1887 年，清朝政府开始筹办东北地区的电报线，与此同时，从天津到保定、自济宁到开封的电报线路相继建成。1889 年，电报线又由保定西经太原、西安直达甘肃的兰州、嘉峪关。正如李鸿章在其奏稿中所谈：“中国电报创造未及十年，现已东至东三省，南至山东、河南、江苏、浙江、两广；缘江而西至皖、鄂，入川、黔，以达云南之极边；东与桂边相接，腹地旁推交通，几于无省不有，即隔海之台湾，属国之朝鲜，亦皆遍设。”②自中法战争至中日甲午战争，经十来年的发展，已基本建成覆盖全国之电报线网络，承担起很大部分国家军政要务的信息传递。

---

① 李鸿章：《请设南北洋电报片》，《李鸿章全集·奏稿》卷三八，海南出版社，1997 年，第 1185 页。

② 同上，第 1936 页。

电报网络的初步建成，改变了传统驿传系统传递军情政令的格局，信息传递的速度大为提高；近代邮政机构的建立，借助于近代交通工具，政府文报、民间信函包裹的传递时间得到缩短，传递效率予以提高，迅速替代传统驿传系统信息传递的功能。再加之火车、轮船等近代交通工具的引进，铁路的修筑，大有代替传统驿传系统人员接送、物资运输之功能的趋势。因此，自 19 世纪后半叶开始，传统驿传系统在信息传递、人员物资运输两个方面的功能，正逐渐由新兴的电报、邮政及火车、轮船交通运输方式所承担，正如郑观应所言："盖电报设而驿差轻其半，轮船通而驿差轻其七八，若铁路之干枝渐次告成，而驿传势难再留。"① 楼祖诒在谈到其对中国邮驿史的研究时，他作了如此总结："官文书的递寄，已为文报局所代替，加之轮船、火车相继敷设，'三百里、五百里排单'，靠牛马、人力跑递，决不可能和它竞争。至于私家书信，民信局已远及外洋内地，也绝不会有人再用邮驿'以家书附递'；更如台湾的特别文报局，发行邮票，广收交寄商民信件。因此，那时的邮驿制度，不必说裁，实际上已到自行消灭阶段。"②

总之，传统驿传系统被裁撤，已成自然之势。1888 年，刘铭传最早在台湾改驿归邮；近代交通较发达的东北，宣统年间已完成裁驿归邮的任务。1913 年 1 月，中华民国政府宣布，官办驿传系统全部裁撤。③ 至此，绵延数千年之久的中国传统驿传系统寿终正寝。

---

① 郑观应：《郑观应集》，夏东元编，上海人民出版社，1988 年，第 667 页。
② 楼祖诒编著：《中国邮驿史料》，人民邮电出版社，1958 年，第 103 页。
③ 参阅苏全有《清末邮传部研究》，中华书局，2005 年，第 173 页。北洋政府宣布裁驿归邮的时间，还有待于进一步考证，但清末民初"裁驿归邮"却是无可否认的事实，请参阅仇润喜主编的《天津邮政史料》（第一辑）中裁驿归邮一节，北京航空学院出版社，1988 年，第 53—71 页；另请参阅刘广生主编《中国古代邮驿史》，人民邮电出版社，1986 年，第 360 页。

二、战前中国交通建设概况

1912年民国建立，承晚清交通改革之余绪，继续发展近代交通事业以替代传统交通方式，在发展铁路交通、轮船航运及电报业的同时，又从国外引进汽车，修筑公路，建立无线电台，设立有线电话，航空也有了初步发展。至1937年抗日战争爆发，中国已初步建立近代交通运输网络。

入民国后，中国铁路发展并不快。至1931年“九一八”事变前，铁路发展较快的在东北，主要者有四洮铁路310公里，洮昂铁路240公里，呼海铁路214公里，吉敦铁路210公里，沈海铁路257公里，吉海铁路251公里，齐克铁路228公里，合计总长1710公里。加上清末的京奉、吉长、齐昂及俄国经营的中东铁路、日本经营的南满铁路，东北铁路发展较全国最为迅速，基本已形成布局较为合理的铁路网。而在关内，内战频繁，其铁路发展主要者仅为汴洛线展修为陇海铁路，东至连云港，西至宝鸡，横贯东西，为“欧亚交通之连锁”。此外有杭江铁路，自杭州渡钱塘江南行达江西玉山，长330公里。但上述两路，于七七事变前才得以完成。[①] 因此，中国铁路事业的发展，民国最初20年远远不及晚清最后20年的规模。

“九·一八”事变后，国民政府认识到“与日一战不可避免”，从战略上考虑，加快发展铁路之步伐，以备战时之用。其时铁路之修筑，重要工程者有：（一）粤汉路之完成。1896年已议及修筑该路，1901年美商合兴公司开始建筑，几经辗转，时过近40年，南北两端分段先后建成通车，但全线一直未能贯通。南端广韶段近224公里，已于1916年建成通车；北端武（昌）株（洲）段约417公里，也于

① 龚学遂：《中国战时交通史》，商务印书馆，1947年，第150页。

1919年全段通车。但韶关至株洲间的约406公里工程，一直未能完成通车。国民政府鉴于该路为南北第一通道，军事价值重大，以四年为期，定于1937年建成通车。但因华北战云密布，筑路进度加快，提前于1936年4月竣工，其对全面抗战爆发后的军队和战略物资的运输，意义重大。（二）陇海路之展修。陇海路1923年已通车至潼关，于1934年12月展筑至西安通车，西安宝鸡段又在潼西段通车后修筑，于1936年通车。陇海路东段则展至连云港，为此线终点，于1935年大致完成。（三）粤汉路与广九路接轨。自粤汉全路通车后，粤汉与广九接轨问题已进入国民政府的议事日程，因受民族主义思想所困，当时一般人士不同意粤汉与广九接轨。其时正好黄浦计划开埠，由广州至黄浦间一段支线，首先开筑，并必得经过广九线。该线自粤汉路西村车站，经广九路石牌站，而达黄埔港，全长24公里；其时即用旱桥于石牌站跨越广九铁路而行。"七七事变"后，于数日内使两线接轨，由汉口南开之列车即可直达九龙。（四）浙赣路通车。杭州至玉山段已于1929年由浙江省办理，于1932年通车至金华，1933年通车至玉山。然后由铁道部与浙江省及银行合组公司办理，1936年修至南昌，1937年接通萍乡，与粤汉、南浔、京沪及沪杭线相接，因此"七七事变"后，"东西南北战场之军队辎重，得随军事形势之转移，行动自如"。（五）苏嘉路兴筑。"一·二八"事变后，《淞沪停战协定》签字，中国军队退出上海，使上海成为"不设防的城市"。为加强国防起见，上海一旦发生事变不致影响南京至杭州的铁路交通，1935年2月苏嘉铁路动工修筑，翌年7月完成。苏嘉铁路全长约74公里，南京至杭州由此可不经上海，距离缩短150公里。此铁路在抗战初期发挥了重大作用。总而言之，抗战之前，国民政府修筑了一定里程的数条铁路，以备战时之用，但从中国整个铁路布局来观察，并不令人乐观。布局最为合理的东北铁路网已于"九·一八”事变后，迅速沦于敌手；七七事变前后所修“战备铁路”，则偏重于中部东部地区，没有认真考虑西部地区的铁路发展，仅有陇海路延伸至宝鸡。①

真正意义上的中国公路之修筑，以民国二年长沙至湘潭一段军用公路为嚆矢。中国公路的发展，其始并不由中央政府统一举办，而是各省各自为政，分别修筑各省之公路。各省先后所筑成的公路，据国民政府建设委员会调查，“截至民国十八年底止，全国已修成土路六万九千三百八十八华里，已通车之路四万二千六百五十七华里，已有路面之路八千零二十三华里。十九年六月建委会又据各省所报，造成各省汽车路表，共计已成路二万七千四百余公里”。② 1930 年 1 月至 6 月，仅半年时间，各省修筑公路情况有如下表：

表 1-4 全国各省汽车公路表（1930 年 1 月至 6 月）

省名	路线数目	路长（公里）	路宽（公尺）	车辆数	路线经营性质		备考
					官办（条）	商办（条）	
福建	60	1990.4	7.2	114	49	11	
辽宁	28	3923.0		176			
浙江	22	896.9	3.3—7.0	314	10	12	
河南	20	2540.0	5—18	44	10	10	
山东	19	3629.0	7—10	116	9	10	
江苏	19	447.0		65	6	13	
广东	17	1683.9					
湖北	14	1838.0	7	77			
甘肃	8	3403.0	7.5				

① 龚学遂：《中国战时交通史》，商务印书馆，1947 年，第 150—152 页；另参阅张燕萍《七七事变前国民政府经济备战的军事价值初探》，见陈红民主编《中华民国史新论》，三联书店，2003 年。

② 张心澄：《中国现代交通史》，台湾学生书局，1975 年，第 182—183 页。

续表

省名	路线数目	路长（公里）	路宽（公尺）	车辆数	路线经营性质		备考
					官办（条）	商办（条）	
安徽	8	1631.0	7	32			
陕西	5	2042.0	7				
察哈尔	4	2032.0	8	2	3		
热河	3	786.0	7	16			
绥远	2	478.0		15			
江西	2	220.0	9—16	68	1	1	
合计	231	27540.2		1039	88	57	

资料来源：此表来自张心澄《中国现代交通史》，台湾学生书局，1975 年，第 183—184 页。此表由国民政府建设委员会造。

仅半年时间，增加 2.7 万多公里，其时公路建设相对较快。上表虽不十分全面，但基本上能反映其时全国公路建设的某些具体情形。至民国二十一年（1932），全国经济委员会才确定国道建设的基本方针，计划建立全国性的公路网络系统，并设立全国公路交通委员会，建立全国公路统一管理机构，“是为中央设立管理并督修公路机构之始”。同年十月，军事委员会在汉口召开苏、浙、皖、赣、湘、鄂、豫七省公路会议，决定七省联络公路工程由经济委员会督修，1936 年，再将粤闽及西北各省联络公路加入，于是各省间公路，可以相互贯通。截至七七事变前，中国已筑公路情况如下：

表 1—5　1937 年全国各省市公路里程表

省市名称	里程（公里）	省市名称	里程（公里）
河北	6586	广东	14519
北平	1168	广西	3746
天津	426	河南	5700
山西	2938	新疆	1343

续表

省市名称	里程（公里）	省市名称	里程（公里）
辽宁	12640	宁夏	1633
吉林	1307	四川	4206
黑龙江	1560	贵州	1687
山东	6813	云南	3178
陕西	2125	青海	1336
甘肃	2770	浙江	3716
江苏	5400	福建	4218
上海	289	江西	6618
湖北	4545	内蒙古	3902
湖南	2721	西藏	无
安徽	5731	台湾	日本占领

资料来源：本表来源于李占才、张劲《超载——抗战与交通》，广西师范大学出版社，1996 年，第 131 页。

起步于民国初年的中国近代公路建设，经历了从各省各自发展到全国联络成网，再由中央统一管理的发展过程。从 1937 年各省统计公路里程来分析，河北、广东、河南、辽宁、山东、江苏、江西七省的公路发展较快，都已超过 5000 公里。立于国土面积的角度进行评估，辽阔的西南西北地区，公路发展较慢，公路里程太短。

从 19 世纪 70 年代创办轮船招商局开始，中国的轮船航运业逐步兴起并艰难发展。至抗战前，中国轮船航行远洋的，为数极少；国内航运，也难与外轮竞争。战前中国轮船航运公司，主要者为轮船招商局和民生公司，其他如三北、大达、大通、宁绍、政记等轮船公司，规模较小，难与外轮竞争。至 1937 年抗战爆发前，招商局拥有轮船总吨位近十万吨，仅次于英国在华太古公司；民生公司共有轮船 46 艘，计总吨位二万余吨。总计全国，经交通部各航政机构登记注册的轮船总吨位数达 47 万吨。[1]

中国航空事业始于宣统元年，其时中国政府向法国购买了苏姆式双叶飞机一架。以后二十年，虽也创办航空学校，购进飞机，但无甚成就。真正意义上的中国航空业应开始于民国十八年中国航空公司成立，其后有欧亚航空公司和西南航空公司。至抗战爆发前夕，整个中国的民用航空事业，共有 30 架飞机，开辟航线 1.3 万余公里。[2] 飞机数量如此之少，中国航空事业才处于起步阶段。

裁驿归邮后，中国邮电事业发展较好，各地的信函包裹基本上由邮局传递，建立了遍及全国的各种邮政机关。与此同时，在继续发展清末以来的有线电报业之外，又在全国建立各种无线电台，设立有线电话，极大地方便各地信息往来。电话方面，在民国二十一年，除东北不计外，共有市区电话线路 2688 公里，电话局 59 所，长途电话处所，共 263 处，线路 9303 公里。至抗战前夕，可与南京直接通话城市，“有北平、天津、大同、阳曲、石家庄、兰州、长安、广州、衡阳、长沙、汉口、桂林、南昌、济南、青岛、灌云、淮阴、铜山、开封、郑县、九江、安庆、屯溪、宣城等二十余处，即远处后方之重庆、成都、贵阳等地亦已粗具长途电话网之通话中心。故抗战以平民电讯方面，尚足应付”。[3] 无线电台方面，因国民政府提倡，发展较快，“其进步之速为交通各业之冠”，到 1932 年，国内无线电台共有八区，第一区为上海、吴淞、启东、崇明、南京、安庆、芜湖、杭州、宁波、定海，第二区为汉口、武昌、南昌、长沙、沙市、宜昌，

---

① 李占才、张劲：《超载——抗战与交通》，广西师范大学出版社，1996 年，第 204—205 页。

② 数据来自《民用航空概况表》，见中国第二历史档案馆藏交通部档，全宗号：二十，案卷号：281，无页码。

③ 张嘉璈：《战时交通问题》，1940 年 11 月内部发行，第 8 页，见中国第二历史档案馆藏，全宗号：二十，案卷号：443，案卷名：张嘉璈讲“战时交通问题”。

第三区为青岛、烟台、威海卫、济南、开封、郑州、洛阳，第四区为厦门、福州、广州、汕头，第五区为重庆、万县、成都、叙州、贵阳，第六区为兰州，第七区为迪化，第八区为天津、北平。其时中国各重要城市都已设有无线电台，其中天津两座，北平三座，青岛两座，上海也有两座。总之，发展较为良好的中国邮电事业，基本能承担起过去由传统驿传系统所承担的信息传递功能。

综观 1937 年 7 月之前中国的交通建设事业，确有相当程度的发展，为中华民族的全面抗战做了准备。然而，因起步较慢、外国竞争激烈等诸多因素的影响，其交通建设事业尚存有诸多亟待解决的难题。

（一）交通路线分布不均。其中最突出的为铁路布局，在东北铁路密度最大，布局也较合理，但于九一八事变后，东北铁路全部沦于敌手；其次是华北地区，以北京为中心的铁路网，向西为平绥铁路，向北为北宁铁路，向东经天津至浦口的津浦铁路，向南为平汉铁路。但在长江以南地区，铁路发展速度缓慢，至抗战前，才修通了粤汉铁路，建成了浙赣等铁路。发展最慢的是西北西南地区，到抗战前，除陇海线通至宝鸡外，另就是“不通国内通国外”的滇越铁路，其为窄轨，因轨道一米宽或称“米轨”，修于晚清，至战前设备陈旧，运量有限；四川商办北川铁路，“仅一百二十华里”，其功用“仅运煤而已”，除此之外，西北西南地区再无其他铁路了。在公路建设方面，如前所述，河北、广东、河南、辽宁、山东、江苏、江西七省的公路发展较快，战前公路建设各已超过 5000 公里。立于国土面积方面做评估，辽阔的西南西北地区，公路发展较慢，公路里程太短。在中国西南西北地区，因受江河通航条件等因素的限制，轮船航运业发展较慢。轮船航运业，虽有长江上游独占鳌头的民生公司，但总吨位数仅为 20000 余，与其时中国轮船总吨位 47 万吨比较，吨位数太少。轮船航运主要集中在长江下游及东部沿海。航空业才刚刚起步，飞机数量少，并仅侧重于以上海北平南京为中心的几个主要城市的通航。此外，在近代交通建设规划方面，发展近代交通，政府与民间交通运输力量优先考虑的是城市与城市间的交通，除非是因连结城市与城市之间的交通，才不得不修筑经过农村的交通线，农村才可能有所受益外，农村交通几乎不是其时考虑的对象，农村交通极不发达。因此，就整个中国战前交通发展情况而论，如此不均的交通线分布，对后来的抗战极为不利。日本首先占据交通发展最好的东北，再是侵占交通较便利的华北、华东地区，剩下的就是因多山地而极需发展交通的，但交通又最不发达的西北、西南地区，这对坚持抗战的国民政府，以西南西北为抗战大后方，不能不是一个严峻的考验。

（二）交通工具及相关配件燃料依赖进口。在发展中国近代交通事业的过程中，对于近代交通工具，主要依靠从国外进口，国内并无制造近代交通工具的条件。虽有晚清重臣曾国藩、李鸿章、张之洞等人建立轮船制造工厂，但技术和相关零配件必须进口，而生产出来的产品也落后其时代。轮船主要从国外购买。对于汽车、飞机、火车机头及电信材料，战前中国素无工厂生产，几乎全从外国进口。此方面龚学遂有过较切近实际的陈述：“缘我国工业基础薄弱，且无建立汽车炼油工业之充分准备，一切车辆、配件、油类，全须仰给舶来，在美租借法成立前，多系经由买办阶级，零星购进，在平时推动公路运输业务，尚多赖他国，一到战时，海口被锁，新者不易输入，旧者日见窳败，捉襟见肘，殊难补救。”① 虽然此处所论为汽车，其实其他近代交通工具也是如此。另一关键因素是燃料问题，其时中国虽已发现西北玉门有石油，但于战前还没有生产，燃料也全由国外买进。交

① 龚学遂：《中国战时交通史》，商务印书馆，1947年，第8页。

通工具、相关零配件及燃料必须依靠国外进口，依赖性之重，极大地制约了中国近代交通事业的发展。后来日本对中国的战略封锁，可说是抓住了中国抗战的根本弱点。

（三）交通建设缺乏统一管理与规划。此方面最突出的是公路交通建设。起步于民国初年的公路交通建设，首先由各省分别发展，各自为政，缺少国家的统一规划和业务协调，缺乏长远的战备公路建设计划，省际公路、国际公路为数甚少。有如前述，始于民国二年的公路建设，二十年后，至民国二十一年（1932），全国经济委员会才确定国道建设的基本方针，规划全国性的公路网络系统，设立全国公路交通委员会，统一管理全国公路建设。但国民政府政治影响力不够的西南、西北地区，公路交通难有全国性的统一管理，公路建设难以统一规划。如川陕、川滇等省际公路以及国际公路滇缅公路，全在抗战爆发前后，临时抱佛脚予以修筑。因工期紧急，修筑质量难达理想要求。铁路方面虽有北洋政府时期的交通部、国民政府时期的铁道部统一规划与管理，但政治上四分五裂的北洋政府时期，铁路交通建设统一管理与规划名存实亡，难见实效；国民政府政治影响力不够的西南、西北地区，也难以实行（此也许为西南、西北地区缺乏铁路的一个因素）。缺乏统一管理与规划的近代交通，应对需要大规模运输的、战场广阔的近代战争难免不陷入困境。

总而言之，战前中国的近代交通发展并不理想。缺乏统一规划与管理，分布不均，布局不太合理，此即制约了中国近代交通事业的良性发展；对交通器材过分依赖于国外进口，没有深厚的制造工业做基础，中国近代交通建设事业是极为脆弱的，一旦面临外敌预谋已久的入侵，极易遭受打击。

第三节 抗战时期的中国交通状况及其面临的困境

1937年7月的一个夜晚，卢沟桥上枪声顿起，世界为之震撼，面对顽寇的疯狂进攻，中华民族奋起抵抗。1938年广州、武汉沦陷后，抗日军民退守大西南大西北，虽有汪精卫式的投降卖国行径，但以重庆国民政府名义为领导的抗日军民，一直坚持抗战，没有屈服。华夏民族的抵抗能力完全出乎顽寇意料。因此，日本除采取军事进攻、政治诱降等多种策略之外，更采取战略封锁政策，企图从军事上、经济上困死大后方及其他地区的抗日军民。其中，日本侵略者在大肆侵占与破坏中国的交通线路和交通工具之时，封锁中国的出海口，阻断国际交通线，导致中国抗战后方与前线的交通建设和交通运输逐渐陷入困境，对整个中国抗战的军事支援和经济生活，确实造成了严重后果。

一、抗战期间的中国交通状况[①]

近代的战争，以热兵器的使用为主要特征。枪支弹药、坦克大炮以及战斗人员的快速运送，是决定战斗胜负的一个重要因素。因此，近代战争又以争夺与破坏对方交通线、交通工具为重要特征。抗日战争正是如此。就铁路而言，其实际情况可见下表：

---

① 此处所谈的战时交通并不面面俱到，主要讨论的是与本书有关的敌人对交通的侵占和敌我双方对交通的破坏，以及日军对华的交通封锁。

表 1－6　“九一八”以后中国铁路里程变动概况表　单位：公里

时期项目	自“九一八”至“七七”	自“七七”至广汉沦陷	自广汉沦陷至湘桂沦陷	自湘桂沦陷至日本投降
保持路线	14441	11415	3317	1209
新筑或修复路线	3150（新筑）	1022（新筑）	1187（新筑）	200（修复）
沦陷或拆移路线	6176	9120	3295①	
实有路线	11415	3317	1209	1409

资料来源：此表来源于《抗战期中之交通》，中国第二历史档案馆藏，全宗号：二〇（2），案卷号：294，案卷名：抗战期中之交通。

广州、武汉沦陷之时，中国抗战后方实有铁路仅余 3317 公里。具体来分析，可资利用者，仅有陇海铁路洛阳至宝鸡一段，浙赣铁路，粤汉铁路长沙至曲江一段，“七七事变”后紧急修筑的湘桂铁路衡桂段以及法国经营的滇越铁路。广州武汉沦陷后，开工修筑的铁路有宝天铁路、黔桂铁路、滇缅铁路、叙昆铁路等，但因战事的发展，材料的缺乏及资金的不足，各修通一段后，陷于停顿。另据统计，自抗战全面爆发至 1938 年 12 月广州、武汉失守，日本侵略者先后侵占中国铁路线，占关内铁路总长的 74％；剩下仅占 26％的铁路线，也经常遭受敌机的狂轰滥炸，“到抗战第二年的 4 月 6 日止，粤汉铁路平均每 18 小时就被敌机轰炸一次，每 300 公尺投弹一枚；陇海铁路平均每 41 小时也被敌机轰炸一次，每 140 公尺投弹一枚”。② 总而言之，由于敌人的侵占与破坏，铁路在抗战时期的作用是十分有限的。

“我国铁路除东北外，本甚稀少，日本军阀南侵之初，即以破坏或封锁我铁路交通为鹄的，始则占据北宁、平绥、胶济、京沪等线，

① 内含拆移 200 公里。

② 参见周春主编《中国抗日战争时期物价史》，四川大学出版社，1998 年，第 134 页。

继则切断津浦、正太、平汉、陇海等线，终则封锁粤汉、浙赣、湘桂、滇缅（疑为滇越，笔者按）等线而破坏之，故随战局西移，铁路运输，渐失去其重要性”，所以，“我国战时主要运输，不得不以各国向视为辅助运输工具之汽车是赖”，[①] 在广州武汉沦陷后，主要由公路和天然水道承担了军需民用的战时运输任务。然而，战时公路也损失严重，据统计，在整个抗战期间，日军侵占并可使用的公路约有2.8万公里；因军事需要，中国自行破坏的公路有五万多公里。[②] 其实际情形可由下表得到反映：

表1－7　抗战期间新筑公路及历年实有公路里程表　单位：公里

年度	1937	1938	1939	1940	1941	1942	1943	1944
新筑公路	1594	973	2583	949	2616	755	1571	2228
实有公路	117296	118269	120852	121801	124417	125172	126743	128740

资料来源：此表见《抗战期中之交通》，中国第二历史档案馆藏，全宗号：二〇（2），案卷号：294。

从上表可知，截至1944年底止，整个中国共有公路128740公里。但是，除破坏及沦陷者七万多公里外，由抗战后方所控制的实际通车公路里程却只有53000余公里；此外，中国在战争中损失的以汽车为主的各种机动车辆达七万多部。[③]

如前所述，抗战前，全国注册百吨以上的轮船共有542艘，总吨位数为47万余吨。七七事变后，部分轮船被敌军掠夺，部分炸沉充作江防工事，部分转售给外商，而拖停抗战后方的仅有66艘，共计约11万吨。战前中国有民用飞机30架，至1941年1月，仅余14

① 龚学遂：《中国战时交通史》，商务印书馆，1947年，第4—5页。

② 参见周春主编《中国抗日战争时期物价史》，四川大学出版社，1998年，第134页。

③ 同上，第134—135页。

架，另添购了6架，共20架。[①]

总之，战争给中国的近代交通运输事业以沉重的打击，中国抗战由此面临比较严峻的交通运输困难。然而，更严重的是，日本侵略者严密封锁中国出海口，阻断中国国际交通线，禁止机动车辆、燃料、军火及其他战略物资输入抗战后方，企图使抗战后方没有建设与发展近代交通的可能，达到削弱中国抵抗能力之目的。

1937年7月抗战伊始，日本侵略军凭借其强大的海军优势，全面封锁中国海面，禁止国内外商船往来，即已采取对华战略封锁政策。[②] 此后，中国的对外通道，仅余粤汉铁路转广九铁路至香港的出海口，再是滇越铁路通越南海防的通道，和后来紧急修筑的滇缅公路至缅甸密支那再到仰光的出海口。此外还有经甘肃、新疆至苏联的通道。上述数条对外通道，自然成为日本侵略者予以封锁的目标。正如陈三井所论，当时“日军自一九三七年至一九三九年所欲切断的中国补给线有下列四条：（1）对自由港施以更有效之封锁，（2）由北越到云南的滇越铁路，（3）由缅甸入中国的滇缅公路，（4）由苏俄经外蒙古或新疆到中国的通道”。[③] 因此，日本逐步对中国的对外通道予以封锁，以达到切断中国补给线之目的。

1938年10月12日，日军在大亚湾登陆，向广州进攻，以“切断蒋政权的主要补给线，并挫败第三国，特别是英国的援蒋意志”。[④]

---

① 《战时交通状况图》，中国第二历史档案馆藏交通部档，全宗号：二十，案卷号：281，案卷名：战时交通状况图。

② 日本海军于1937年8月25日宣布封锁中国海岸线。参见松本俊一、安东义良监修的《日本外交史》卷22，（东京）鹿岛出版会，1973年，第36页。转引自许文堂《第二次大战时期中、日、法在越南的冲突与交涉》，《中央研究所近代史研究所集刊》第44期，第65页。

③ 陈三井：《抗战时期的中法关系》，《近代中国》第152期，第166页。

④ ［日］防卫厅防卫所战史研究室编：《中国事变陆军作战》（2），朝云新闻社1983年，第106页。转引自陈廷湘主编《中国现代史》，四川大学出版社，2002年，第365页。

自抗战爆发后半年多时间里，中国抗战，有九万吨军需物资通过香港运入中国，与此同时，仅有 3400 吨军需物资假道越南进入中国，[①]这显示抗战初期，借助香港运输物资为主要通道。因国民政府主观上认为日军会顾及英国利益，不会轻易进攻广州，所以广州防务松懈，以致日本侵略军于 10 月 21 日轻而易举地攻占了广州。至 10 月 29 日，广州附近战略要地全部沦于敌手，中国其时最为重要的对外通道被切断，从而增大了中国从海外获取补给的困难。

香港转广州的运输路线被切断后，当时最便捷的运输通道即为经越南海防，由滇越铁路至云南昆明或经镇南关公路入境广西，简言之，就是假道越南。1939 年 11 月，日军攻取广西南宁，切断了由越南经镇南关、南宁而入湘黔的通道，那么只剩下滇越铁路运输物资。对滇越铁路国际通道，日本侵略者不惜采取武力与外交两种手段以阻断其交通。日军派出大量飞机轰炸滇越铁路，国民政府交通部部长张嘉璈于 1940 年对此有过描述："自南宁失守后，塘镇路断，国外物资输入，当以滇越铁路为最要路线，因其运输最便最省而数量最大也，乃敌人妒忌万分，不顾国际信义，自去年十二月三十日起，迭次施以轰炸，尤以一月五日一次炸断桥梁，车运停止，损失最大。"[②] 从 1937 年 9 月 27 日对法国提出第一次抗议开始，日本侵略者即与法国交涉，强烈要求关闭滇越铁路，停止中国物资的运输。中国援引 1903 年 10 月所订《滇越铁路章程》之条文第二十三、二十四条等，证明战略物资假道运输为条约所规定，要求法国保证通道的畅通。法国确实顾虑假道给中国转运战略物资而招致日军报复，轰炸滇越铁

① 参见许文堂《第二次大战时期中、日、法在越南的冲突与交涉》，《中央研究所近代史研究所集刊》第 44 期，第 71 页。

② 张嘉璈：《战时交通问题》，1940 年 11 月内部发行，第 25 页，见中国第二历史档案馆藏，全宗号：二十，案卷号：443，案卷名：张嘉璈讲"战时交通问题"。

路，危及自身利益，因此一直犹豫不决，不给中国以明确的答复。虽然法国于抗战前三年基本保持滇越铁路的畅通，但随着战事的发展，日本的进逼，滇越铁路已有被关闭之虞。1939 年 2 月，日军进占海南岛、西沙、南沙诸群岛，对香港和法属印度支那压力更大。9 月，欧战爆发，法国已无暇东顾。9 月 23 日，印度支那总督卡特鲁转告中国驻河内总领事许念曾，声称“得到巴黎训令，不准军火、汽车、汽油过境”，在越之物资应尽快运入中国。① 11 月 30 日，日本外相野村吉三郎再次向法国驻日大使亚弦昂利提出中止经由越南转运物资至华的照会，并要求由日方派出军事监视团执行禁运监督。1940 年春天，法国对德作战失利，6 月 17 日，印度支那总督卡特鲁径自同意日方要求，自 6 月 20 日起断绝“援蒋”物资通路。6 月 29 日日本由海、陆、外务三省组成的军事监视团成员西原一策少将等 40 人，抵达河内，执行监督禁运之任务。至此，滇越铁路通道完全切断。至于后来日军进占越南，则表明已无恢复滇越铁路通道的可能。因此接下来滇缅公路则成为中国物资进出的主要通道。

然而，滇缅公路的情况也不令人乐观。滇缅公路在抗战爆发后出于战备的考虑而筑成，经不断改善后，每日运量可达 600 吨。② 滇越铁路关闭后，滇缅公路几乎成了国民政府唯一可倚重的通道，也是日军的下一个目标。几乎就在滇缅公路刚筑成之时，日本即已与英国交涉，要求关闭此通道。英国政府为了继续维持其在香港和东南亚的殖民统治地位，屈服于日本的压力，宣布自 1940 年 7 月 18 起，滇缅公

① 《驻河内总领事馆致外交部电》(民国二十八年 9 月 23 日)，见台湾国民党党史委员会编印《中华民国重要史料初编－对日抗战时期》第三编《战时外交》 (二)，第 758—759 页。转引自许文堂《第二次大战时期中、日、法在越南的冲突与交涉》，《中央研究所近代史研究所集刊》第 44 期，第 87 页。

② 张嘉璈：《战时交通问题》，1940 年 11 月内部发行，第 25 页，见中国第二历史档案馆藏，全宗号：二十，案卷号：443，案卷名：张嘉璈讲“战时交通问题”。

路实施禁运三个月，致使中国对外交通几乎完全断绝，“这不但使得重庆国民政府当时陆上对外的联系管道几乎完全被封锁，战时中国所亟需的外来军品物资之运输，也宣告中断，而对当时中国上下民心士气而言，更是一个沉重的打击”。[①] 然而英国对日退让政策，非但不能保持其在远东的地位，反而助长了日本的侵略野心。9 月 22 日，日本与法国“维琪政府”订约，进军越南，直接威胁英属缅甸之安全，又在 9 月 27 日，与德意缔结三国军事同盟，“致使英国深感绥靖政策之在东亚，亦不能收理想之效果”，更因国内的压力，最终滇缅公路于同年 10 月 18 日起正式恢复通车。太平洋战争爆发之后，日本攻占菲律宾、新加坡、荷属印度，继而进攻缅甸，于 1942 年 1 月大举进军缅甸，在同年五月底缅甸不幸被日军完全占领，至此滇缅公路完全被切断直至抗战即将胜利之时。[②]

抗战前期中国军用物资的最大来源，80%来自德国，其余来自苏联。[③] 德国的军用物资通过通往中国的东南出海口输入中国，有如前述，自不必讨论；而对于苏联的输华物资，最初也是用轮船运到香港、越南海防及缅甸仰光，回程运走中国出口的矿产及土特产。此外国民政府退守大后方后，主要矿产与土特产集中于西南，运往东南出口相对较为便捷。如 1937 年 8 月下旬，《中苏互不侵犯条约》签订后，大批俄援军火运往中国，蒋介石即派员与法交涉允许苏联援华军火转运越南，后获准运到海防，再转运中国云南。[④] 直至“东南沿海相继失守，香港、海防、仰光等港口也受到威胁，海运受阻，中苏间

① 林孝庭：《二战时期中英关系再探讨：以南亚问题为中心》，《近代史研究》2005 年第 4 期，第 35 页。

② 参见张水木《抗战时期的中英关系》，《近代中国》第 37 期，第 80—83 页。

③ 参见陈三井《抗战时期的中法关系》，《近代中国》第 152 期，第 166 页。

④ 参见许文堂《第二次大战时期中、日、法在越南的冲突与交涉》，《中央研究所近代史研究所集刊》第 44 期，第 70 页。

的物资运输渐渐转为以西北公路运输为主。但是，中国方面自己显然无力解决这数千公里路程和上万吨物资的运输，经中苏双方协商，苏联同意由苏方人员和苏制汽车帮助运输。结果在西北戈壁滩上，人们便可以常常见到以苏制汽车为主的车队，少则数十，多则数百辆汽车组成的浩荡长龙，川行于中国西北公路，将物资运到兰州。”① 后因德国进攻苏联，自顾不暇，援华已属不可能。所以中国西北通道，意义并不十分突出。

二、抗战时期后方交通面临的困境

日本侵略者采取的对华军事进攻和战略封锁政策，使抗战后方面临重重困难，影响抗日军民各方面的生活。经济方面，虽中国以自给自足的自然经济为主，但因大量政府工作人员及难民涌入抗战后方，粮食布匹等日常生活用品明显不足，导致后方的物价上涨，军民生活日益困难。军事方面，由于国外军火难以进入抗战后方，抗日军队的武器装备明显劣于敌人，只能采取战略守势，难以发动反攻。尤为突出的是，虽有政府与抗日军民的种种努力，抗战后方的交通运输和建设渐趋困难。

随着战事的延长，前线处于胶着状态，一时难分胜负。数百万的抗日将士长年处于前线，武器装备、日常生活用品必须及时输送到位，才可持久抗战，因而必得大量的运输工具做后盾。政府工作人员及大量难民涌入抗战后方，人口的增加，也必须维持民用日常生活用品的供给充足，因此也得大量的运输来保证。然而，战时后方交通运输与建设的情形并不令人乐观。其时国民政府交通部对此有过极为精辟的认识：“1. 工程艰难。中国西南西北地形险要，高山崇岭，筑路

---

① 李占才、张劲：《超载-抗战与交通》，广西师范大学出版社，1996 年，第 171 页。

工程浩大，其中开凿隧道，建设桥梁，其工程尤为艰难。2. 经费不敷。交通建设，均赖国库拨款。战时国库负担很重，建筑材料，受战时物价波动的影响，预算时感不敷，影响工程之进展甚巨。3. 器材缺乏。战时中国的近代重工业体系尚未建立，钢轨、枕木及其他与交通有关的器材，均赖国外输入，自中国海口为日军封锁后，来源日益困难，虽赖空运接济，但运量有限，杯水车薪。其中一部分器材，虽能自制，而产量有限，仍属供不应求。”①

上述陈述，虽缺乏具体例证，但也为切中要害之论。因此，概而言之，其困难有如下数端：

（一）交通建设工程艰难，进展缓慢。例如修筑滇缅公路，有人对此有过如此的描述，可以略知西南地区修筑近代公路的艰难：“自下关至畹町，沿途须越大雪山、怒山、高黎贡山诸大山脉，及漾濞江、胜备江、澜沧江诸急流，属于有名之西南大峡谷，公路跨越其上，翻山渡水，凿峡开石，颇有惊心动魄之感”，在此工程中，因坠岩、坠江、染疾、土石塌方等而死者，“不少于二三千人”。② 再如四川修筑出川公路，因四川地形中间为海拔较低的盆地，而四周全为高山峻岭，公路修筑施工上也实属不易。1936 年修筑川湘公路时，据称该路“沿线除南川境外，所经地区多属高山深谷，人烟稀少，工程艰巨”；抗战期间修筑乐西公路，该路“过峨眉之后，即进入山区，跨河越岭，地形复杂，翻越蓑衣岭、菩萨岗等多座高山，石方量特大，气候又恶劣，工程极为艰巨”。③ 工程的艰难，影响交通建设的

① 参见《抗战期中之交通》，中国第二历史档案馆藏，全宗号：二〇（2），案卷号：294，案卷名：抗战期中之交通。

② 浦光宗：《滇缅公路》，见《抗战时期西南的交通》，中国人民政治协商会议西南地区文史资料协作会议编，云南人民出版社，1992 年，第 114 页。

③ 冯天爵：《四川的战时公路交通》，见《抗战时期西南的交通》，中国人民政治协商会议西南地区文史资料协作会议编，云南人民出版社，1992 年，第 125、129 页。

进度，因而修筑公路及铁路进展缓慢。

（二）交通建设经费不足，器材缺乏。如前所述，战前中国的近代交通建设存有较为突出的弱点，线路分布不合理，交通工具与交通器材依赖进口，从国防上着眼，如此之交通建设事业具有致命的缺陷。抗战爆发后，日军迅速攻占中国近代交通较发达地区，中国抗日政府与军民也自行破坏了交战前线的近代交通设施，以交通不发达的大西南大西北为抗战大后方，交通建设迫在眉睫。在国民政府的主持下，确也开工修筑许多铁路公路，疏浚河道，建设飞机场，发展电信业。但随着战事的延长，日军对华的严密封锁，交通建设面临十分突出的材料供应困难。如叙昆铁路的修筑。该路自昆明至宜宾，全长859公里，因战事关系，材料不能输入，工程停顿，仅就昆明至曲靖段，利用滇越铁路拆卸轨料，先行铺轨通车，其余工程暂行停顿。[①]其余在抗战期间所动工的铁路，天宝铁路、滇缅铁路、成渝铁路，修筑期间进展缓慢，中途停顿，其中因海口封锁无法进口材料是一个重要因素。再如交通建设经费因抗战军事上的消耗，也时感不敷使用。黔桂铁路于1939年9月开始修筑，1940年修至广西金城江通车，于1941年6月成立黔桂铁路黔境征工筹备处，计划修筑黔境段，“但因工款无着，无法开展工作，呈瘫痪状”。[②] 此外，抗战进入20世纪40年代，大后方物价急剧上涨，交通建设经费捉襟见肘，短缺更为严重，“正是由于通货膨胀，加剧了筑路资金的缺乏，不仅使得交通建设超支，而且也增加了交通路线的维修费用，给本来就困难的财政雪上加霜，严重影响了战时交通建设。”[③]

---

① 参阅段渝主编《抗战时期的四川》，巴蜀书社，2005年，第139页。

② 林国忠：《贵州战时交通》，见《抗战时期西南的交通》，中国人民政治协商会议西南地区文史资料协作会议编，云南人民出版社，1992年，第173页。

③ 谭刚：《抗战时期大后方的交通建设》，南京大学2005年未刊博士学位论文，第86页。

（三）交通工具逐渐减少，油料供应紧缺。随着大部分铁路沦于敌手，抗战后方前线的运输逐渐以公路汽车运输为主，特别是无一寸客运铁路的四川，相对缺乏铁路的贵州和云南更是如此。但汽车数量随着战事的延长，日见减少。因中国没有自己的汽车制造工业，各地公路上行驶着的大小车辆，几乎全是从各个国家进口的、各种型号车牌的汽车。少数由中国人自己改装过的车辆，关键部件也都要从国外进口。一旦出海口被封锁，汽车及其零配件进口困难，因而新车难以增加，坏车修理又无零配件更换，抗战后方前线之汽车日见减少，已在常理之中。据统计，抗战爆发前，全国拥有各种大小汽车 68917 辆，而抗战爆发后，中国原有的汽车数量大为减少，其中虽有新车补入，但因汽车从发动机到轮胎、汽油都依赖进口，在进口发生巨大困难的抗战时期，连基本的汽车维护修理、零配件和燃料的来源都已成为问题。因此，抗战期间车辆完好率极低，进厂待修或坏置路旁的汽车日见增多，坏车数量最高达车辆总数的 60％以上。至抗战胜利的 1945 年，仅存 3.4 万余辆可使用，剩下已不足一半。具体到没有完全沦陷的 8 个省（浙江、湖南、湖北、云南、福建、江西、广西、山东），1936 年官方办理登记的汽车是 2233 辆，到 1945 年只剩 662 辆。[①] 此外，抗战后方处于“一滴汽油一滴血”的严重缺油局面，能够正常行驶的汽车也许更少。

总之，一方面抗战前线和后方需要大量的运输来保证抗战机器的顺利运转，另一方面本不发达的抗战后方和前线之近代交通运输日见萎缩，供需的强烈反差致使中国战时交通运输颇具陷入困境之可能。因此，处于后方的抗日政府和民众，必须做出积极反应，致力于寻找

① 《中国公路运输史》第一册，人民交通出版社，1987 年，第 259 页。转引自李占才、张劲《超载一抗战与交通》，广西师范大学出版社，1996 年，第 161 页。

摆脱困境的办法。

第四节　政府举办战时驿运的决策过程及其实际状况

面对战时交通运输上的困难，抗日政府和民众确实找到了诸多摆脱困境的办法，缺乏汽油，以木炭、桐油、酒精等代替，发明“木炭车”；① 缺乏交通运输工具，利用木船、板车、独轮车、大车；缺乏交通运输动力，利用民养之牛、马、骡子等兽力，征雇民间力夫。其中，国民政府举办“战时驿运”，即为既经济又切合实际情形的应时之举。

一、政府举办战时驿运的决策过程

抗战时期名曰“恢复”传统驿运制度而举办的战时驿运，其意为继承传统驿传系统的运输功能，利用传统交通运输工具，承担战时物资运输与人员交通，为抗战服务。② 其经营过程，运用传统驿传系统的按站节节递运物资的运输形式，以力夫及牛马骆驼等兽力为动力，利用民间以非机械力为动力的木船、板车、独轮车、大车等运输工具，承担政府与民间的运输任务，在抗战的特殊条件下，更承担军运重任，因此称为“战时驿运”或“新驿运运动”。对于此概念，在驿运举办初期，时人已与传统驿运做过比较，认为抗战时期的驿运与传统驿运，其相同点是“（一）现在和已往一样，驿运主要运输动力是人力和兽力——特别是兽力。（二）现在和已往一样，我们是用分站运输的办法来使运输的效能增大和使运输的速率增加”，其不同点是

---

① 据《大公报》报道：“运输统制局动力燃料委员会除已请拨巨款提炼桐油以供行车外，对于严令各方改装木炭炉或煤气炉，正积极促其实现。当前已有出品者为贵州企业公司之木炭车及重庆大中公司之煤气车，闻官方已分别向其定制数百套，日夜装配中。”见《解决运输问题，木炭车煤气车大批装配》，《大公报》1942 年 5 月 14 日第三版。

② 对于“战时驿运”的概念，另请参阅本书“绪论”的解释。

“(一)已往的驿运制度，运输的对象是信件和旅客，现在则因邮电的发达和交通的进步，信件和旅客都用不着借重于驿运制度了，现在所要运输的主要是货物——特别是军用的物品。(二)现在驿运的起因虽然也是军事的，但在军事目的中，实包含有经济的原因，所以与已往的驿运不全相同。(三)在已往，驿运制度大都不是用强迫服役的方法来征取人力兽力的，现在的驿运却是一种强迫服役(但仍给予相当报酬)的制度”。[①] 国民政府声称“恢复”传统驿运，其最初设想即为利用传统驿传系统所使用的运输工具与动力、传递形式，从事抗战时期的军用民需物资的运输。

其实，早在1938年秋间，武汉、广州相继沦陷后，粤汉铁路中断，国内物资运输，已倚重于公路汽车。因战时物资运输量大增，汽车运输亦力有不逮。在此情形下，行政院于1938年10月召开全国水陆交通会议，决定利用全国人力兽力运输，以补机械运力之不足。此会议的召开，表明政府举办战时驿运已露端倪。此后，交通部据此会议精神拟具驮运计划及组织纲要，呈行政院会议通过，设置驮运管理所，统筹全国人力兽力运输事宜。1939年元旦，驮运管理所在重庆正式成立。因其时物资已假道越南进出口，昆明已为重要转运点，所以首先举办叙昆驮运线。该线由昆明经会泽、昭通、盐津、横江等县至四川宜宾(旧称叙府)，利用旧有驿道叙昆大道，于同年2月4日，由宜宾征雇民间驮马载运桐油、五倍子至昆明，回程装运军公器材，“此即吾国固有驿运事业之复兴，亦即本部(指交通部，笔者按)办

① 伍启元:《新驿运运动的意义》，见薛光前等编著《新驿运运动》，战地图书出版社，1940年，第39页。

理驿运事业之发轫”。①

在叙昆驮运线示范下，先后举办的驮运线有渝筑、筑晃、筑六、柳三等线，共计 2900 余公里。截至 1939 年底，所运输的进出口物资，共有 7900 余吨。但因举办匆促，经验不足，管理也不完善，叙昆驮运线于 1940 年初曾一度停办，但在营运中确能辅助运输，节省外汇，其价值已可概见，促使国民政府对此早称“落后”的传统交通运输方式予以重新认识，叙昆驮运线的启示意义实大于实际运输效果。1940 年 2 月，交通部针对驮运管理所存在的弊端，将驮运管理所撤销，成立车驮运输所，共计 8 所，专事运输业务，并直隶于交通部公路运输总局。此车驮运输所具体情况现列表如下：

表 1-8　交通部公路运输总局车驮运输所概况表

名称	辖线	公里	使用工具	备注
兰猩车驮运输所	兰州——猩猩峡	1171	驮马、胶轮大车	开运
汉渝车驮运输所	汉中－重庆	800	驮马、板车	因公路破坏停办
泸昆车驮运输所	泸县－昆明	976	板车	开运
川陕车驮运输所	宝鸡－成都	890	板车	开运
川康车驮运输所	泸定－昆明西昌－乐山	1300	夫驮、板车	情况不详
桂黔车驮运输所	柳州－三合 河池－岳墟	522 486	木船、板车	开运，因越局变化停办
川黔车驮运输所	重庆－贵阳	488	板车、驮马	开运
滇越车驮运输所	昆明－老街	476	板车、驮马	因越局变化停办

资料来源：此表来自俞飞鹏《十五年来之交通概况》，1946 年 4 月版，出版

① 俞飞鹏：《十五年来之交通概况》，1946 年 4 月版，出版社不详，四川大学文理图书馆藏，第 34 页。据台湾洪喜美等学者研究，战时驿运最早萌芽于 1938 年春浙江省交通处组织的手车队，见洪喜美《抗战时期四川之驿运》，《国史馆馆刊》复刊 1989 年第 6 期，转引自陈红民《抗日战争时期的驿运事业》，《抗日战争研究》1997 年第 1 期。

者不详，四川大学文理图书馆藏，第 35 页。

因驮运工具缺乏，国民政府一面贷款民间奖励制造，一面在泸县设立板车制造厂，制造 5000 辆板车，分拨各车驮所应用。至同年八月底，运输路线展至 7100 公里，经运物资计达 1.28 万余吨。[①]

利用非机械力的民间传统运输工具展开军用民需的运输，中央政府逐渐窥见民间运输力量的巨大，及利用民间运输力量所具有的远景，这正为交通运输面临困境而急于寻找其他运输力量的抗战政府提供了新思路，为其摆脱困境寻到了非常经济而又切实可行的办法。在借鉴驮运管理所、车驮运输所营运经验的基础上，政府决定“恢复”传统驿运制度，举办战时驿运的设想也迅速提上了议事日程。

1940 年 4 月 20 日，蒋介石在接见运输统制局高级职员讲话时明确提出“还有一个运输运动计划”，该计划“就是要尽量利用中国旧有的工具和方法，发动人力与兽力的运输”，对于“运输运动计划之要点，第一要规划实行驿站制”，其办法是“先将各省各地运输路线调查确实，然后依照我国从前所行驿站办法，或三十里一站，或五十里一站，组织当地的运夫骡马手车，每天只求运送一站，站站衔接，节节递运，路程近的运夫一天一来往，远则隔天一来往”。[②] 6 月 10 日，蒋介石给行政院及各部之电文，再次要求恢复传统驿站运输方式，“查抗战军兴，瞬经三载，关于后方运输，日趋重要，加之欧战爆发，举凡汽车、汽油等物订购内运，均感不易。今后对于一切运输，非尽量利用各地人夫、车驮、船舶等旧式工具，实无他法。查从前驿站制度，颇著成效，允宜参照过去成规，发动全国民力，普遍推

---

① 俞飞鹏：《十五年来之交通概况》，1946 年 4 月版，出版者不详，四川大学文理图书馆藏，第 36 页。

② 蒋介石：《运输统制与运输运动》，见薛光前等著《新驿运运动》，战地图书出版社，1940 年，第 3 页。

行，以利运输”，[①] 举办战时驿运为摆脱抗战期间之交通运输困难的可行办法，其战时意义重大。

7月15日，在蒋介石的倡导下，面对滇缅公路即将关闭的严峻形势，[②] 召开全国驿运会议，共集议四日，除中央各部委均指派代表参加外，各省代表出席者有川、黔、粤、桂、湘、鄂、浙、闽、陕、豫、皖、赣、甘、宁、滇等十五省，各方对于举办战时驿运，提出了各种意见，就组织、经费、宣传三个方面形成决议，拟就方案。组织上，交通部设置驿运总管理处，受交通部直接领导，“主管全国驿运行政之指导监督及驿运设计事宜”；于各省设置驿运管理处，主管本省驿运行政及业务等事项，受省政府直接领导。凡与国际运输有关之路线称为驿运干线，仅处于各省内之驿线，称为驿运支线，并规定干线由中央主办，支线由地方省政府主办。经费方面，中央举办之干线，其一切开支（包括驿运总管理处经费）均由国库负担，收入也交国库；各省支线开办设备费，参照各省情形，由中央酌予补助，但“各省驿运管理处经常费，由驿运运费内规定之管理费项下开支，不足之数，由中央酌予补助”，同时管理费规定为“加收运费百分之五”。宣传方面，制定《举办全国驿运宣传方案》，要求驿运宣传工作，由中央党部和地方各级党部共同负责，“不仅以举行会议、散发文字为能事，须实事求是，多方鼓励”。[③] 为明了驿运行政机构之组

---

① 《蒋介石为筹办驿运饬令拟具进行方案代电》，见《中华民国史档案资料汇编》第五辑第二编《财政经济》（十），中国第二历史档案馆编，江苏古籍出版社，1997年，第425—426页；另见中国第二历史档案馆藏公路总局等公路机构档，全宗号：十五，案卷号：3441。

② 英国已正式宣布从1940年7月18日起，关闭滇缅公路三个月，请参阅本书第一章第三节。

③ 《全国驿运会议主席团报告书》，中国第二历史档案馆行政院档，全宗号：二，案卷号：8607，缩微号：16J－1414，案卷名：驿运总管理处及各省驿运管理处段站组织法规。

织关系，便于驿运工作的开展，会议还制定了《全国驿运组织系统表》，其组织系统如下：①

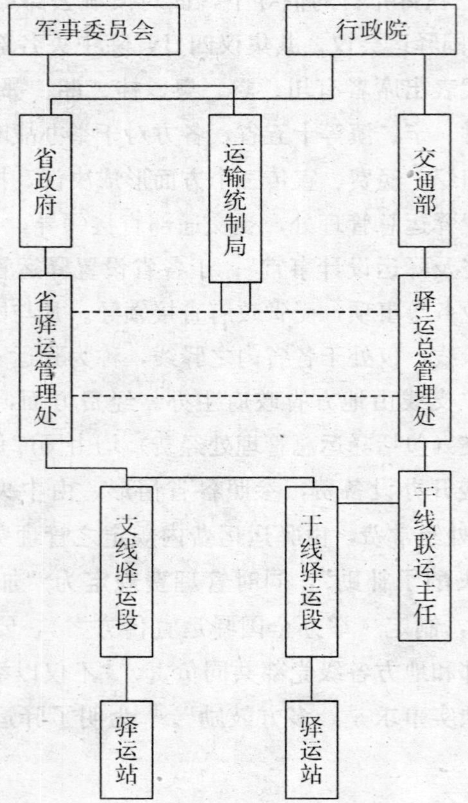

蒋介石对此会议极为重视，出席了会议的开幕式与闭幕式并致

① 此表实线为直接领导，虚线为间接指导。此表见《全国驿运会议主席团报告书》附录，中国第二历史档案馆行政院档，全宗号：二，案卷号：8607，缩微号：16J－1414，案卷名：驿运总管理处及各省驿运管理处段站组织法规。当然，全国驿运组织系统根据实际营运要求与政策变化也时有些许变化，但其主要系统结构并未改变。

词。其开幕致词中，强调举办战时驿运的重要性，认为当前抗战面临交通运输方面的极大困难，就是因为依赖外国太重，缺乏自力更生的意识，“人力、物力和器材都摆在面前，但是大家弃置不用，一切交通运输工具，都要从外国千辛万苦的买来，而唯此是赖。一旦情势变异，外货不能运入，就不能独立维持，交通运输就毫无办法”，而“驿站运输不仅可以补机械运输的不足，并可收到和汽车运输同等的效力，而且还要简便、易行、节省经费”，因此，“我们更觉有恢复并加强这个制度的必要”，“驿运制度是我们目前抗战期中最可靠的运输办法”，[①] 在闭会训词中，则再次强调“恢复”这种制度，是“交通界目前最基本而近切的工作”，顺利推动这种制度，才能促进“抗战的胜利”和“建国的成功”，[②] 驿运不但对“抗战”更对“建国”都意义重大。

1940 年 7 月 18 日，全国驿运会议顺利闭幕，形成决议，发布文告，恢复传统驿运制度，举办战时驿运势在必行。

二、政府举办战时驿运的实际状况

全国驿运会议闭幕后，交通部即于 1940 年 9 月 1 日正式成立驿运总管理处，以王国华任处长，王炳南任副处长，开展驿运业务。其成立之事，1940 年交通部的公函中曾有过明确记载：“依照决定原则，本部之下设驿运管理总处，主管全国驿运行政之指导监督事宜，遵经令派王国华代理本部驿运总管理处处长，于九月一日组织成立，

① 蒋介石：《驿运制之重要及其特点》，见薛光前等编著《新驿运运动》，战地图书出版社，1940 年，第 6 页。该文为蒋氏 1940 年 7 月 15 日出席全国驿运会议开幕致词。

② 蒋介石：《驿运制实施之基本工作》，见薛光前等编著《新驿运运动》，战地图书出版社，1940 年，第 14 页。该文为蒋氏 1940 年 7 月 18 日出席全国驿运会议闭会训词。

在重庆牛角沱桂花园村十八号开始办公。”[①] 交通部驿运总管理处的成立，为举办战时驿运设立了一个统一的领导机关，便于驿运业务的顺利展开。与此同时，各省亦分别成立驿运管理处，至1940年底，已设立驿运管理处之省份，有四川、陕西、甘肃、河南、湖北、湖南、云南、广东、广西、江西、浙江、福建、安徽、宁夏等14省，筹备中者尚有贵州、西康两省。驿运总管理处的成立，各省驿运管理处之相继设立，在抗战大后方及抗日前线，利用民间的传统运输工具，开展驿运经营活动，战时驿运逐渐成为为军需民用提供有力保障的重要运输方式。总而言之，在抗日战争期间，驿运路线的开辟，驿运业务的推进，各种有关驿运的规章制度的制定，以及驿运各级机构的建立等各项驿运工作的发展，都颇具成效。据1941年《大公报》报道，仅就驿运总管理处开办各干线而言，“自去年九月份开办以来，运输量迭有增进，开办之始，每月运输量仅四千吨，至去年底已增至万吨左右，至本年三月则已增至万八千吨”，就所开辟的线路而言，至1941年3月底，“已开运之运输干线九线，全长计九千一百余公里，支线已核定者三十四线，全长一万七千余公里，开办者则已达八千余公里”。[②] 下面就战时驿运之主要工作，全国驿运路线的开辟、驿运业务的开展概要陈述。

（一）驿运路线的开辟。中央交通部驿运总管理处，各省驿运管理处成立之后，开辟驿运路线已成当务之急。根据1940年7月15日全国驿运会议决议，“中央办理者，均称干线；地方办理者，均称支

---

① 《为本部驿运总管理处成立日期及办公地点函请查照由》（1940年9月20日），见重庆市档案馆藏重庆市政府档，全宗号：0053，目录号：1，案卷号：30，无页码。

② 《驿运开办以来成绩颇良好，总管理处机构将加强》，见《大公报》1941年4月24日第三版。

线”,[①] 经规定，干线各级机构，每条干线设立驿运管理分处，设处长一人，管理整条干线，整条干线又分若干段，称为干线驿运段，每段设段长一人，每段又分设若干站，称为驿运站，每站设站长一人。支线各级机构，每条支线，称为支线总段，设总段长一人，各支线分为若干分段，称为驿运分段，设段长一人，各段又分设若干站，称为驿运站，设站长一人。[②] 驿运路线的开辟，即以干线和支线各级管理机构的设立为特征。

就干线而言，自 1940 年 9 月起筹办驿运干线，至 1942 年底，开运后不久或裁并或改隶者，共有六线：(1) 黔桂线——辖马场坪至金城江陆运线及三合至柳州水运线两段。该线原系运输钨砂、汽油等大宗物资，后因抗战战事发展，环境变迁而渐趋萧条，于 1941 年 8 月结束，陆运段移归川黔线接办，水运段交由广西壮族自治区驿运管理处经营。(2) 川鄂线——万县至恩施，主要运输为战区军粮，后因物价陡涨，但军运运价不能随增，所以该线营运亏累甚大，于 1941 年 6 月移交第六战区司令部，自行承办。(3) 川湘及嘉陵江线——统称川陕、川湘水陆联运线，自广元沿嘉陵江经重庆入长江转涪陵彭水，至湖南沅陵，主要运输米盐，为抗战时期“川盐换湘米”的主要通道，原系官商合办，于 1942 年 6 月，另组川湘川陕联运总管理处，改该线全为官办。(4) 叙昆线——为川滇间之捷径，以接运西南入口物资为主，往返货物不能平衡，回空次数过多，时有亏损，于 1942 年 9 月，移交云南省驿运管理处接办。(5) 八保线——1942 年 4 月间，西南战局紧张，抢运物资迫切，开始筹办自缅甸八莫至保山驿运

---

① 王炳南：《驿运现况简述》，见《中华民国史档案资料汇编》第五辑第二编《财政经济》(十)，中国第二历史档案馆编，江苏古籍出版社，1997 年，第 439 页。

② 在实际驿运经营中，各省驿运机构的设立与全国驿运会议的最初设想已有出入，在《全国驿运组织系统表》中原规定的驿运段下即设驿运站，而各省根据实际情况，在驿运支线设驿运总段，下分设若干驿运分段，在驿运分段下再设若干驿运站。

线，后因缅战失利，未及开运，即于当年八月结束。(6) 川康线——1942年7月成立，自康定至西昌，为接运美英空运来华物资，但开运后，因航运改道而停止办理，于当年11月结束。①

至1942年底止，继续营办者，共有五线：(1) 川黔线——自重庆至贵阳，再至马场坪，货运以钨砂、食盐、交通器材为主。(2) 泸昆线——该线自泸县至昆明，并辖泸州到叙永水运线，以接运西南入口军用国防物资为主。(3) 陕甘线——辖广元至宝鸡和双石铺两段，并附有六安至阳平关、阳平关至广元、汉中至褒城三辅助线，南下北上，运输繁忙，为西南西北主要通道之一，以运输棉花、水泥、钨砂、军品、茶、糖等为多。(4) 甘新线——自天水经兰州至猩猩峡，并辖酒泉至石油河，安西至敦煌两辅助线，货运素来繁忙，入口以接运苏联运华物资为主，出口以羊毛、钨砂为主。(5) 川陕线——1942年7月成立，分水运、陆运两段，水运自重庆经长江转岷江至成都，陆运自成都达广元，以粮糖运输为主，兼办渝蓉马车客运。②

1943年以后，驿运干线共有六条，即川黔、泸昆、陕甘、甘新、川陕、新疆六线，以重庆为中心，达西南、西北各地，里程总长为11302公里。1944年，陕甘与川陕合并，改称川陕驿运干线，泸昆改称川滇驿运干线，所以只有川黔、川滇、川陕、甘新、新疆五线。川黔线，以运输川盐及煤为主要任务，回程则运空油桶和钨砂；川滇线，以运输棉花及盐为主要任务，回程则运军用物资及空油桶；川陕线，以运输宝鸡之棉花为主，每月负担棉花运输三分之二的任务，回程则运输军粮、军火及空油桶；甘新线，以运输玉门油矿之油料为

---

① 《全国驿运概况》，交通部驿运总管理处编，1944年11月内部发行，超星图书馆收藏，第13页。

② 参阅《全国驿运各干线图》，中国第二历史档案馆藏交通部档，全宗号：二十，案卷号：3376；俞飞鹏著《十五年来之交通概况》，1946年4月版，出版社不详，四川大学文理图书馆藏，第36页。

主，次为运输甘肃之盐以及军粮；新疆线，以接济汽油内运为主。[①]

自太平洋战事爆发后，日军攻占缅甸，西南国际公路滇缅公路彻底切断，驿运路线由国内延展至国外，战时驿运也承担了国际运输重任。交通部驿运总管理处在举办驿运干线的同时，先后举办了三条国际驿运线：（1）新苏线——该线由猩猩峡经乌鲁木齐以达霍尔果斯，连同辅线，共长2013公里。（2）新印线（也称叶列线）——该线自印度境内的劳华尔平地铁路站，改由公路至斯司那加，再经驿路至列城，最后达新疆境内的叶城，由列城至叶城分东西两线，东线1005公里，西线1160公里。（3）康藏印线——该线自康定经拉萨至印境葛伦堡，共长2501公里，为西康至印度贸易旧道，该线开办之初，以运输布匹为主。[②] 此三条国际驿运线承运了部分抗战时期重要的进出口战略物资，为打破日军封锁发挥了一定的积极作用。

就支线而言，自1940年9月起，至1943年止，开办省份有闽、皖、赣、湘、粤、桂、滇、川、康、甘、陕、豫等12省。据其时与运输相关人士统计，至1944年底，驿运里程总长为35000公里。[③] 因各省开办驿运支线时有变动，或裁撤、或停办、或新辟，做整体描述较为困难，下表为1942年12月份各省主办之驿运支线状况表，大致可反映省办支线的一些情况。

① 参见龚学遂《中国战时交通史》，商务印书馆，1947年，第246—247页。

② 参见中国第二历史档案馆藏交通部档，全宗号：二十（2），案卷号：503，案卷名：国际驿运线路概述；另参阅龚学遂《中国战时交通史》，商务印书馆1947年，第250页。在上述史料中，还提到了另一条国际驿运线滇印线，因西藏地方势力阻挠，实际上并没有开办，故于此不予列入。

③ 龚学遂：《中国战时交通史》，商务印书馆，1947年，第249页。

表1—9 各省驿运支线简况表

各省名称	支线里程（公里）	支线数量（条）	备注
浙江	3419	35	
安徽	1916	4	
江西	3294	26	
湖北	30	1	
湖南	4020	6	
四川	2067	3	后辟有23线。
福建	5366	41	
广东	903	2	
广西	4026	18	
云南	412	1	
河南	1147	5	
陕西	1296	4	
甘肃	3448	5	
合计	31344	151	

资料来源：王炳南《驿运现况简述》（1942年11月9日），见《中华民国史档案资料汇编》第五辑第二编《财政经济》（十），中国第二历史档案馆编，江苏古籍出版社，1997年，第440—441页。

上表西康驿运支线里程量并没有列入，如加入该省驿运支线里程，与35000公里应大致接近，数量相差不大。① 据1943年5月驿运总管理处处长谭炳训的报告中声称，全国驿运干线总里程为8197公里，而支线总里程则为33226公里，该数据与上述里程数量十分相近。② 不管数据精确与否，省办驿运支线与中央所办驿运干线相比

① 关于西康省之驿运支线具体里程量不见记载，但该省开办战时驿运之事实却有明确记载。

② 谭炳训：《全国驿运工作之展望》（三十二年五月三日在本部国父纪念周及国民月会报告），见《交通建设》第一卷第八期（1943年8月），第2页。

较，完全可以得出如此结论：支线里程量远远大于干线里程数量。

（二）驿运业务的开展。战时驿运事业，其核心业务即为利用民间运输工具，从事物资运输。然而其业务的推进，以征集驿运工具与动力、制造运输工具为首要前提；同时，在驿运线路沿途建立仓库、食宿站等设施，为开展驿运业务做必要的准备。1941 年后，驿运业务发展迅速，民间工具已感不敷调配，各干支线管理机构面对困难，一面自行购置舟车，一面鼓励民众增造驿运工具。交通部于泸州设立板车制造厂，重庆等地设立了木船制造厂，制造了大批板车和木船。据记载，自 1939 年车驮管理所成立，至 1944 年 6 月，“已造各式车辆 2718 辆，并制造各级木船 290 艘，共计 2498 吨”。[①] 除了自造工具之外，针对民间所蕴藏的巨大传统运输力量，政府向民间征集了大量的工具与动力，仅据 1942 年的统计，综计干线方面，历年自造工具，计实心胶轮板车 2549 辆，胶缘板车 6022 辆，木船 183 艘；经常可控制的民间工具及动力种类数量共计：各式板车约 10000 辆，骡马 23000 余头，骆驼最高可达 11000 头，人夫 32000 余名，船筏百余艘（干线水路不多）。对于各省支线，仅就西南地区广西、贵州、云南、四川、湖北五省而言，经常可控制的民间工具及动力共计：人夫 105000 余名，板车 3400 余辆，手车 6100 余辆，人力车 134 辆，驮兽（包括骡、马、驴、牛、驼）4000 余头，木船 17000 余艘。[②] 同时，为便利驿运，于驿运干支线沿途，修造了大量食宿站、仓库、板车修理厂等驿运配套设施，据记载，“各驿运干线历年添造或修整站

---

① 参见《抗战期中之交通》，中国第二历史档案馆藏交通部档，全宗号：二〇（2），案卷号：294，案卷名：抗战期中之交通。

② 王炳南：《1940—1942 年全国驿运概况》，见章伯锋、庄建平主编《抗日战争》第五卷《国民政府与大后方经济》，四川大学出版社，1997 年，第 644 页；另请参阅：《交通建设》第一卷第三期，1943 年。

房，仓库，车棚，马厩，码头，食宿站，修理所等，共一千三百另七所”。[①] 就各省支线而言，如甘肃省办驿运，其添造或修整的仓库有三处，修车所有二处。[②]

驿运工具的制造，站房仓库的建筑，有利于运输业务的开展。在运量上，就干线方面，1940 年 9 月至 1944 年底，贷运共 1249833 吨，17365928 延吨公里；1942 年 4 月至 1944 年底，客运共 4024963 人，15160003 延人公里。[③] 按年度统计，“在二十九年度九至十二月三个月中，为一六二七四吨，三十年度为一一七三九六吨，三十一年一至十月为八二七四一吨，三十二年度为一八〇〇〇〇吨，三十三年度一至四月为六五〇〇〇吨”。[④]

驿运支线因各省情况不同，每年又变动较大，统计较为困难，例如 1940 年前三个月中，安徽省支线总运量为 41918 吨，1941 年度闽、皖、赣、湘、桂、川、甘、陕八省为 425077 吨，1942 年前 10 个月中，闽、皖、赣、湘、桂、川、甘、陕、豫九省为 714642 吨，1943 年度闽、皖等 12 省，约为 1800000 吨，除此之外，其余未据报告，只能付之阙如。[⑤]

此就驿运干支线的运量情况，据所掌握的资料特列表如下：

---

① 俞飞鹏：《十五年来之交通概况》，1946 年 4 月版，出版者不详，四川大学文理图书馆藏，第 36 页。

② 张心一：《甘肃省驿运概况》，见《交通建设》第三卷第八期（1943 年 8 月），第 65 页。

③ 数据来源于《抗战期中之交通》，中国第二历史档案馆藏交通部档，全宗号：二〇(2)，案卷号：294，案卷名：抗战期中之交通。

④ 龚学遂：《中国战时交通史》，商务印书馆，1947 年，第 249 页。

⑤ 参见龚学遂《中国战时交通史》，商务印书馆，1947 年，第 249 页。

表 1－10 驿运干支线历年运量概况表①

年份	驿运干线		驿运支线		备注
	吨数	延吨公里	吨数	延吨公里	
民国二十九	18004	6648872	43873	6331862	支线仅统计到四川、安徽两省
民国三十	128418	34628252	425077	57779390	支线仅统计到甘、陕、川、湘、赣、闽、桂、皖八省
民国三十一	114809	35760025	714642	69501303	支线仅统计甘、陕、豫、川、湘、赣、闽、桂、皖九省前十个月
民国三十二	178609	36188933	1786703	205210821	
民国三十三	809993	60425846			支线未见统计
民国三十四	87542	18953849			支线未见统计
合计	1337375	192605777	2970295	338823376	

资料来源：《驿运统计资料》，中国第二历史档案馆藏交通部档，全宗号：二十，案卷号：2068（1）；《中华民国三十年交通部统计年报》，交通部统计处编，中国第二历史档案馆藏交通部档，全宗号：二十（2），案卷号：1441；王炳南《驿运现况简述》，见《中华民国史档案资料汇编》第五辑第二编《财政经济》（十），中国第二历史档案馆编，江苏古籍出版社 1997 年，第 443－445 页；王炳南《1940－1942 年全国驿运概况》，见章伯锋、庄建平主编《抗日战争》第五卷《国民政府与大后方经济》，四川大学出版社 1997 年，第 645－646 页；杨斌《抗战时期国民政府驿运事业》，见《民国档案》1995 年第四期，第 112 页；《四年来的四川驿运》，四川省驿运管理处编，见《驿讯》第三十八期（1944 年 11 月 1 日），第 3 页。

上述统计数据，支线运量虽不完整，但也能反映一些问题，其中

① 此表数据有关驿运干线部分与龚学遂《中国战时交通史》中所用数据有出入，因表中数据基本上来自档案统计资料，也许可信度更高。

显示的基本事实是：各省支线总运量已远远大于中央举办之干线总运量。据有关学者研究，1943年中，“各省支线的运量远远大于干线，几乎是干线的10倍”，据其较细致的核计，以1943年度为例，其干线运量为178609吨，支线为1786703吨。[①] 因此，从运量上比较，支线意义更大。1943年下半年，驿运总管理处针对驿运经营的实际状况，提出了举办驿运的四项新原则：“（一）驿政重于驿运；（二）人民共营重于政府专营；（三）省处支线重于分处干线；（四）奖励扶助重于管制。”[②] 由此可见国民政府已对驿运支线建设的重要性有了充分认识。

随着驿运业务的展开，为军需民用提供大量急需物资，战时驿运在抗日战争中发挥的不可替代的作用日益突出。其时国民政府交通部部长俞飞鹏总结其时之驿运事业时，对其作用予以较精妙的概述：“综观驿运制度之恢复，乃根据全民抗战之需求而发动。我国机力运输所需之配件油料，泰半仰给于外洋，时有不继之虞，驿运为抗战期中应运而生之自力运输，经政府加以组织管理，其路线可以贯通全国，其运力亦有可观，敌人无法封锁，诚为争取最后胜利之利器。”[③] 全国驿运开办之时，其最初设想为“补机力运输之不足”；在太平洋战争爆发后，日本侵略者攻占缅甸，滇缅公路完全切断，油料及汽车零配件更为缺乏，驿运之重要性尤为明显。与其他交通运输部门的运量比较，至1943年，驿运货运量已居全国交通运输部门运量吨数第二位，仅次于铁路，远远超过公路运量，占全国总运量的32.42%；

① 参阅陈红民《抗日战争时期的驿运事业》，《抗日战争研究》1994年第3期。

② 谭炳训：《一年来之驿政》，《驿讯》第18期（1944年1月5日），第1页。

③ 俞飞鹏：《十五年来之交通概况》，1946年4月版，出版者不详，四川大学文理图书馆藏，第37页。

延吨公里量上居第三位，占 23.65%，次于铁路和航运，[①] 据 1944 年前四个月的统计，驿运运量吨数上已跃居全国各交通运输部门之首，占其时整个运量的 48.67%；延吨公里量上居第二位，占 25.65%。[②] 如此比较中，驿运在战时运输中的突出地位彰彰明矣。现就 1944 年 1 月至 4 月的各交通部门货运运量的情形，详细列表如下。

表 1—11　全国各交通部门货运运量比较表（1944 年 1 月至 4 月份）

运输类别	吨数	百分比（%）	延吨公里	百分比（%）
驿运	1300904	48.67	99442662	25.65
空运	11629	0.41	6056065	1.56
铁路	904610	33.83	186877908	48.22
公路	39556	1.46	16431888	4.24
航运	415599	15.63	78821574	20.33
总计	2672298	100.00	387630097	100.00

资料来源：数据来自《驿讯》第三十三期（1944 年 8 月 16 日），第 3 页。

1944 年，时人刘世安针对战时驿运的突出地位，也曾有过类似总结："在这四年多来，开辟了驿运干线六千六百八十九公里，支线二万一千三百一十九公里，又国际路线五千五百十九公里，发动人夫兽力，利用车船工具，运输军公物资，已经著有相当成效，就它的运输量说，与铁路公路和航运相比较，在三十二年占全国总运量的第三位，至了今年的一至四月份已跃居了第二位，这可以说驿运不但是已有了相当成效，由于驿运功能的发挥，也更显示了它在现阶段负荷运

① 《三十二年全国各交通部门运量比较表》，《驿讯》第三十二期（1944 年 8 月 16 日），第 3 页。

② 《全国各交通部门货运运量比较表》，见《驿讯》第三十三期（1944 年 8 月 16 日），第 3 页。

输任务的重要。”[①] 其时与驿运相关人士更为具体地指出，驿运对抗战之贡献巨大，“运输物资六万四千余延吨公里，节省汽油二千五百七十余万加仑，节省汽车共约八千五百九十余辆，节省经费每年约四万六千余万元”，就经费开支而言，驿运经费总支出“比之历年用于其他交通事业之国帑，仅占百分之二”。[②] 就驿运的战时作用而论，上述所谈侧重于从经济的角度立论，但从支援中国抗战的视角思考，其在军事和政治上的意义也许更为深远。

1944 年秋间，滇缅战事好转，空运运量增加，汽油、汽车及其零配件来源渐趋充足，驿运营运业务渐趋减少，又因各省驿运管理处营运收入减少，经费不足，业务开展也就渐为困难。于是，国民政府军事委员会令饬将驿运总管理处撤销。据 1945 年 1 月军事委员会代电声称：“交通部之驿运总管理处，着即撤销，在公路沿线之驿运机构，由各公路局接办，在公路沿线以外者，由地方政府办理。”[③] 行政院接到电文后，即电令交通部限期结束，据行政院会计处呈文中透露：“查驿运总管理处结束限期，前经本院于本年二月五日以平四字第二六四三号代电交通部，限自二月一日起至三月底止结束完竣在案。”并且驿运总管理处经费也“经本院审查会议决定，发至三月底止”。[④] 因此，驿运总管理处限期结束已势在必行，交通部遵令于 1945 年 3 月底撤销了驿运总管理处。与此同时，1945 年 1 月，军事委员会战时运输管理局成立，行政院明令该局为全国驿运主管机关，

---

① 刘世安：《我国现阶段的驿运问题》，《驿讯》第三十九期（1944 年 11 月 16 日），第 1 页。引文中所称运输量上的比较是指延吨公里量上的比较。

② 龚警初：《驿运对抗战之贡献》，见《驿讯》第三十五期（1944 年 9 月 16 日），第 1 页。

③ 《国民政府军事委员会致行政院交通部战时运输管理局的代电》（1945 年 1 月 5 日），中国第二历史档案馆藏行政院档，全宗号：二，案卷号：8613，缩微号：16J－1414。

④ 《为驿运总管理处限期结束经费审查发至三月底请鉴核由》，中国第二历史档案馆藏行政院档，全宗号：二，案卷号：8613，缩微号：16J－1414。

继续办理中央及各省驿运事宜。交通部驿运总管理处撤销后，战时运输管理局将各干线驿运管理分处归并到所在地公路管理局管辖，并于局内设驿运一科负责。抗战胜利后，战时运输管理局以抗战结束，机械力运输逐渐增强，为节省人力物力及减免政府不必要的开支起见，要求将中央及各省主办驿运事业限期停办，一任人民“自由营业，不加管制”，并决定将所有政府驿运机构全部撤销。① 至1945年底，各公路管理局所属之各线驿运管理分处先后办理结束事宜，各省驿运管理处也相继裁撤。1946年1月，战时运输管理局改组为公路总局，并隶属于交通部，驿运机构已不复存在。②

因抗战而“应运而生”之驿运事业，也随抗日战争的胜利而停办，但其“在抗战期中对于国家之贡献，实不可抹杀也”。③ 因此，地处西南、西北交通重要位置，战时首都所在地的四川省，其省办驿运事业，在全国驿运大力开展的背景下，实具有深入探讨的历史价值。

---

① 《呈请将中央及各省驿运事业尽速停办检同战后驿运结束办法草案祈鉴核示由》(1945年10月3日)，中国第二历史档案馆藏行政院档，全宗号：二，案卷号：8610，缩微号：16J－1414，第80页。

② 俞飞鹏：《十五年来之交通概况》，1946年4月版，出版者不详，四川大学文理图书馆藏。

③ 同上，第37页。

第二章 四川省办驿运之概况

抗日战争时期，四川被国民政府确定为“中华民族复兴根据地”，战略地位骤然提高。此地土地肥沃，物产丰富，交通运输素来繁忙；至抗战之时，其优越的地理位置及战时交通运输任务的急剧增加，又致其交通运输任务更为繁重。然而，因近代交通事业发展极不均衡，四川近代交通建设相对落后，至抗战爆发时，四川竟无一寸客运铁路，公路建设也远远落后于中国东部地区，其大部分交通运输仍然依赖于传统交通运输工具与动力。因此，政府“恢复”四川传统驿运制度，举办战时驿运，此乃适时之举措。

第一节 驿运开办前的四川交通运输

战时驿运开办前的四川，近代交通运输发展滞后，除了发展较为满意的近代轮船业之外，出川公路于抗战前夕才予以修通，汽车数量不多，铁路航空尚在起步阶段；而对于四川的传统交通运输方式，其木船、板车、独轮车等传统交通运输工具种类数量繁多，一直为四川民间所使用，牛、马、驴等兽力以及能肩挑背驮的力夫，一直深藏民间。[①] 因此，在对四川省办驿运进行讨论之前，对该省驿运开办之前的原有交通运输状况应该有所认识，以此作为对四川省办驿运予以论述的客观基础和逻辑起点。

一、四川的古驿道、水道与传统交通运输

（一）四川古驿道的分布

由于近代交通的输入，传统交通运输方式逐渐淡出，随着民国初年的裁驿命令，四川官办驿传系统也随即土崩瓦解。自此之后，缺乏官方维护的驿道，一些渐趋荒废，一些虽因民间交通运输所需，而予以一定程度的维护与保养，但与以往官修驿道已无法比拟。此就四川古驿道的分布状况略加描述，以其作为理解四川省办驿运的客观前提。

从公元前三世纪秦惠王辟川陕栈道始，至 20 世纪 20 年代修筑公路止，其间 2200 多年，四川境内外的陆路运输，全都依靠驿道。四川驿道的分布以省会成都为中心，连接省内外主要城市，构成纵横交错的驿道交通网。

四川古驿道根据习惯分法，可分为驿道干线和驿道支线，驿道干线也称为大路或大官路，驿道支线也称为小官路。在蒋廷黻的回忆录中对驿道曾有过具体的描述："我家门前有一条小路，人称小官道。小官道可以经过邵阳到楮塘铺；楮塘铺是个镇，镇北三里通大官道。循大官道可至湘乡和湘潭，最后可抵长沙。据我估计：从邵阳到长沙大约有一百四十里。路上都铺着青石板。小官道宽约四尺。如果有两

---

① 此处所讨论的主要为驿运开办前的四川交通运输，但有时为了论述的完整性，也把所论范围延伸到驿运开办初期。

乘轿子在路上相遇，其中一乘必须要躲在路旁，静待其他一乘过去，然后再走，以免被挤落田间或水塘。大官道宽约八尺，轿子可以并排通过。”[①] 此处描述的虽是湖南的驿道情形，但在官修驿道的统一标准下，其与四川的大官道和小官道的情形应大致相符。现就四川古驿道的分布情形概述如下：

1. **驿道干线。四川主要驿道干线有以下几条：**

（1）东大路，是连接成都与重庆间的重要交通干线。自成都经简阳、资中、内江、隆昌、永川、来凤驿、白市驿至重庆，长 535.5 公里。

（2）中大路，横贯全省中央，是连接成都与万县间的重要路线。自成都经金堂赵镇、三台、射洪、蓬溪、南充、渠县、大竹、梁平、至万县，全长 680 公里。

（3）西大路，是连接成都与康藏间的唯一交通孔道。自成都经名山至雅安。雅安以西分为南北两路：南路经荥经越大相岭至汉源，再北越飞越岭经泸定至康定。北路经天全越邛崃山会南路于泸定。自成都经南路至康定，长 450 公里。自康定入藏称为西藏大路，西藏大路也分为南北两路：南路自康定经雅江、理塘、巴塘、竹巴笼、察雅至昌都。北路自康定经道孚、炉霍、甘孜、德格、同普会南路于昌都。再由昌都至拉萨。自成都经南路至拉萨，全长 2660 公里。

（4）北大路，即川陕栈道。北大路是近代以前中原进入四川的捷径。自北京经西安、宝鸡、汉中、广元、绵阳、至成都，又叫“四川官路”或“官马西路”，长 2337.5 公里，其中自陕西沔县至成都长 591.5 公里。

---

① 蒋廷黻：《蒋廷黻回忆录》，岳麓书社，2003 年，第 1 页。

2. 驿道支线，是衔接驿道干线和连接省内中小城市的道路。此种支线在四川线路较多，其中主要者有以下几条：

（1）小川北路，自成都经广汉、中江、三台、盐亭、阆中、苍溪至通江、南江和巴中一带山地，再自阆中向南行经南部、营山、渠县、达县、宣汉、万源至城口。

（2）小川东路，自东大路的简阳分出，经乐至、安岳、大足、铜梁、璧山至重庆，是成渝间交通之捷径，长 407.5 公里，较驿道干线东大路近一百余公里。

（3）川南通路：一自成都经双流、彭山、眉山、青神至乐山。一自成都经仁寿、井研、荣县至自流井。

此外，通往省外的驿道还有一些路线，如通往陕西的还有米仓道，至甘肃的有阴平道，至云南的有清溪道，石门道（又称官马南路或叙昆大路），至贵州的有泸县大路（自泸县经叙永、赤水河到毕节）和綦江大路（自巴县经綦江、桐梓至贵阳），至湖北的有宜昌大路（自中大路的万县，沿长江过云阳，奉节、巫山、巫溪，越鸡心岭入湖北至宜昌）。[①]

此为对四川历朝各代，重点是清末驿道的简要描述。1913 年官办驿传系统停办之后，四川驿道渐趋荒废。但因四川近代交通运输事业发展缓慢，民间甚至官方又不得不借助于已废弃的驿道从事交通运输，真可谓抛弃了旧的，又来不及建设新的，在这新旧交错中，又回归传统，寻求传统资源以补近代交通运输之不足。

（二）四川的水道

四川水运素称发达，河流众多，有大小河川几百条，以长江总其

---

① 参阅《四川交通史志文稿》（一）：《民间运输篇》，四川省交通厅地方交通史志编纂委员会编，1982 年内部发行，第 16－18 页；刘文鹏：《清代驿运及其与疆域形成关系之研究》，中国人民大学出版社，2004 年，第 95－97 页。

流，长江更为出川最重要的水道。就四川长江支流而言，各条河流分从南北两方向汇入长江，从北而来者有岷江、沱江、嘉陵江、涪江、渠江等大河，以及御林河、小江、汤溪河、大宁河等小河流；自南而来者有乌江、綦江、赤水河、永宁河、长宁河、南广河、横江等河流。这些江河，共同构成了四川以岷、沱、嘉、涪、渠、乌六大江为主体，长江为主干的四通八达的水运网络。另一方面，四川不但江河众多，而且四川河流“水量充足，四季不冻，常年通航”，具有得天独厚的水运优势。据调查统计，在抗战初期，四川河流可通航者 92 条，川江（流经四川之长江）航道自湖北宜昌至四川宜宾，若加上川江支流嘉陵江、沱江、岷江、乌江等，战前通航里程长约 1.05 万公里。①

至于四川大小河川的具体通航情形，可从 1939 年四川各河木船通航调查表中略得反映。

表 2-1　四川省各河木船通航概况表　单位：华里

河流名称			通航河段	木船类型	通航里程
长江干流	金沙江		宁波桥经蛮夷司至宜宾	小船	1060
	长江		宜宾经重庆至宜昌	大船	2751
横江			老鸦滩至安边	小船	350
南广水			罗星渡至南广	小船	300
长宁河			梅桥场经安宁铺至江安	小船	170
永宁河			叙永至纳溪	小船	296
赤水河			茅台经赤水至合江	小船、大船	410
狮头河			两河口至河口	小船	85
綦江	本流		松坎经三溪至江口	小船	430
	支流	黄河	万寿场至三溪	小船	75

① 张肖梅编：《四川经济参考资料》，中国国民经济研究所，1939 年，第 H4 页。

续表

河流名称				通航河段	木船类型	通航里程
大洪河				么滩至五宝场	小船	260
小江	本流			榨井坝经开县至双江铺	小船	295
	支流	临河		铁锁桥至开县	小船	145
		浦河		跳磴场面至渠口	小船	145
大宁河				檀木坪经猫儿滩至巫山	小船	310
岷江正流				成都经江口、乐山至宜宾	小船、大船	697
岷江支流	南江	本流	西河	怀远镇至江口	小船	170
		支流	南江	平落坝至新津	小船	130
			蒲江	蒲江县至水兴场	竹木筏	70
	青衣江			雅安至乐山	竹筏	300
	铜河			沙湾至乐山	小船	198
	四望溪			王村场至竹根滩	小船	50
	清水溪			舟坝至河口	小船	130
沱江正流	绵阳河			兴隆场至赵家渡	小船	140
	沱江			赵家渡经富顺至泸县	小船、大船	975
沱江支流	北河	绵竹河		石桥滩至双江渡	小船	110
		鸭子河		洞仙桥至复兴渡	小船	70
	清白江			三邑桥至赵家渡	小船	80
	昆河			二沱江至赵家渡	小船	70
	清流河			李家街至王爷庙	小船	190
	荥溪	本流	荥溪	金子坡至李家湾	小船	240
		支流	威远河	老河桥至牛角沱	小船	180
	恒水	本流	思济河	三溪镇至胡市	小船	220
		支流	九曲溪	嘉明镇至福集场面	小船	70
嘉陵江正流				略阳经昭化、合川至重庆	小船、大船	2075

续表

河流名称				通航河段	木船类型	通航里程
嘉陵江支流	白龙江			碧口至昭化	小船	280
	东河			旺苍坝至东河口	小船	350
	涪江	本流	涪江	何家坝经中坝、太和镇至和川	大船、小船、小筏	867
		支流	茶坪河	安县至绵阳	小船	90
			罗江河	中江至三台	小船	120
			梓潼河	安家场至龙宝山	小船	250
			小安溪	万寿场经溅滩至临渡河	小船	270
	渠江	本流	前江	了孑口经樊哙店至宣汉	小船	270
			渠江	宣汉经三汇至合川	小船、大船	955
		支流	中江	官渡场面经普光寺至宣汉	小船	190
			后江	田家坝经长坝至普光寺	小船	245
			南江	南江县至巴中	小船	220
			巴河	巴中至江口	小船	210
			清化水	木门经恩阳河至三江口	小船	270
			大通江	两河口经瓦子铺至江口	小船	510
			小通江	符阳场至小江口	小船	150
	流江河			龙滩至渠县	小船	90
黔江正流	乌江			思南至龚滩	小船	500
	黔江			龚滩至涪陵	小船	720
黔江支流	白崖河			石阡至思南	小船	120
	唐岩河			濯河坝至龚滩	小船	300

资料来源：此表来自张肖梅编《四川经济参考资料》，中国国民经济研究所，1939 年，第 H4 页。

由上表可知，四川省驿运开办之前，四川通航木船之水道众多，有利于四川水运的发展，也为四川省办战时驿运中水道驿运提供了前提条件。至于各河流通航上游起点，一些已超出四川省管辖的范围，此处纳入表内，纯为论述上的方便。

（三）四川传统交通运输工具与动力

近代交通的发展，中国传统交通运输方式面临着生存危机，然而在近代交通素不发达的中西部某些地区，例如四川，传统交通运输方式照样使用，也正因为四川近代交通相对不发达，传统交通运输工具才在四川大量保存下来并使用。王立显先生的《四川公路交通史》中有此论述："民国元年，复改清邮传部为交通部。迄民国三年，所有驿站尽裁，四川也不例外，驿传制度已成过去。然而，驿运继续存在，特别是边远山区和民间，仍赖以维持交通运输。"[①] 此处所谓"驿运"，其意大致等同于利用传统交通运输方式从事运输。驿运中的水驿运输即指利用木船的运输，陆驿运输即为利用马驴等兽力的驮运以及力夫肩挑背驮的运输。

在水运方面，川中大江小河上的民间船帮组织盛行不衰，表明了木船业的发达，据统计，于抗战前，四川共有 6000 多只木船，共 8000 多吨位。[②]

1940 年 10 月四川省驿运管理处刚成立时，对全川的传统交通运输工具进行调查，由各县政府提交调查材料。该调查数据显示，四川水陆传统交通运输工具并不缺乏。此次调查虽为四川省办驿运开办后的不完全统计，但也反映了驿运开办前的四川民间传统交通运输工具与动力的大致情形。

表 2—2　四川民间传统运输工具与动力调查表

种类	大小木船（只）	板车（辆）	独轮车（辆）	马（匹）	驴（头）	备注
数量	12725	12160	30289	46289	2688	

① 王立显：《四川公路运输史》（上），四川人民出版社，1989 年，第 31 页。

② 郑天贵、张豫西：《战火纷飞话蜀道》，见《抗战时期西南的交通》，中国人民政治协商会议西南地区文史资料协作会议编，云南人民出版社，1992 年，第 138 页。

资料来源：此表为四川省驿运管理处所做的四川省102个县的调查资料总计而来，应为不完全统计。此调查资料见四川省档案馆藏四川省驿运管理处档，全宗号：民132，案卷号：48，案卷名：四川驿运处、省执委会、广汉等县府关于呈报人兽力车数目，组织公会、行帮情形的代电、呈、公函及调查表。

大小木船数量与战前统计数据颇有出入，增加了一倍多，此与战后木船业的发展有关。据1941年时人所称，“四川全省可供载货之木船，约为一万三千艘，总计载重可达四十万吨”，[①] 两相对照，上述统计数据应该大致符合实际。抗战爆发后，迁川人员物资大量涌入，交通运输需求急剧增加，而近代交通运输又发展缓慢，此即给予四川木船业千载难逢的发展时机。据其时比较，西南三省（云、贵、川）公路里程，还不及广东一省，四川公路发展也就可想而知。公路运输不发达，铁路运输几乎是空白，四川大量运输不得不依靠水运。从中国造船业来观察，四川仅有民生公司具有制造小型轮船的实力，但造船大部分零部件依赖国外进口；武汉宜昌失守后，长江航运阻断，进口困难，轮船已难以自造，民生公司实只具有修补轮船的能力。[②] 然而木船的制造，只需要四川蕴藏丰富的木料，取材容易，制造简单，技术含量低。上述原因，刺激了木船制造业的发展，木船数量因此大增。

此外，上述列表中，板车、独轮车数量也不少，究其原因，是因四川属盆地地形，大部为低矮丘陵，一小部分为平原，正适合板车运输，而四周为高山深谷，少平地，也正适合独轮车在山间小道上运输，所以这两种运输工具数量相对可观。四川素不产马，但地近云南

① 《木船运粮，粮运中一实际问题》，见《大公报》1941年9月10日第二版。

② 参阅李天元等编《民生公司史》，人民交通出版社，1990年，第211—221页；《抗战时期西南的交通》，中国人民政治协商会议西南地区文史资料协作会议编，云南人民出版社，1992年，第292页。

西康产马区，购进较易，所以有一定数量的马、驴可供交通运输使用。

二、驿运开办前四川近代交通的发展

“蜀道难，难于上青天”，李白脍炙人口的诗句，描述了进川驿道的艰险。四川盆地四周高山耸立，谷深坡陡。正因为自然条件等因素的限制，[①] 四川首先是在川内发展其近代交通，直至抗战爆发前夕，出川之省际公路出于战备的考虑才最终修通。因此，四川战前交通，进川之水路，主要是沿长江过三峡而入四川，进川陆路则走千年之驿道，四川近代交通发展并不理想。

清末，四川本有修筑川汉铁路的动议，但近代历史的发展却使其失去了修筑铁路的机会。“川省建筑铁路之议，远自清季创修川汉铁路。嗣以清廷拟将该路收归国有，遂酿成保路风潮”，民国建立后，“二十余年来，当局未遑顾及建设”，“虽有商办之北川铁路，然路线过短，仅一百二十华里；而其功用，亦仅运煤而已”，[②] 于抗战前夕及抗战期间，四川再无其他铁路。虽于1936年春，铁道部新路建设委员会组织成渝铁路勘查队，计划修筑成渝铁路，但因种种原因，直至抗战结束也未建成通车，仅就部分路基予以填就，未铺铁轨。[③] 本为最早动议修筑铁路的省份之一，却会有如此之结果，绝非常人所能预见。

就公路而言，直至1925年冬，四川第一条公路——成灌公路建

---

① 某些政治因素（例如防区制）也影响了四川近代交通的发展，特别是出川公路。政治上的不统一导致了近代交通发展上区域性状态。另早期中国公路发展所具有的由地方各自发展，中央不做统一规划之特点也是原因之一。

② 张肖梅编：《四川经济参考资料》，中国国民经济研究所，1939年，第G1页。

③ 参阅李兴鳌《旧中国筹建成渝铁路史略》，见《中国铁路历史钩沉》，铁道部档案史志中心编，2002年。

成，公路交通才算真正进入四川。成灌公路由成都经郫县到驰名中外的都江堰所在地灌县，全长55公里，本来于1913年开始修建，但因四川地方军阀混战，经费时而告罄，几经周折，于1925年才全路修通，次年正式通车。受此路之惠，川人逐渐认识到发展近代交通的重要性。1925年之后，川人掀起了四川修路热潮，至1933年，四川共修筑了40多条公路，全长2700多公里。其中成渝公路，西起省会成都，东至重庆，与长江水运相衔接。该路全长445公里，连接贯通了川东、川西两大城市，在四川政治、经济、军事上意义重大，被喻为川中生命线。

上述40多条公路，通达的地区计有：成都、华阳、郫县、崇宁、灌县、简阳、资阳、资中、内江、隆昌、荣昌、永川、璧山、巴县、重庆、新都、金堂、中江、三台、盐亭、南部、阆中、双流、新津、蒲江、邛崃、名山、雅安、彭山、眉山、夹江、乐山、新繁、彭县、温江、崇庆、大邑、广汉、什邡、德阳、罗江、绵阳、彰明、乐至、遂宁、蓬溪、南充、岳池、广安、渠县、万县、西充、潼南、合川、铜梁、安岳、大足、绵竹、富顺、峨眉、自贡、威远等60多个县市，约为1935年四川省行政区划共170个县市的37%。[①] 但是，这些公路所通过的县市，均在四川盆地内，边远山区难有一条可通公路，而且建成的公路，标准较低，质量较差。最引人注目的是，两千多公里的公路，却无一条出川公路。

1934年，南京国民政府为围追堵截长征途中的工农红军，决定修筑川、黔、湘、鄂、陕五省联络公路。在1934年至1935年间，国民政府先后两次拨出四川善后公债1500万元，作为整理和修建四川

① 参阅冯天爵《四川的战时公路交通》，见《抗战时期西南的交通》，中国人民政治协商会议西南地区文史资料协作会议编，云南人民出版社，1992年，第123页。

省公路的经费，同时，也组建了四川省公路局，确定修筑省际四大干线，即川黔、川陕、川湘、川鄂公路。1935 年以后，华北战云密布，国共第二次合作有望形成，修筑出川四大干线意义改变，由为围追红军之用，转而为抗战之需。于抗战爆发之时，四川四条出川公路大致赶修完毕。其修筑情况如下：

1. 川黔公路。该路位于四川盆地南缘，自重庆南岸海棠溪，经巴县、江津、綦江、至贵州松坎，四川境内全长 177 公里，虽出于军事目的，然对沿线经济发展，意义重大。该线于 1935 年开工，当年即告完成。

2. 川陕公路。该路位于四川盆地北缘，自成都经新都、广汉、德阳、绵阳、梓橦、广元等县，过广元后沿嘉陵江古栈道，经千佛岩、明月峡至朝天驿，盘山折越龙洞岸、神仙驿、牟家山，而达川陕交界处棋盘关入陕西。全线川境长 420 公里，纵贯川西之南北，1935 年开工，于次年完成，该线在抗战中战略地位突出，是西北与西南交通之孔道。

3. 川湘公路。该路横贯四川东南部山区，从川黔公路上的雷神殿起，经南川、武隆、彭水、黔江、酉阳、秀山至圣洞，至湖南花垣县，全长 699 公里。沿线多高山深谷，工程艰巨，于 1936 年开工，1937 年抗战爆发后赶修完成。

4. 川鄂公路。该路由成渝公路上的简阳起，经乐至、遂宁、蓬溪、南充、岳池、广安、渠县、大竹、梁山（现称梁平）、万县至湖北省的利川县。从简阳到万县全长 644 公里，万县以南至利川一段，当时未能修通，以川湘公路一段黔石路替代通往湖北的干线。这是一条联络川西川东，并沟通长江水运的重要公路干线，于1936年开工，1937年通至万县。[①]

在抗日战争爆发前后，国民政府用两年多时间，修建了川黔、川陕、川湘、川鄂4条省际公路干线，新增里程1930公里，连同1934年之前所修的2700多公里的公路，初步形成了四川的公路交通网。[②]

就公路交通工具汽车而言，战前全川汽车仅1100多辆，对于抗战爆发后庞大的运输任务，1000多辆的汽车运输，真可谓杯水车薪。抗战爆发之后，虽有汽车陆续进川，但汽车运输工具仍然严重不足。其时之四川省建设厅厅长陈竹山指出："自抗战军兴，我国重要交通路线，相继沦陷，后方主要运输，端赖公路汽车，惟在敌寇封锁之下，油料零件，供应艰难，去秋后以滇越、滇缅两路之阻塞，来源更少，致汽车亦不能为普遍之利用。"[③] 此处所谈为整个大后方的情形，而地处大后方的四川，不可避免地同样面临此一问题，也就不言而喻了。据抗战时期出任四川省公路管理局副局长的冯天爵回忆，1943年之后，"由于各线旅客日益增多，除交通部和运输统制局所辖各运输机构继续调整各运输线路并补充车辆外，四川公路局又对其定班行驶的路线增加班次，实行局车与商车轮班行驶，局车不敷，租用商车补充，并尽量利用行李车、包裹车附搭旅客，以适应需要"。[④] 总之，其时汽车数量相对不足，油料供应缺乏，公路汽车运输困难重重。

如前所述，在水运方面，四川河道众多，四季不冻，具有常年通

---

① 冯天爵：《四川的战时公路交通》，见《抗战时期西南的交通》，中国人民政治协商会议西南地区文史资料协作会议编，云南人民出版社，1992年，第124—125页。

② 据李占才、张劲《超载—抗战与交通》一书统计，至1937年，四川公路里程数为4206公里，见该书第131页，广西师范大学出版社，1996年。

③ 陈竹山：《四川省驿运之概况》，《驿运月刊》第二卷第二、三期合刊（1941年12月），第22页。

④ 冯天爵：《四川的战时公路交通》，见《抗战时期西南的交通》，中国人民政治协商会议西南地区文史资料协作会议编，云南人民出版社，1992年，第135页。

航的优越条件。仅长江水系就有金沙江、岷江、沱江、嘉陵江、涪江、渠江、乌江等，构成了以长江为干线的水运网。近代交通方式的兴起，四川轮船业也逐步发展，例如1936年，四川“总计是年进出口之轮船为二千一百四十只，七十六万吨，较民国五年之五万吨，计增十五倍；即较民国十五年兴盛时之四十万吨，亦几增一倍。此可谓川江航运之极盛时期矣”。[①] 根据其时航行条件，轮船也可在川江及嘉陵江下游一带和岷江、金沙江、沱江部分河段航行。就四川本省轮船而言，总计战前全川轮船，共有60多艘，22000吨。就抗战初期四川近代轮船业的发展而言，规模最大者为民生公司，“到民国二十六年（1937）民生公司已拥有大小轮船47艘，载重2万余吨，职工3800余人”，“承担了长江上游70%以上的运输任务”。[②] 武汉沦陷后，民生公司在沙市、宜昌收购了大小轮船60余艘，实力大增。此外，1936年，宜宾、泸州等工商界组建了合众轮船公司，在抗战前仅有轮船“长虹”号一艘，抗战爆发后，至1940年合众轮船公司先后收购轮船5艘，营运能力增强。成立于1938年的重庆轮渡公司，原有小火轮5艘，1939年又购进了8艘。建于清朝同治年间的轮船招商局，在战前共有轮船8.6万吨（也称近10万吨），抗战后，西撤四川的轮船共18艘。三北轮埠公司系上海之巨型企业，战前原有轮船两艘航行于四川水道，公司西撤四川后，因其轮船吨位大，吃水深，无法于四川水道上航行，于1941年又购进了4艘小轮船。[③]

虽说轮船业发展相对较快，但也难以满足抗战爆发后繁重的运输

---

① 张肖梅编：《四川经济参考资料》，中国国民经济研究所，1939年，第H5页。

② 凌耀伦：《长江航运的开拓者——卢作孚》，《长航史志通讯》1986年第4期，第39页，转引自王绍荃主编《四川内河航运史》（古代、近代部分），四川人民出版社，1989年，第196页。

③ 以上陈述请参阅王绍荃主编《四川内河航运史》（古代、近代部分），四川人民出版社，1989年，第234—242页。

任务。时称规模宏大的民生公司，在其发展至最大规模时，有118艘轮船，但也时时捉襟见肘，不得不组织民间木船协助运输，“1938年10月武汉沦陷以后，转运宜昌撤退人员及物资入川，主要由民生公司轮船负责，并征集2000只木船参加”，① 木船不仅仅是在长江上配合轮船运输，在轮船无法通航的长江支流上，木船运输也具有其他运输工具无法替代的作用。“由于轮船行驶的江区集中分布在重庆至宜昌和重庆至宜宾的长江航线上，故对嘉陵江、涪江、渠江、岷江、沱江、乌江等中小河流的木船没有影响，或影响不大，这些江区的大量物资仍靠木船运输”，② 近代轮船业的有限发展，并不妨碍木船在战时交通运输中发挥其独特作用。

总之，四川的近代交通发展较为迟缓，在抗战爆发之初，四川全省公路通车里程4630多公里，汽车1100多辆；轮船60多艘，22000多吨；铁路和航空微不足道，与实际交通运输需求相距甚远。另一方面，抗日战争全面爆发，四川随即成为战时后方基地，大批机关、工厂、学校以及工作人员内迁，大量的军需物资外运，四川承担着庞大的战时交通运输任务。虽然四川近代交通运输方式在全面抗战前具有了部分有限的发展，但仅仅利用近代交通运输方式已无力满足四川战时交通运输的巨大需求，有组织地利用民间传统运输力量已在所难免。四川民间传统交通工具与动力蕴藏“宏富”，古驿道四通八达，水道南北纵横，为四川省办战时驿运提供了客观前提；而四川近代交通运输方式的发展滞后，战时交通运输需求的急增，则是四川省办战时驿运发展的必要条件。

① 王绍荃：《四川航运对抗战的贡献》，见《抗战时期西南的交通》，中国人民政治协商会议西南地区文史资料协作会议编，云南人民出版社，1992年，第320页。

② 王绍荃主编：《四川内河航运史》（古代、近代部分），四川人民出版社，1989年，第206页。

第二节　四川省驿运管理处的成立及前期的驿运线路开辟

全国驿运会议召开之后，根据会议要求，中央于 1940 年 9 月 1 日成立驿运总管理处，领导全国驿运事业。四川省鉴于“值兹抗战正殷，后方运输关系重要；四川为当前政治、军事、经济中心地位，尤属重要”，迅速规划四川省办驿运事业，于 1940 年 10 月 1 日成立驿运管理处，开展驿运营运与管理工作。

一、四川省驿运管理处的成立

全国驿运会议决议，由各省成立驿运管理处，主持管理与经营该省战时驿运事业。四川省据此积极筹办，拟由省建设厅厅长陈筑山兼任该省驿运管理处处长，“以重其事”，并由前川黔车驮运输所主任张冲霄出任副处长一职。

1940 年 9 月 30 日，四川省建设厅向四川省省务会议提交提案，就四川省驿运管理处组织规程提请公决，其提案声称：“查驿运事业为抗战期间交通要政，前军事委员会奉委员长手谕，于本年七月召集军政部交通部财政部运输统制局等有关部会及川黔滇桂陕甘等十五省区驿运大会于重庆，经议决，九月一日各省成立驿运管理处，直隶省政府，设处长一人，由建设厅长兼任，副处长一人，由省政府遴员委派，必要时，由交通部加派副处长一人，由省府加委以资协调有案。兹迭奉军事委员会及交通部函电催促从速成立，交通部所派副处长张冲霄亦已到省积极筹备，自应克日成立，以利进行。理合检同四川省驿运管理处组织规程草案（附全国各级驿运机构组织规程）提请公决。”[①] 公决似应通过，1940 年 10 月 1 日，四川省驿运管理处“正式成立”。[②] 为此事，四川省政府曾致函各级政府机关：“本省奉令组设四川省驿运管理处，遵已刊发关防，并派建设厅长陈筑山兼任处长，张冲霄为副处长，相应电达，即希查照为荷”。[③] 因张冲霄主持前车驮运输所，略具驿运经验，因此实际工作由其担任，陈筑山仅做名义上的兼任，实不做驿运管理处的具体工作。

对此过程，四川省驿运管理处处长陈筑山于事后也有所回忆：“自抗战军兴，我国重要交通路线，相继沦陷，后方主要运输，端赖公路汽车，惟在敌寇封锁之下，油料零件，供应艰难，去秋后以滇越滇缅两路之阻塞，来源更少，致汽车亦不能为普遍之利用，运输问题，遂成抗建之难关，赖我领袖，殚精擘划，根据自力更生国策提示以科学的方法办理驿站递运，以谋挽救，运输前途乃见曙光，二十九年七月十五日，全国驿运会议，开于陪都，决议由交通部成立驿运总管理处，各省省政府成立驿运管理处，主持其事，筑山奉派兼任本省驿运管理处处长，川黔车驮运输所主任张冲霄兼任副处长，张副处长于同年九月二十一日由渝抵蓉，经旬日之商讨筹备，本处即于十月一日正式成立。”[④] 这段回忆，较为清晰地陈述了四川省驿运管理处成

---

① 《为成立四川省驿运管理处拨发经费提请公决由》（1940 年 9 月 30 日），见四川省档案馆藏四川省驿运管理处档，全宗号：民 132，案卷号：61，第 2 页。

② 据《新华日报》（重庆版）报道，四川省驿运管理处正式成立日期为 1940 年 10 月 5 日。见《川驿运处今日成立》，《新华日报》1940 年 10 月 5 日第二版。但据四川省办驿运当事人所称为 1940 年 10 月 1 日，姑且采用此说，请参阅陈竹山《四川省驿运之概况》，《驿运月刊》第二卷第二、三期合刊（1941 年 12 月），第 22 页。

③ 《奉令组设省驿运管理处遵刊发关防并派陈筑山兼任处长张冲霄为副处长希查照由》（1940 年 11 月 11 日），见重庆档案馆藏重庆市政府档，全宗号：0053，目录号：1，案卷号：30，无页码。

④ 陈筑山：《四川省驿运之概况》，《驿运月刊》第二卷第二、三期合刊（1941 年 12 月），第 22 页。

立的背景与大致过程。

同时，遵照行政院颁布的《各省驿运管理处组织通则》及四川省政府省务会议通过的《四川省驿运管理处组织规程》之规定，在四川省驿运管理处下设总务科、运输科、技术科、业务科及会计室等机构，其中以谢际唐为总务科长，何道赟为运输科长，周昶为技术科长，胡国本为业务科长，以王余杞为驿运管理处的秘书，[①] 并设视察、股长等人员，分别掌管各科室有关事务，筹划四川省办驿运事业。[②]

四川省驿运管理处在设定科室的同时，也根据《各省驿运管理处组织通则》及《四川省驿运管理处组织规程》之规定核定人员，开展战时驿运营运工作。四川省驿运管理处的成立及处内各科室机构的设置，标志着四川省办驿运事业正式开始。

二、驿运支线总段机构的设立与线路分布

四川省办驿运的经营，开始于 1940 年 10 月 1 日四川省驿运管理处成立，大致结束于 1946 年 5 月底，前后长达五年多的时间。关于四川省办驿运的经营过程，根据其机构设置、线路的开辟及驿运政策的前后变化，时间上大致可分为三个阶段：1940 年 10 月 1 日至 1942 年 5 月为驿运支线总段时期，四川省驿运管理处下属驿运机构为支线段站结构，在其所开辟的各驿运线路设立驿运支线总段之驿运机构，各驿运支线总段分别分为若干驿运分段，设立驿运分段之驿运机构，各驿运分段再分别设立若干驿运站，此为前期的四川省办驿运；1942

---

① 《四川省政府委任荐任令》，见四川省档案馆藏四川省驿运管理处档，全宗号：民 132，案卷号：53，第 3 页。

② 当然，所设定的各科室，在以后的业务开展中，根据实际情况也时有调整，1943 年 6 月以后，为视察人员增设了视察室，为管制民间工具与动力增设了监理科，运输科与业务科合并，改名为营运科，但其他科室及其职掌并未变动。

年6月至1945年3月为驿运区时期，以新渝、渠万两支线总段奉令改组为标志，四川省驿运管理处下属驿运机构为区站结构，在驿运管理处下设立若干驿运区，各驿运区分别设立若干驿运段，各驿运段再设立若干驿运站，由前期驿运支线总段到驿运区的驿运机构之设立，此即“由‘线’的运输变更为‘面’的运输”，营运机构与管理形式上已有较大的变化，[①] 此为中期的四川省办驿运；1945年4月至1946年5月底四川省办驿运结束，为四川省办驿运的后期发展阶段，以川西驿运区奉令于1945年3月底办理结束事宜为标志。当然，驿运业务的开展是一个连续性的过程，其自然分期并不十分明晰，此种分期主要也是为了论述上的方便。

就前期的四川省办驿运而言，其经营方面，事务繁多，绝非三言两语所能全部陈述完毕，难求其面面俱到。此处就四川省办驿运之驿运支线总段机构的设立与线路分布情形概要陈述，试图能对前期的四川省办驿运获得大致了解。其他相关问题，留待后面几章细细分说。

四川省驿运管理处成立后，随即展开营运工作，承担军需民用物资的运输任务。根据政府与民间的运输需求，在四川省办驿运前期的营运中，先后总共开辟了五条驿运路线。

（一）奉建支线总段。日军进占宜昌后，国民政府在战斗序列上有所调整，大致划定鄂西、鄂南、川东、湘北、湘西及黔西北为第六战区，以陈诚为司令长官，设司令部于湖北恩施，守卫抗战大后方的东大门，其战略地位极为突出。[②] 因而日军对此进迫日急，第六战区军运骤显急迫，大量军用器材、军粮等物资急待运往前线，以满足前

---

① 王余杞：《四川两年来之驿运》，《四川建设》第二期（1944年7月31日版），第84页。

② 参阅王秀鑫、郭德宏主编《中华民族抗日战争史》，中共党史出版社，1995年，第465页。

方将士战斗生活所需。充足的弹药和生活必需品是前方将士阻击日本顽敌、保障后方安全的前提。川东奉节至湖北建始一线正好毗邻第六战区，“查本处奉节至建始一线，以军运迫切，迭奉军事委员会电令，限期开运，自应积极筹办，以利戎机”，① 因而在四川省驿运管理处成立刚刚半个月之后，首先于万县（后移至奉节）设立奉建支线总段驿运机构，沿途设置段站，“派方培元代理奉建驿运支线总段长，杨燕康代理奉建驿运支线副总段长”，② 于1940年10月17日立即开运。

奉建支线从四川省奉节、大溪至湖北建始，原长105公里，设奉节、巫山、建始三驿运分段，其中奉节段（奉节至大溪）15公里，巫山段（大溪至龚家漕）44公里，建始段（龚家漕至建始）46公里。因奉建支线主要运输任务为第六战区军运，而第六战区司令部设于恩施，“旋因事实需要，又延长至恩施”，建始至恩施60公里，仍属建始段，因此奉建支线全长165公里。该线沿途最初共设食宿站10个，为奉节、大溪、王家沟、庙宇漕、天鹅池、沙坝、陇里、建始、龙凤坝、恩施10站；仓库7处，分别设立于奉节、大溪、庙宇漕、沙坝、建始、龙凤坝、恩施；医药室4处，分别设立在奉节、大溪、建始、恩施。并且，在奉节、大溪、庙宇漕、建始、恩施等处还设立了邮政电话电报机构，便于段站间的联系。随着运输业务的开展，鉴于建始至龙凤坝路程较远（其间共45公里），后又在其间白杨坪和民兴镇也设立了食宿站，为沿途过往驿运运夫提供食宿条件。③

---

① 《呈请准派方培元之代理奉建支线总段长杨燕康代理副总段长请鉴核示遵由》（1940年11月2日），见四川省档案馆藏四川省驿运管理处档，全宗号：民132，案卷号：135，第5页。

② 《四川省政府给兼四川省驿运管理处处长陈筑山的指令》（1940年10月16日），见四川省档案馆藏四川省驿运管理处档，全宗号：民132，案卷号：135，第5页。

③ 参见《四川省驿运管理处奉建支线总段各站里程图》，四川省档案馆藏四川省驿运管理处档，全宗号：民132，案卷号：7，无页码；《四川驿运》，四川省驿运管理处编，1941年7月内部发行，重庆市图书馆枇杷山分馆藏，第3页。

因该支线所行道路，除建始至恩施段有部分公路外，“均属羊肠小道，人不能并行”，运输主要依靠人力肩挑背驮，原定计划征雇奉节、巫山、建始三县民夫共 2400 名，因兵役及其他工役同时并进，所以经常只能保持 1600 名左右参加运输。并且，各县征送运夫，因征夫困难，“往往以老弱幼病者充数，到站后或运一二次即病，或乘隙潜逃”，① 而所经线路，多属荒凉地带，并且该总段经费又未充分拨足，以致各项仓库食宿站设备简单，运夫食宿问题也难以解决，更不必谈发足微薄的力价工钱。因此一些运夫不但半途逃亡，且有拐弃货物之情事出现。上述情形，不免也惊动了军事当局。1941 年 1 月 15 日，军事委员会运输统制局令派该局驿运组组长孙兆仁视察该线，据其命令声称：“查奉节建始线、万县恩施线之驿运均经开办，据报成绩欠佳，着派该员会同驿运管理总处实地调查改正，除分函驿运总处指派之员外，仰即遵照会同径往，如为不合之处，应随时指正，并将调查改正实况具报为要，此令。右令孙组长兆仁。”② 后经省驿运管理处呈文省府，由省府迭令奉巫二县及函请湖北省府令饬建始县，征雇运夫，不得以老弱充数，并令严究逃亡。针对此种情况，奉建支线总段对运夫实行军事编组管理，据其呈文声称：“查本线困难，厥为运夫潜逃问题，此次孙组长莅临本线视察，已将各情详为陈报，当以本线环境，任务，运量，以及生活水平，均与川鄂干线万恩总段相同，而对加强夫队组织，亦即仿照该线办法，以五人为一班，五班为一分队，加班长队长，每分队共计三十一名，四分队为一中队，四中

① 《为呈请援例令饬奉建巫三县代征运夫不得以老弱幼病者充数并饬赔偿拐逃公物由》(1941 年 4 月 22 日)，见四川省档案馆藏四川省驿运管理处档，全宗号：民 132，案卷号：63，第 200 页。

② 《派该员会同驿运总处视察奉节建始万县恩施线仰遵照由》，中国第二历史档案馆藏军事委员会战时运输统制局档，全宗号：764，案卷号：180，第 9 页。

队为一大队。”① 施行层层管理，并严订奖惩规则，违者绳之以法。施行以来，奉建支线总段逃风渐止。②

该线军运迫切，责任繁重，其主要承运第六战区军米及钢铁、桐油、食盐等商货及日常用品。“自三十年一月起，至五月底，该线移交第六战区时止，共计征调力夫七九五五人，每月平均一五九一人。又临时雇用驮马三七六匹，及人力胶轮板车十二辆，共计载运六五八公吨五二九公斤，计八四一〇一延吨公里。平均每公吨运行约一二七公里”。③ 总之，自开运至1941年5月底止，共运军米军品商货等756.23公吨，计91815延吨公里。④

该线任务艰巨，运夫征集时有困难，且经费时告匮乏，开展运输实属不易。1941年，奉建支线总段根据民国三十年的年度预算，就指出该线的营运经费正面临困难：“就新编制官夫员名，及工具购置，站屋建筑，各项设备等，合计支出国币三百九十一万六千零二十二元八角，而营业收入则仅一百七十五万二千三百元，收支两抵尚不敷二百一十六万三千七百二十二元八角。”⑤ 如此大的财政赤字，所盼望的军事当局“军运协款”之补助却迟迟未到。因事关第六战区军运，移交第六战区接办也许是摆脱营运困境的最佳办法。“查奉建支线现正商由第六战区接办，在该战区未接办前，似毋庸更张。至该线开办以来，因军运所受营业亏损，业由本处呈请军事当局核拨军运协款，

① 《奉建支线总段呈送三十年度预算书请鉴核由》(1941年2月27日)，见四川省档案馆藏四川省驿运管理处档，全宗号：民132，案卷号：58，第99页。

② 《四川驿运》，四川省驿运管理处编，1941年7月内部发行，重庆市图书馆枇杷山分馆藏，第5页。

③ 陈竹山：《四川省驿运之概况》，《驿运月刊》第二卷第二、三期合刊(1941年12月)，第24页。

④ 《四川驿运》，四川省驿运管理处编，1941年7月内部发行，重庆市图书馆枇杷山分馆藏，第6页。

⑤ 《奉建支线总段呈送三十年度预算书请鉴核由》(1941年2月27日)，见四川省档案馆藏四川省驿运管理处档，全宗号：民132，案卷号：58，第99页。

一俟奉准，再行转知”。[①]“军运协款”还在呈请，而奉建支线因为军运运价过低而营业亏损，经费正运转困难，业务开展正面临危机，又因该线接近战区，战略意义日益明显，第六战区司令部为求便利指挥管理计，经商准交通部，于1941年6月1日将该线运输事项交由其接收办理。据四川省驿运管理处在其呈文中所称：“查本处所属奉建总段已奉命于六月一日结束，所有该总段过去承办第六战区军运事宜，业已全部移交该战区接办。”[②]

（二）新渝支线总段。川东毗邻前方战场，无疑就由其首先承担前线的军米供应，但因军米供应量大而川东产粮并不充裕，因此即向川西粮食盛产地调剂，此川西军米的运输任务则由四川省驿运管理处部分承担。1940年10月，四川省驿运管理处成立之初，即着手筹备驿运营运机构，确定此项军米运输路线。经初步勘察，此项军米决定由沱江水运至重庆，其驿运路线定名为新渝支线。据四川省驿运管理处致重庆交通部驿运总管理处代电所称：“查本处新渝支线总段，前经呈奉四川省政府准核，本处业务科长张毓灵兼代该总段副总段长，即日前往筹办，并经本处于十月二十五日以驿总字第45号代电呈报在案。前据该副总段长先后电呈，遵于十月二十四日率同总段职员驰往新都，暂就公园内桂湖宾馆开始办公，加紧筹备，已于二十六日正式成立，并于卅日开运。”[③] 新渝支线总段于1940年10月26日成立，

① 《复奉建支线在六战区接办以前毋庸更张，至该线营业亏损已代请核拨军运协款希查照由》，四川省档案馆藏四川省驿运管理处档，全宗号：民132，案卷号：58，第101页。

② 《为检寄第六战区司令部三十年度川湘鄂粮接运补给实施办法电请查照由》（1941年9月25日），四川省档案馆藏四川省驿运管理处档，全宗号：民132，案卷号：176，第215页。

③ 《报告新渝支线总段十月二十六日在新都正式成立并于卅日开运请鉴察备案由》（1940年11月6日），见四川省档案馆藏四川省驿运管理处档，全宗号：民132，案卷号：121，第60页。

设总段机构于新都，由四川省驿运管理处业务科长张毓灵兼代副总段长，主持该驿运总段各项业务。

该线“西北起自新都县，沿毗河至金堂县之赵镇，转向东南，顺沱江以达泸县，再转入长江，向东以抵重庆，全长八百一十六公里”，①从新都至重庆，由沱江顺流而下，至泸县入长江而东转达重庆，因此该线称为新渝支线。该线根据实际需要，分设新都、金堂、内江、泸县、重庆五驿运分段，由于该线全为水运路线，设站较为简单，仅设新都、赵镇、内江、泸县、重庆五个驿运站。②如此，新渝支线各驿运分段及驿运站等机构设立较为迅速，据该线副总段长呈称，“窃查本总段新都及金堂段站等，职督促积极筹办，所有工作，均经展开”，其中新都段副段长张建屏，金堂段副段长马宗影，新都站站长张兴河，赵镇站站长蒋怀忠分别于新渝支线总段正式成立前的10月24日，即已租定房屋“正式办公”。③

该线沿途滩多流急，稍有不慎，即肇事故。据记载，险滩最著名者有“新都泸县间之走马滩、马庙滩、九龙滩、桃花滩、马家林滩（以上金堂属）、娃娃滩、石钟滩（以上简阳属）、龙王沱、金山寺滩、钓鱼滩（以上资阳属）、漩涡老（内江属）等”，都极为险恶，“奇险之处，湍流澎湃，急岩奔马”，④该线水运实非容易。开运以来，该线运输完全利用民有船只，征雇编队行驶，派员押运，经常动员木船100多只，比如，“自三十年一月起至六月止，前后共征雇木船六六

---

① 《新渝及川西线区营运概况》（1943年7月31日），见四川省档案馆藏四川省驿运管理处档，全宗号：民132，案卷号：39，第123页。

② 后来因新渝支线总段的业务开展，特别是粮运工作展开以后，还设立了什邡站、中口站、彰明站、安县站、江油站等站，但为临时性质，其后随粮运的结束而予以撤销。

③ 《为呈报新都及金堂段、站等筹办情形，恳予备查由》（1940年11月16日），见四川省档案馆藏四川省驿运管理处档，全宗号：民132，案卷号：121，第61页。

④ 《新渝及川西线区营运概况》（1943年7月31日），见四川省档案馆藏四川省驿运管理处档，全宗号：民132，案卷号：39，第124页。

六艘，每船船夫平均约一二人（该线运输多为顺流而下），共约七九九二人，每月雇用平均约一一一艘，计一三三二人”。[①] 与此同时，新渝支线总段也利用民间运输势力，与沿线船业公会组织订立合约，由其征雇民间木船，负责部分新渝支线总段所承担的运输任务。该支线总段先后与金堂县赵镇船业公会，泸县民船业公会，新都县船业公会，内江县民船同业公会等组织签订合约，向民间“挑选完整坚固之船只，承雇装运军米”。[②] 在军米运输中，虽有船户因运价过低而规避之情事发生，但运输工作基本能“顺利推行”。

该线“所经县份，物产丰阜，滨江各县，富荣繁盛，物产如金堂之烟，简阳资阳内江之糖，内江之油，泸县之工商品，以及沿江各地之手工业品”。[③] 所以，除了运输军米之外，新渝支线兼运叶烟、糖、桐油、药材等商品。从1940年10月26日新渝支线总段成立至1942年12月底驿运机构正式改组为驿运区之前，该支线货运运量共计11849.952吨，3534548延吨公里。[④]

1942年6月，四川省驿运管理处根据实际营运状况，实行机构改组，以新渝支线为中心，包括川西所有规划之中的四川省办驿运路线，合组更名为川西支线，所设驿运机构为川西支线总段。然而随着该支线总段新辟驿运路线的增多，“支线总段”之名称已不适合其时实际情形，1943年1月，驿运支线总段机构正式更名为驿运区，川西支线总段改名为川西驿运区。

---

① 陈竹山：《四川省驿运之概况》，《驿运月刊》第二卷第二、三期合刊（1941年12月），第24页。

② 参阅四川省档案馆藏四川省驿运管理处档，全宗号：民132，案卷号：2，案卷名：四川驿运处新渝支线总段，省粮运处关于洽运军粮合同，赍送合同的指令，公函，呈。

③ 《新渝及川西线区营运概况》（1943年7月31日），见四川省档案馆藏四川省驿运管理处档，全宗号：民132，案卷号：39，第124页。

④ 参阅《四川省驿运管理处历年各线货运运量表》，见《四年来的四川驿运》，由四川省驿运管理处编制，见《驿讯》第三十八期（1944年11月1日），第3页。

（三）渝广水陆联运线总段。由重庆沿江而上，至宜宾转沿岷江向北至成都，再从成都沿川陕公路经新都、广汉、德阳、绵阳、梓橦等县而至广元，过广元后也可北行到达川陕交界处棋盘关入陕西。全线横贯四川东西南北，在抗战中战略地位突出，是川省水陆运输之大动脉，尤为西北与西南交通之孔道，其意义一方面可使川西食粮源源东运，一方面沟通川陕，可使陕西棉花布匹大量输入。渝广水陆联运线的设立，即利用了此一交通大动脉。该线成立，其起因是由于乐西公路赶筑，需工粮五千担，由四川省驿运管理处代运，因此设立驿运机构，组织民夫船只"自新津代运至［嘉］定"。① 在此基础上，四川省驿运管理处再为承运四川特种工程委员会工粮处工粮起见，渝广水陆联运线总段于 1940 年 12 月 23 日在成都正式成立，由何道赟任副总段长代理总段长职务，"所请核委该处运输科长何道赟兼代渝广水陆联运线总段副总段长代理总段长职务，应予照准"。② 另据四川省驿运管理处致四川省粮食购运处的公函中声称，该线"业于十二月二十三日在线香街九十一号正式成立办公"。③

该线由重庆至川西北之广元，共长 1127 公里，陆路由广元经川陕公路至成都，计长 357 公里，水路则由成都顺岷江下游至宜宾，入长江直达重庆，计长 770 公里。就陆路而言，虽为利用公路进行驿运，但绵阳至广元段，为"高山峻岭，上坡颇费时间"，如武侯坡长 13 公里，如"剑阁北渐渐上坡至三十公里为剑门关，乃川陕之咽喉，俯视两河口长十二公里坡度，最大盘山行驶，极为危险"，陆路运输

① 参阅《四川驿运》，四川省驿运管理处编，1941 年 7 月内部发行，第 8—9 页，重庆市图书馆枇杷山分馆藏。

② 《四川省政府给四川驿运管理处的指令》（1941 年 4 月 15 日），见四川省档案馆藏四川省驿运管理处档，全宗号：民 132，案卷号：181，第 25 页。

③ 《为本处渝广水陆联运线总段成立函请查照由》（1940 年 12 月 27 日），见四川省档案馆藏四川省驿运管理处档，全宗号：民 132，案卷号：181，第 28 页。

实也艰难。[1] 渝广水陆联运线总段成立后，即行设立驿运分段与驿运站等机构，陆路分为成都段、绵阳段、广元段三驿运分段，同时，共设北门站、新都站、绵阳站、广元站四驿运站。[2] 水路由成都段管辖成都经宜宾至泸县段，设立成都东门水运站，该线水路一直处于试航阶段，真正的运输并未展开。此外，重庆及泸县方面之段站的设立，则由新渝支线总段所设各段站兼办，以节省经费。1941 年，四川省驿运管理处以“统一事权，便利指挥”为由，令饬渝广水陆联运线“接管新渝总段所属重庆泸县各段站”，于同年 12 月 1 日，新渝支线总段泸县和重庆驿运分段移交渝广水陆联运线接办。[3]

渝广水陆联运线总段成立后，即承运新津特种工程工粮。1940 年 11 月，因军事需要，国民政府征集四川 16 县民工十多万人，扩建新津机场，是为新津特种工程。[4] 所谓特种工程，即修筑军用机场，因为军事机密，对外宣称为特种工程。[5] 新津特种工程工粮则由渝广水陆联运线总段和川西支线总段承担。渝广水陆联运线总段承担任务后，除水路利用木船外，陆运则系征用胶轮板车等驿运工具，迅速投入运输。该线所承运范围为成都、华阳、新都、双流四县工粮，于 1941 年 3 月 16 日圆满完成任务。[6] 承运新津特种工程工粮结束后，

---

① 蔡英三：《渝广线视察报告》（1941 年 10 月 18 日），见四川省档案馆藏四川省驿运管理处档，全宗号：民 132，案卷号：138，第 74 页。

② 随着业务的开展，渝广水陆联运线后来还设立了新津段和罗江站。

③ 《为呈报接收新渝支线总段所属渝泸各段站日期由》（1941 年 12 月 26 日），见四川省档案馆藏四川省驿运管理处档，全宗号：民 132，案卷号：8，第 36 页。

④ 《三修新津飞机场》，见《成都文史资料选辑：纪念抗日战争胜利四十周年专辑之三》（总第十一辑），中国人民政治协商会议四川省成都市委员会文史资料研究委员会编，1985 年 9 月内部发行。

⑤ 参阅《成都文史资料选辑：纪念抗日战争胜利四十周年专辑之三》，中国人民政治协商会议四川省成都市委员会文史资料研究委员会编，1985 年 9 月内部发行；另请参阅胡越英的《川西 B-29“特种工程”研究》，四川大学 2003 年未刊硕士学位论文，第 3 页。

⑥ 《为据转派驻花桥镇办收交工粮王廷杓等完毕十六日结束，次日率同全体回段乞予备查由》（1941 年 3 月 31 日），见四川省档案馆藏四川省驿运管理处档，全宗号：民 132，案卷号：62，第 177 页。

据统计，1941年1至6月，共雇用胶轮人力板车2487辆，胶轮兽力板车615辆，人力车1448辆。运夫共计约14861人，骡马1230匹，共计载运3565.716吨，计5280971延吨公里，平均每吨约运行149公里。[①] 除了承运特种工程工粮外，该线还承运部分商品，例如陕西过来的棉花，四川自贡的食盐。从该线总段成立，到1942年7月底止，总计承运货物10308.649吨，2243655延吨公里。[②]

如前所述，渝广水陆联运线所在路线横贯四川东西南北，是川省水陆运输之大动脉，尤为西北与西南交通之孔道，抗战中战略地位极为突出。正因为如此，渝广水陆联运线“为国际军运线及物资线，需要大规模与多数经费，应移交总管理处接办”，[③] 该线事关“国际运输”，交由驿运总管理处经营似乎更为合理。此外，《全国驿运会议主席团报告书》中早已形成决议：“今后驿运方针，应首先着重国际干线与后方军运线路之打通。”[④] 渝广水陆联运线交由中央接办已为顺理成章之事。1942年8月1日，基于该线的特殊地位和中央驿运方针，渝广水陆联运线奉令移交交通部驿运总管理处，由川陕驿运干线分处接办，“以贯通川黔泸昆叙乐西及川陕各干线”。[⑤] 据其时任川陕驿运干线分处处长张冲霄在其公函中所称：“本处遂于七月一日筹组成立，冲霄同日就职视事，八月一日接管四川省驿运管理处渝广水陆

---

① 参阅陈竹山《四川省驿运之概况》，《驿运月刊》第二卷第二、三期合刊（1941年12月），第24页。

② 参阅《四川省驿运管理处历年各线货运运量表》，见《四年来的四川驿运》，由四川省驿运管理处编制，见《驿讯》第三十八期（1944年11月1日），第3页。

③ 《四川省驿运管理处三十一年度工作计划》，见四川省档案馆藏四川省驿运管理处档，全宗号：民132，案卷号：81，第2页。

④ 《全国驿运会议主席团报告书》，中国第二历史档案馆藏行政院档，全宗号：二，案卷号：8607，缩微号：16J－1414，案卷名：驿运总管理处及各省驿运管理处段站组织法规，第19页。

⑤ 《四川的驿运》，四川省建设厅秘书室编，1943年6月内部发行，重庆市图书馆枇杷山分馆藏，第7页。

联运线。”①

（四）渠万支线总段。1941 年 1 月 3 日，四川省驿运管理处副处长张冲霄呈文处长陈筑山，声称：“现以梁山大竹一带粮管局存有大宗粮食，亟待运输万县渠县，前谒卢次长嘱为设法赶运。经向交通部驿运总管理处商请租拨板车肆佰辆，并与四川粮食购运处重庆办事处洪主任瑞涛商订承运合约（另文呈报），同时，运输统制局对本省驿运计划线路亦可核准于第一期举办渠万一段。为实行本处计划及赶运前项粮食起见，拟即成立四川省驿运管理处渠万支线驿运总段，以利进行。”② 该驿运支线总段即于 1941 年 1 月 31 日在万县成立，由张春霖任总段长，陈道彦任副总段长。

该线自渠县经大竹、梁山至万县，长 224 公里，分万县、梁山、大竹、渠县四驿运分段，因此线运输需征集四县民夫，即由该四县县长分别代理各四分段段长职务，由四川省驿运管理处令派副分段长，以期有利于驿运工作的顺利开展。③ 与此同时，分别设立渠县、卷洞门、万县、高山坡、分水、福禄坝、梁山、银河场、大竹九个驿运站，具体负责营运工作。

渠万支线的主要任务为运输全国粮食管理局存梁山大竹一带的粮食，以及沿线棉纱食盐等物品。其运输路线即由大竹梁山运抵万县（再沿长江水运至奉节，经奉建驿运线至恩施，或经万恩陆运线至恩施），或者，由梁山大竹运至渠县（再经渠江、嘉陵江水运至重庆），并且该线完全利用 1937 年修通的川鄂公路渠万段从事运输。因此，

---

① 《为奉令组设川陕线驿运管理分处函请查照由》（1942 年 8 月 15 日），见四川省档案馆藏四川省驿运管理处档，全宗号：民 132，案卷号：40，第 44 页。

② 《为渠万支线成立请鉴核备查由》（1941 年 1 月 3 日），见四川省档案馆藏四川省驿运管理处档，全宗号：民 132，案卷号：68，第 1 页。

③ 《为检送请委张春霖陈道彦袁树声等各件，请填写委状见复由》（1941 年 1 月 16 日），见四川省档案馆藏四川省驿运管理处档，全宗号：民 132，案卷号：68，第 30 页。

此线营运道路平坦，运输困难不大，完全可以利用板车运输。渠万支线成立后，交通部驿运总管理处立即租拨板车200辆给该线总段使用，全国粮食管理局也预拨了周转金15万元给其营运。[①] 另据有关资料显示，交通部驿运总管理处于1941年2月拨给该线胶缘人力板车200辆，每辆规定载重为400公斤，但这种车辆，因为不是气轮，行驶时震动较大，易于损坏物品，车辆也容易损坏，以致修理费偏高。因此，同年5月驿运总管理处改拨给该线胶轮板车50辆，同年6月再拨给50辆。胶轮板车为气胎板车，胶缘板车的缺点可予避免，所以使用胶轮板车，改善了渠万支线总段的运输条件。[②] 同时在运输繁忙时，该支线也征雇民有独轮车协助运输，梁山大竹一带粮食运输进展顺利。运量方面，据统计，该线总段成立后，仅三个月，即承运“食粮等七六一〇五吨，计三六九五七延吨公里”，[③] 1941年一年共承运货物2686.705吨，175086延吨公里。[④]

（五）川西支线总段。如前所述，1940年11月，国民政府因军事需要，共征集四川省16县民工十多万人，扩建新津机场，而十多万民工的粮食供应，即所谓工粮，则由四川省驿运管理处承担运输。除由渝广水陆联运线总段部分承运外，四川省驿运管理处决定另行设立川西支线总段，专门负责新津特种工程工粮运输。据四川省驿运管理处致交通部驿运总管理处代电声称：“本处为承运本省特种工程委员会工粮迅赴事功起见，拟即日成立川西支线总段，积极筹备开运，

---

① 参阅《四川驿运》，四川省驿运管理处编，1941年7月内部发行，重庆市图书馆枇杷山分馆藏，第11页。

② 参阅陈竹山《四川省驿运之概况》，《驿运月刊》第二卷第二、三期合刊（1941年12月），第23—24页。

③ 《四川驿运管理处筹办概况》，见四川省档案馆藏四川省驿运管理处档，全宗号：民132，案卷号：143，第41页。

④ 数据来自《四川省驿运管理处历年各线货运运量表》，见《四年来的四川驿运》，由四川省驿运管理处编制，见《驿讯》第三十八期（1944年11月1日），第3页。

并派本处视察袁树声代理该支线副总段长代理总段长职务，以专责成。”[①] 1941 年 1 月 15 日，川西支线总段在新津成立，以袁树声为副总段长代理总段长职务。[②]

事实上，于新津特种工程工粮运输之前，四川省驿运管理处已拟定开辟该驿运线之计划，据其原定营运计划，是以成都为中心，西北至灌县，长 55 公里，西南至雅安，长 151 公里，共长 206 公里。因新津特种工程紧急，所有工粮，全由四川省驿运管理处承运，为适应环境便利运输计，将该总段运输里程及段站设置予以权变，分邛崃、蒲江、崇庆、郫县、温江五驿运分段，共“长二六三公里”，以各分段所在之县县长兼任分段长职务，“电饬协助”，以利工粮运输工作的顺利开展，[③] 同时，相应设立邛崃、蒲江、崇庆、郫县、新津、温江六个驿运站，负责工粮交运与接收工作。

该线段站机构设立后即行开运。由于该线交通情形复杂，有利用公路运输者，有利用古驿道乡间便道运输者，有利用河流运输者，不一而论，因此，“所用工具为胶轮板车、木船、竹筏、独轮高车四种，均系向民间征雇”，具体到各驿运分段，其中蒲江主要利用竹筏，邛崃利用木船和板车，温江使用板车和独轮车，崇庆主要使用独轮车，郫县则主要使用板车进行运输。其载重量及日行里程，均照四川省驿运管理处之规定办理，并且能“如期运集，源源不匮”。[④] 运输方向

① 《为本处承运本省特种工程工粮拟即日成立川西支线总段电呈鉴核由》（1941 年 1 月 9 日），见四川省档案馆藏四川省驿运管理处档，全宗号：民 132，案卷号：95，第 37 页。

② 《四川驿运管理处筹办概况》，见四川省档案馆藏四川省驿运管理处档，全宗号：民 132，案卷号：143，第 42 页。

③ 参阅《为拟请委派温江崇庆邛崃等县县长兼任各驿运段长以便办理由》（1941 年 2 月 3 日），见四川省档案馆藏四川省驿运管理处档，全宗号：民 132，案卷号：9，第 59 页。

④ 参阅《四川驿运》，四川省驿运管理处编，1941 年 7 月内部发行，重庆市图书馆枇杷山分馆藏，第 13 页。

上以新津为中心，所需工粮由邛崃、蒲江、崇庆、郫县、温江运抵新津。自开运迄结束共四个月，计雇用板车 1306 辆，独轮车 19840 辆，竹木筏 336 支；共计运夫约 27378 人，载运 3493.422 吨，计 156481 延吨公里，平均每公吨运行 45 公里。[①]

新津特种工程于 1941 年 2 月底结束，工粮运输任务完成，该线“已无固定设置之必要”，据川西支线总段呈文所称：“本总段工粮运毕，奉令裁撤，关于人事除已停职五十余人呈报有案外，留用人员或因事务有关，或成绩优良者，仅二十七员。”大部人员“停薪留职”予以遣散，薪金只发至该年 4 月 15 日，留用人员则调回省驿运管理处，再予分派工作。[②] 川西支线总段于同年 4 月 10 日正式结束，营运不足三个月。

综上所述，四川省驿运管理处在前期的线路开辟中，其经营的奉建支线于 1941 年 6 月 1 日移交给第六战区经营管理，川西支线因运输任务完成于 1941 年 4 月 10 日停办，渝广水陆联运线，因关系国际运输，也于 1942 年 8 月 1 日划归川陕驿运干线接办。实际留下来继续由四川省驿运管理处经营者只有新渝支线、渠万支线二线。

1942 年 3 月 1 日，新任建设厅长胡子昂接任四川省驿运管理处处长。同年 6 月，四川省驿运管理处将原渠万支线总段改组为川东支线总段，新渝支线总段改组为川西支线总段。在此基础上，计划另辟新线，以期扩大四川省办驿运的经营规模。

此外，就四川省办驿运的前期营运而言，还部分承担四川田赋征实后的粮运，其中渠万支线总段承担四川粮食储运局渠万区的粮食运

---

① 参阅陈竹山《四川省驿运之概况》，《驿运月刊》第二卷第二、三期合刊（1941 年 12 月），第 24 页。

② 《为本总段承运工粮即已结束，所有人员拟酌予停薪留资请鉴核备案由》（1941 年 4 月 7 日），见四川省档案馆藏四川省驿运管理处档，全宗号：民 132，案卷号：149，第 14 页。

输，渝广水陆联运线总段承担该局成都新津二区粮食运输，新渝支线总段承担该局赵镇绵阳两区粮食运输。① 《四川的驿运》曾对前期营运总结时，特意提及田赋征实后的粮运："本省驿运工作自开展以来，承办多属军公紧急运输，均能完成使命，三十年田赋改征实物，又担任成都、新津、绵阳、赵镇、渠县、万县、广元、自贡等区域粮食共约二百余万石，因粮方配运计划迭有变更，致运输计划未能全部实现，但对事功之努力未可磨灭。"

第三节　驿运区的设立及其线路分布

四川省办驿运事业的发展，一方面随着奉建支线移交第六战区，川西支线停办，渝广水陆联运线也移交川陕干线驿运分处接办，前期的四川省办驿运仅余下新渝支线和渠万支线两条；另一方面，四川省驿运管理处又着手新辟多条驿运支线，以扩大省办驿运的规模。因此，四川省办驿运机构结构与营运政策发生了些许变化，形成以川东驿运区与川西驿运区为基本格局的营运管理模式。

为满足战时急剧增长的运输需求起见，早在《四川省驿运管理处三十一年度工作计划》中，四川省驿运管理处就提出了新辟驿运支线的计划，设想对驿运段站机构进行改组。据此计划中所言："本处已开办路线仅渠万线二二四公里，新渝水运线八一六公里，渝广水陆联运线一一二七公里，不足以应当前需要，应增设新线构成驿运网，以收脉络贯通之效。"因此在该计划中，拟开辟新驿运线 10 条：成渝及隆泸支线计 517 公里，川鄂线之简渠段及渠蓬段计 482 公里，川中线

① 《为呈报本年度本省成都等区粮食，粮食订约交由本处承运等鉴核委派由》（1941 年 10 月 30 日），见四川省档案馆藏四川省驿运管理处档，全宗号：民 132，案卷号：50，第 266 页。

计245公里，遂壁线计161公里，汉渝线之宣北段计435公里，成灌线计54公里，成雅线计152公里，成乐线计162公里，成彭线计60公里，成大线计55公里。[①] 所拟驿运线路之增加，“管理机构须为适应之调整，同时管理范围由线的变为面的，以期简单经济”。由此思路，四川省驿运管理处对驿运段站机构的调整做了如此设想：（一）设川东支线总段。将渠万支线总段改组为川东支线总段，“辖万县至遂宁，宜汉至江北两路口，及渠县至蓬安各线，总段仍设万县，以不增加员额及开支为原则”；（二）设川西支线总段。将新渝支线总段改组为川西支线总段，“辖赵镇至重庆水运线、成渝线、川中线、遂壁线，及成乐、成雅、成大、成灌、成彭各线，总段设成都，以不增加员额及开支为原则”；（三）取消渝广水陆联运线总段。“该线为国际军运线及物资线，需要大规模设备与多数经费，应移交总管理处接办”。[②]

为新辟驿运路线计划的实施，机构调整设想的实现，四川省驿运管理处在1942年即着手新辟驿运路线，改组机构，于同年5月8日向各总段发出训令，“依照本处卅一年度工作计划及实施办法之规定，各总段原有机构应重行调整如次：甲、渠万支线总段着改组为川东支线总段，辖万县至遂宁，及宜汉至江北县属两路口两线，总段仍设万县；乙、新渝支线总段着改组为川西支线总段，除原辖赵镇至重庆水运线外，兼辖成渝、川中、遂壁及成都平原各陆运线，总段设成都；丙、取消渝广水陆联运线，移归交通部驿运总管理处接办”。[③] 渠万

① 《四川省驿运管理处三十一年度工作计划》，见四川省档案馆藏四川省驿运管理处档，全宗号：民132，案卷号：81，第2页。

② 参阅《四川省驿运管理处三十一年度工作计划》，见四川省档案馆藏四川省驿运管理处档，全宗号：民132，案卷号：81，第3页。

③ 《为依照本处卅一年度工作计划及实施办法之规定调整办法，各总段原有机构令仰遵照克速筹办具报由》（1942年5月8日），见四川省档案馆藏四川省驿运管理处档，全宗号：民132，案卷号：81，第23页。

支线总段和新渝支线总段的改组已势在必行。1942年6月1日，渠万、新渝两支线总段遵令分别改组为川东、川西支线总段，以作为机构调整的基础；1942年8月1日，渝广水陆联运线移交川陕驿运干线接办。

由渠万支线改组而来的川东支线，仍由张春霖任总段长，陈道彦任副总段长，人员任用上也基本因袭原渠万支线总段的人员，“其一切设施及人员之配备，亦就各该原有工作人员并参酌实际情形酌为调配”，① 以“不增加员额及开支为原则”。然而，其经营线路却有了较大的改变，在原渠万支线总段所经营线路的基础上，线路向各方向延伸，其经营区域东起万县经梁山大竹渠县，往西至营山、蓬安及广安、岳池、南充、蓬溪、遂宁等县，北至宣汉经达县、邻水，往南至江北县之两路口，形成北至宣汉南到江北，东至万县西到遂宁的地域广阔、线路绵长的川东驿运网络。②

由新渝支线改组而成的川西支线，也仍由原新渝支线总段长张毓灵为总段长，原新渝支线副总段长杨燕康为副总段长，③ 人员任用上以原新渝支线总段工作人员为根本，也以“不增加员额及开支为原则”。但是，川西支线总段的经营路线也变化显著，其线路分陆运路线和水运路线两个方面，水运路线为原新渝支线总段的经营路线，即为由金堂沿沱江至泸县折入长江至重庆。陆运路线则为新辟线路，共

---

① 《为具报段站以及人员调查申请变通缘由并检同营运计划及表册各件祈鉴核分别加委调用示遵由》（1942年6月22日），见四川省档案馆藏四川省驿运管理处档，全宗号：民132，案卷号：16，第4页。

② 参阅《川东支线总段路线图》，见四川省档案馆藏四川省驿运管理处档，全宗号：民132，案卷号：81，第6页。

③ 奉建支线移交第六战区接办后，原副总段长杨燕康调任新渝支线总段副总段长职务，原新渝支线总段副总段长张毓灵升任新渝支线总段总段长。见《为呈报新渝副总段长张毓灵升充新渝总段长，杨燕康为副总段长请鉴核委派由》，四川省档案馆藏四川省驿运管理处档，全宗号：民132，案卷号：50，第275页。

九条：成渝线，由成都经简阳、资阳、资中、内江、隆昌、荣昌、璧山至重庆；川中线，以自贡市为中心，分至内江、威远、荣县、邓井关、五通桥；遂璧线，由遂宁经潼南、合川、铜梁至璧山；石遂线，由石桥经乐山至遂宁；成乐线，由成都经双流、彭山、眉山、夹江、峨眉至乐山；成雅线，由成都经双流、新津、邛崃、名山至雅安；成灌线，由成都经温江、崇庆至灌县；成彭线，由成都经新繁至彭县。对此川西支线总段的水陆驿运线，设立了四个驿运分段：成都段、石桥段、隆昌段、自贡段；共设立了19个驿运站：乐山站、雅安站、灌县站、彭县站、成都西门站、成都南门站、温江站、新津站、邛崃站（以上属成都段）、赵镇站、遂宁站、石桥站（以上属石桥段）、泸县站、隆昌站、璧山站、重庆站（以上属隆昌段）、五通桥站、内江站、自贡站（以上属自贡段）。[1] 由此可见，川西支线总段经营区域庞大，线路众多，形成北至灌县、彭县，南到峨眉、乐山、泸县，西至雅安、邛崃，东到遂宁、合川、重庆的川西驿运网络。

四川省办驿运新辟如此众多的驿运路线，运输里程与经营区域，已非前期驿运营运五条驿运路线可比。管理与经营川东川西两大区域内之驿运的川东川西支线总段，此种机构的建立，统一了事权，有利于驿运工作的大区域协调开展。然而，管辖如此之多驿运路线的川东川西支线总段，仅以“支线总段”的称谓已不适合其时驿运事业的发展实际，仅“支线”二字已不能涵盖其所辖区域中的众多驿运线路，其“名”已难以“副其实”。事实上，四川省办驿运事业已由前期“线”的发展进入“面”的发展阶段。[2]

---

① 参阅《川西支线总段路线图》，见四川省档案馆藏四川省驿运管理处档，全宗号：民132，案卷号：81，第7页。

② 参阅王余杞《四川两年来之驿运》，《四川建设》第二期（1944年7月31日），第84页。

其实，1942 年 5 月 25 日，行政院针对全国各省办驿运事业的实际发展状况，及时颁布了《修正各省驿运管理处组织通则》，其中规定："省驿运管理处为办理驿运业务，得就当地交通情势拟订驿运线或驿运区。"① 由于法规的修订，四川省办驿运管理和营运机构由"驿运支线总段"改名为"驿运区"，已为顺理成章之事。由此可见，四川省办驿运以原渠万支线和新渝支线为基础，大规模开辟驿运路线，形成川东川西两大区域的驿运网络，其川东支线总段和川西支线总段分别改组为川东驿运区和川西驿运区，可谓水到渠成了。

1943 年 1 月 1 日，川东支线总段和川西支线总段分别改变名称，四川省驿运管理处直属的川东驿运区和川西驿运区成立。同时，在两驿运区下分别设立若干驿运段，在驿运段下设立若干驿运站，区、段、站驿运机构相继设立，至此形成了四川省办驿运中后期的基本机构设置格局。

川东驿运区和川西驿运区的设立，其分别承继了川东支线总段和川西支线总段的组织机构和所开辟的线路。川东支线总段总段长张春霖、副总段长陈道彦分别继任川东驿运区正、副主任，川西支线总段总段长张毓灵、副总段长杨燕康分别继任川西驿运区正、副主任。就川东、川西两驿运区实际经营中所辖驿运线路来看，川东驿运区所辖驿运线四条，共长 973 公里，川西驿运区所辖驿运线 19 条，共长 2723 公里。现就两驿运区所辖驿运线路的一些具体情况，特列表如下：

① 《修正各省驿运管理处组织通则》，中国第二历史档案馆藏交通部档，全宗号：二十，案卷号：3364，案卷名：驿运机构组织规程。

表 2-3　川东、川西驿运区驿运线路概况表

	驿运线路名称	所经区域	里程（公里）
川东驿运区	渠万线	由渠县经大竹、梁山至万县	224
	渠遂线	由渠县经广安、岳池、南充、蓬溪至遂宁	262
	渠蓬线	由渠县经营山至蓬安	90
	汉渝线	由宣汉经达县、邻水至江北两路口	397
川西驿运区	赵德线	由赵镇至德阳	82
	成什线	由成都至什邡	61
	成温线	由成都至温江	18
	安遂线	由安岳至遂宁	75
	峨乐线	由峨眉至乐山	40
	新渝水运线	由新都经赵镇、内江、泸县至重庆	816①
	成灌线	由成都至灌县	54
	成乐线	由成都至乐山	168
	成遂线	由成都至遂宁	229
	成彭线	由成都至彭县	49
	新邛线	由新津至邛崃	40
	成大线	由成都至大邑	55
	成仁线	由成都至仁寿	94
	遂璧线	由遂宁至璧山	161
	江三线	由江油经绵阳至三台	107
	德绵线	由德阳至绵竹	51
	内乐线	由内江经自贡至乐山	202
	南新线	由南部经三台、中江至新都	355
	威邓线	由威远经自贡至邓井关	66

资料来源：《四年来的四川驿运》，四川省驿运管理处编，见《驿讯》第三

① 新渝水运线里程据四川省驿运管理处编《四年来的四川驿运》记载为 776 公里，见《驿讯》第三十八期（1944 年 11 月 1 日），第 2 页。此处采信档案材料《新渝及川西线区营运概况》（1943 年 7 月 31 日）记载为 816 公里，见四川省档案馆藏四川省驿运管理处档，全宗号：民 132，案卷号：39，第 123 页；另四川省驿运管理处副处长王余杞所著《四川两年来之驿运》也持此说，见《四川建设》第二期（1944 年 7 月 31 日），第 83 页。

十八期（1944年11月1日），第2页；王余杞《四川两年来之驿运》，《四川建设》第二期（1944年7月31日），第84－85页；《四川的驿运》，四川省建设厅秘书室编，1943年6月内部发行，该文藏于重庆市图书馆枇杷山分馆，第8－9页。

上述为两驿运区所辟线路，共23线，合计3696公里。四川省办驿运线路东至重庆万县，西到雅安、邛崃，北至江油、宣汉，南到峨眉、乐山、泸县，线路众多，地域辽阔，形成了川东、川西两大驿运路线网络，至此，四川省办驿运便由“线”的营运进而为“面”的营运了。

至于川东、川西两驿运区的段站机构设置，其川东驿运区分四段18站，川西驿运区分四段17站，在此亦详列如下：

表2－4　川东、川西驿运区段站设置概况表

	驿运段名称	驿运站名称
川东驿运区	万梁段	万县、分水、梁山
	大竹段	大竹、江北、达县、宣汉
	渠南段	渠县、广安、南充
	梁山段	银河场、青垭口、李家河、高山坡、福禄坝、狮毛坝、九盘寺、卷洞门
川西驿运区	成都段	成都西、成都南、乐山、灌县、彭县、温江、郫县、新津、邛崃
	石桥段	赵镇、遂宁、石桥
	自贡段	五通桥、内江、自贡
	广汉段	德阳、什邡

资料来源：《四年来的四川驿运》，四川省驿运管理处编，见《驿讯》第三十八期（1944年11月1日），第2页；王余杞《四川两年来之驿运》，《四川建设》第二期（1944年7月31日），第84－85页；《四川的驿运》，四川省建设厅秘书室编，1943年6月内部发行，该文藏于重庆市图书馆枇杷山分馆，第8－9页。

川东驿运区和川西驿运区段站的设立，形成了“面”的经营，四川省办驿运继续投入到军需民用的运输中，其驿运事业至此进入了鼎盛时期。

就川东驿运区而言，其主要承运任务为粮运和商运。1941年10月，国民政府针对抗战的需要，田赋改征实物。其中所征购的粮食之运输任务，则大部分由四川驿运管理处承担，川东驿运区则承担了四川粮食储运局渠万区的粮食运输。在渠万支线总段和川东支线总段时期，即奉令承运渠万区田赋征实而来的粮食。1943年1月，川东驿运区一成立，即与四川粮食储运局订约继续承运渠县、万县、大竹、梁山等地粮食。至于川东驿运区粮运的诸多具体情形，则在第四章再详加分述。

然而，与川西驿运区比较，川东承运粮食任务并不大，其承担的渠万区的粮食运输，仅为四川粮食储运局所托运粮食的五分之一。因而在承运粮食之外，川东驿运区还承担部分商运与其他公运，以增加收入，维持川东驿运区的经费周转。1943年6月，川东驿运区承运天生昌商号粗纸运输，据其呈文所引大竹驿运站呈文中声称：“职为维持运夫生活及本站营业计，于本月二十三日派由本站司事欧怀，在石桥乡揽有天生昌商号一部分粗纸承运。”① 川东驿运区先后与各商号各公营单位订立合约，承运各种物品。早在1943年5月其所属大竹段大竹站已与天生昌商号签订合同，承运该商号粗纸约5吨，同年6月18日，大竹站又与合川三民纸号订约承运“土报纸约壹佰伍拾石”，由袁驿镇运至渠县。② 7月1日，该站又与大公报馆订约承运土

---

① 《为据大竹段转呈大竹站承运天生昌商号粗纸运价证单赍呈敬祈鉴核由》（1943年6月12日），见四川省档案馆藏四川省驿运管理处档，全宗号：民132，案卷号：111，第31页。

② 《为赍呈大竹站与三民纸号签订合约祈鉴核备查由》附合同（1943年6月30日），见四川省档案馆藏四川省驿运管理处档，全宗号：民132，案卷号：111，第66—70页。

报纸500石，“由袁驿镇至渠县，或由大竹至渠县”，由板车装运。[①]1944年7月，川东驿运区与湖北省万县造纸厂订约承运纸料15吨，“由梁山车站至万县两山路”。[②]除此之外，川东驿运区还承担了大竹利民食盐公卖店的食盐运输，为庆成工程公司承运木料，为商人张学明运输手织土布。此外，1944年春间，梁山扩建飞机场，急需大量石料，由川东驿运区应邀订约承担石方运输任务，供应车辆达400辆。[③]

就川西驿运区而论，其主要承担的运输任务则为粮运、特种工程工粮、工料运输以及成都市区及市郊间的马车客运。自1941年田赋改征实物以后，四川省办驿运各线主要任务则为运输各地征购粮食。四川省所征购的粮食，除一部分由粮食部四川储运局自运外，其中成都、新津、赵镇、绵阳、渠万五区，由四川省驿运管理处代运，“以渝广线担负成都新津二区运输，新渝线担负赵镇绵阳两区运输”。[④]新渝支线总段改组为川西支线总段，亦继续承担赵镇、绵阳两区的粮食运输任务。川西驿运区成立后，因田赋征实而订约大宗承运，运粮区域进一步扩大，近至成都、华阳、双流，远至绵阳、广元、安岳、自贡等地。[⑤]

---

① 《为赍呈大竹站与大公报馆签订运纸合约祈鉴核备查由》附合同（1943年7月14日），见四川省档案馆藏四川省驿运管理处档，全宗号：民132，案卷号：50，第84－87页。

② 《为赍呈与湖北省万县造纸厂签订运输合约一份敬祈鉴核备查由》（1944年7月7日），见四川省档案馆藏四川省驿运管理处档，全宗号：民132，案卷号：50，第196－197页。

③ 参阅《四年来的四川驿运》，四川省驿运管理处编，见《驿讯》第三十八期（1944年11月1日），第3页。

④ 《为呈报本年度本省成都等区粮食，粮食订约交由本处承运等鉴核委派由》（1941年10月30日），见四川省档案馆藏四川省驿运管理处档，全宗号：民132，案卷号：50，第266页。

⑤ 参阅《四年来的四川驿运》，四川省驿运管理处编，见《驿讯》第三十八期（1944年11月1日），第3页；王余杞：《四川两年来之驿运》，《四川建设》第二期（1944年7月31日），第86页。

1943年8月，四川省办驿运增加的另一运输任务就是承运成都市特约米。四川省驿运管理处川西驿运区受第一民食供应处委托，承运成都市64处特约米店的粮食运输。川西驿运区每日清晨派出板车至城郊粮食储备仓库，运输定额粮食至成都特约米店，每月平均运输300石。[①]

1943年12月至1944年6月，成都附近各地举办特种工程，共征集四川省36万民工，在成都附近的新津、邛崃、广汉、彭山、华阳、绵阳、简阳及双流的马家寺、双桂寺、彭家场、成都的凤凰山等11地，为美国B—29重型轰炸机修建机场。[②] 修筑此特种工程，所需工料、工粮均由四川省驿运管理处川西驿运区筹集板车全力担运。

国民政府举办驿运，最初设想仅为货物运输，并没有涉及到人员旅客的运输。四川境内的旅客运输，因无铁路，主要依靠汽车和水运之轮船与木船，但因抗战需要，汽车与轮船已侧重于军运，运输旅客之汽车与轮船大幅减少，致使人员出行至感不便，特别是城市交通。在此情形下，除重庆客运服务所、川陕驿运干线分处分别在重庆、成都等城市发展马车客运之外，四川省驿运管理处自备客运马车，由川西驿运区成都驿运段全面负责开办旅客运输业务。1943年1月开始营运，最早营运路线为成都西门至金牛坝一段。至1943年7月共辟有营运路线四条，计111.5公里。[③] 据统计，自1943年1月至1944

---

① 王余杞：《四川两年来之驿运》，《四川建设》第二期（1944年7月31日），第87页；另请参阅谭刚《抗战时期的四川粮食储运》，四川师范大学2002年未刊硕士学位论文，第23页。

② 参阅胡越英《川西B—29“特种工程”研究》，四川大学2003年未刊硕士学位论文，第3页。

③ 《全国水陆驿运客运路线概况表》，1943年7月制，见《驿讯》第九期（1943年8月16日），第3页。

年6月一年半时间里，共计载运旅客68552人次，519488延人公里。[①]

总之，川西、川东驿运区的经营，促进了抗战前线及后方的物资流通，为城乡人员的交通提供方便，战时交通运输需求的紧张局面得到部分缓解。当然，在此一时期，四川省办驿运经营也已出现诸多技术性的问题，其时四川省驿运管理处对此深有体味："本处四年来工作情形，略如上述，检讨过去，困难所在，可概括为行政力量不足，民间工具未收统筹运用之效，经济力量薄弱，工具设备无法充实，运价不获随时按照物价调整，及物资与输力未尽密切配合。"[②] 至于其具体情形留待后面几章再做详细讨论。

第四节 四川省办驿运的后期发展

1944年后，盟国战场形势日趋好转，抗战胜利在望，国际运输渐有改善，汽油、汽车及其零配件供给渐趋充足，四川公路汽车运输、飞机空运及轮船航运力量大增。与此相反，驿运之地位渐趋衰落，驿运线路与机构面临较大幅度的调整。

根据原四川省驿运管理处1943年度施政计划，"为使脉络贯通，便利集中调度起见，前经拟定增辟新线分全省为川东川西川中三区"，其中内江经自贡至乐山线，威远经自贡至邓井关线，新都至重庆水运线等三线为川中驿运区计划举办之驿运线路。后来，川中驿运区因经费困难而"暂缓设置段站，由川西区兼管"上述三驿运线路。[③] 川西

---

① 《四年来的四川驿运》，四川省驿运管理处编，见《驿讯》第三十八期（1944年11月1日），第2页。

② 同上，第3页。

③ 《四川的驿运》，四川省政府建设厅秘书室编审股主编，1943年6月内部发行，重庆市图书馆枇杷山分馆藏，第8－9页。

驿运区因经营范围过于广阔，于是根据原有设想最终于1945年4月之前成立了川中驿运区，① 以罗维政为该驿运区主任，原川西驿运区所属自贡段业务移交川中驿运区经营管理，所辖线路与原计划比较，稍有变化，在接管原内江经自贡至乐山线，威远经自贡至邓井关线二线的基础上，辟为六线。

1945年3月底，交通部驿运总管理处奉命撤销时，川陕驿运干线分处也随即裁撤，其干线业务奉令移交所经各省驿运管理处或公路局接办，其中所经四川部分广元至重庆段线路则移交四川省驿运管理处管理经营，四川省随即于1945年4月1日成立渝广线区，以陆钧为该驿运区主任。据该区呈文所称："查职区于本年四月一日开始办公，所有前交通部驿运总管理处川陕线驿运管理分处职员移交名册，经该处总务课方课长培元面交到区，除饬各该员司等照常继续工作以免业务稍停外，理合照缮清册一份，随文赍呈。"并且要求，"前分处所辖石椑、广元、剑广等三段，现既改归区属，应将石椑段改为内江段，广石段改为石罗段，剑广段改为罗广段，以清界限而便指挥"。② 此外，川陕驿运干线分处在成都城内及市郊所办马车客运，也交由四川省驿运管理处接办，据四川省驿运管理处客运服务所主任刘承祺呈称："遵将前川陕驿运处客运服务所全部接收改组为本所，于四月一

---

① 参阅《为呈报五至八月份实有职员名册仰祈核备示遵由》附表（1945年8月25日），见四川省档案馆藏四川省驿运管理处档，全宗号：民132，案卷号：165，第5页。因川中驿运区正式成立日期不见史料明确记载，仅从上述附表中所附的《川中驿运区现有职员名册》中得知，该驿运区职员最早到差日期为1945年4月25日，由此可推断，川中驿运区成立日期最迟应在1945年4月25日，因此时川西驿运区正办理结束，但已未提及后来由川中驿运区管辖的自贡段，说明川中驿运区应于该年4月之前已成立。

② 《为接交通部驿运总管理处川陕线驿运管理分处移交职员名册呈请加委并陈明所属辖段改定名义一案由》（1945年4月14日），见四川省档案馆藏四川省驿运管理处档，全宗号：民132，案卷号：164，第147页。

日到职视事。”[①] 四川省驿运管理处客运服务所于1945年4月1日正式成立，以刘承祺为该所主任。

据川西驿运区主任张毓灵呈称，时至1944年，该驿运区由于“业务不振，运价增加困难，加之百物昂贵，生活高涨，米价竟涨至十倍以上，因之区内及段站员工开支无形扩大，出入不敷，相差甚巨，竟至负债累累”，川西驿运区营运已渐渐陷入困境，不意此时该驿运区成都段南门站驿运工作人员失手打死驿运车夫，“南门站不幸事件骤然发生”，严重影响川西驿运区的名誉，对该驿运区营运无异雪上加霜，运输业务“陷于停顿状态”，川西驿运区除了解散之外已无他途。[②] 如此情形下，川西驿运区奉令于1945年3月底结束业务，据四川省驿运管理处训令所称：“查本处为调整区段机构，业经令饬川西驿运区于本年三月卅一日结束，并派成都直辖段段长杨乘云负责清结在案。所有该区货运业务自四月一日起，分别交由成都广汉遂宁三直辖段接办，至客运业务，着交由本处客运服务所接办。”[③] 结束事宜之办理时间定为两个月，至该年5月底办理完竣，据其驿运区呈文中称：“窃查川西区奉令办理结束，所有办理结束员役，已分别派定。为便利办公起见，已暂移厅署街渝广线区办事处开始办公，至结束时间定为两月，即至五月底全部办竣移交。”[④] 其间，其客运业务

① 《电达视事日期由》（1945年4月1日），见四川省档案馆藏四川省驿运管理处档，全宗号：民132，案卷号：133，第18页。

② 《为呈报西门南门新津灌县等站办理负责运输新用人员请鉴核委任由》（1944年9月23），见四川省档案馆藏四川省驿运管理处档，全宗号：民132，案卷号：117，第675页。有关成都南站打死车夫事件，从川西驿运区之呈文中时有透露，此事对该驿运区营运开展影响很大。关于该事件的一些记载，参阅《成都打死一个板车夫，驿运站职员竟敢下令行凶》，见《新华日报》1944年8月1日第三版。

③ 《为川西区结束货运业务客运业务分别交接办理由》（1945年3月30日），见四川省档案馆藏四川省驿运管理处档，全宗号：民132，案卷号：124，第1页。

④ 《为造呈川西区结束费用预算表等签请鉴核由》（1945年4月13日），见四川省档案馆藏四川省驿运管理处档，全宗号：民132，案卷号：170，第150页。

移交四川省驿运管理处直属之客运服务所接办。4月5日，川西驿运区成都段与四川省驿运管理处客运服务所联合呈文省驿运管理处，声称："案奉钧处三十四年四月三日驿总字第三三六号训令开：'查本处客运服务所业经筹组成立，所有该段客运马车着即交由本处客运服务所主任刘承祺接收，除分令外，合亟令仰遵照移交，并将交代情形报核为要。'等因。奉此，职等遵于四月四日办理交接手续。"① 川西驿运区成都段客运业务于1945年4月4日移交四川省驿运管理处客运服务所。至于川西驿运区货运业务，则由该区所辖各驿运段分别改组成立之四川省驿运管理处直辖驿运段接办。其中，川西驿运区所属成都驿运段、广汉驿运段、石桥驿运段分别改组为四川省驿运管理处直辖成都段、直辖广汉段、直辖遂宁段。据直辖成都段1945年4月呈文所称，"本段已于四月一日成立"，由杨乘云为段长，袁天锜为副段长。② 川西驿运区奉令解散，四川省办驿运进入后期发展阶段。

至于此一阶段四川省驿运管理处驿运区段路线变化的具体情况，也可从下表获得较全面的认识。

表2-5　四川省驿运营运路线（截至民国三十四年10月底止）

区段所别	线别	起讫经过地点	里程（公里）
总计			1904
川中区	小计		413
	乐贯线	乐山经五通桥、荣县至自贡	155
	威井线	威远至自贡	35
	富井线	富顺经邓井关至自贡	48
	内隆线	内江至隆昌	40

① 《为会报移交接收情形请鉴核备查由》（1945年4月5日），见四川省档案馆藏四川省驿运管理处档，全宗号：民132，案卷号：170，第21页。

② 《呈送本段职员到职日期表请鉴核备查由》（1945年4月28日），见四川省档案馆藏四川省驿运管理处档，全宗号：民132，案卷号：172，第16页。

续表

区段所别	线别	起讫经过地点	里程（公里）
川中区	井内线	自贡至内江	60
	泸隆线	泸州至隆昌	75
川东区	小计		143
	万梁线	万县经分水至梁山	91
	渠竹线	渠县至大竹	52
渝广线区	内广线	内江经资阳、成都、广汉、德阳、绵阳、梓橦、剑阁到广元	572
直辖广汉段	绵赵线	绵竹经德阳、广汉至赵镇	95
直辖成都段	小计		408
	成彭线	成都至彭县	60
	成新线	成都至新都	20
	成崇线	成都至崇宁	45
	成大线	成都至大邑	90
	成邛线	成都至邛崃	90
	成津线	成都至新津	50
	成灌线	成都至灌县	53
直辖遂宁段	小计		241
	遂岳线	遂宁至安岳	75
	遂乐线	遂宁至乐至	97
	石乐线	石桥至乐至	69
客运服务所	小计		32
	成西线	成都西门至金牛坝	6
	成内线	城守街经祠堂街至老西门	6
	成东线	城守街经牛市口至龙泉驿	20

材料来源：根据四川省驿运管理处函送资料编制。①

① 《抗日战争时期四川省各类情况统计》，四川省档案馆编，西南交通大学出版社，2005年，第139页；另见四川省档案馆藏四川省驿运管理处档，全宗号：民132，案卷号：81。

上述营运路线表所显示的，应为四川省办驿运后期主要的路线与机构设置。后期驿运的一个突出特点是由四川省驿运管理处直接办理客运服务所。前期与中期驿运主要为货运，而后期货运已逐渐减少，客运业务却发展很快，客运马车由川西驿运区成都段最初的5辆车，至1945年11月，其时之客运服务所已增至89辆。① 此外，川东驿运区照常设立，川中驿运区按原有计划根据驿运经营实际最终得以设立。增加的渝广线区，其实质上即为原四川省驿运管理处所办之渝广水陆联运线总段。原川西驿运区已分为三个直辖段：直辖广汉段，直辖成都段，直辖遂宁段。此即为四川省办驿运后期的线路及有关机构之变化。

后期的四川省办驿运营运中，各驿运区与直辖段也积极承担部分运输任务，其中直辖广汉段就承担什邡、德阳、广汉等处的粮食运输，据其呈文言称，“查本段业务以运输广什德绵各县粮食储运处粮食为主要目的”。② 然而，到驿运后期，四川省办驿运也面临诸多难以解决的问题。其发展所面临的实质性困难，简而论之，主要有如下两个方面：其一，运输业务减少，营运难以开展。如前所述，到抗战接近胜利之时，汽油、汽车及其零配件来源较易，军公物资已大部分由公路汽车运输，因此驿运之运输业务日见减少。抗战胜利后，业务开展更为艰难，此时川东驿运区会计股主任即行指出：“关于川东现状，因抗战已届结束，梁山机场工程亦告停工，本区业务现已入停顿

---

① 参阅《奉省处令造列各项经管财产档案车辆清册咨请查照接收见复由》（1945年11月10日），见四川省档案馆藏四川省驿运管理处档，全宗号：民132，案卷号：168，第59页。

② 《为呈请准予聘任雷西顾为本段顾问藉助业务而利运输请鉴核由》（1945年12月26日），见四川省档案馆藏四川省驿运管理处档，全宗号：民132，案卷号：122，第192页。

状态，其他业务希望殊微。”[①] 参与民间商运，又被民间运输商行指责为“与民争利”，并控告到行政院。此外，四川省办驿运机构自身运输工具少，在承担政府运输任务后，主要靠征集民间工具与动力从事运输，或再与民间运输商行订约由运输商行承运，从中收取一定的管理之类的费用，所以一旦政府运输任务减少，就不得不参与民间商运，从而使得运输业务因运输工具与动力不足而难以展开。

其二，经费困难，入不敷出。四川省驿运管理处成立时，其开办费、经常费等经费主要由省政府拨给，营运期间如有亏损，由中央予以部分补助，营运收入主要用来增加职员的福利和添购驿运工具。然而，川西、川东两驿运区因所定运价之调整赶不上物价之上涨速度，营运亏损日益严重，入不敷出；补助款又因抗战经费开支庞大，中央常以“自给自足”为理由予以不拨或缓拨，拨付时有中断之虞。此外，因为驿运业务日见减少，各驿运区、直辖段收入来源更为不足，经费更趋困难。川东驿运区会计股主任在信函中曾言称：“收支时感不平，员工薪金拖欠数月而不发，兼之待遇菲薄，以致职股同仁相继星散，只剩职与雇员顾国初二人。”[②] 据直辖广汉段呈文中所称：“查本段业务，仅有德阳粮运尚在续办，每月收入有限，不敷开支。在此自给自足之原则下，复以所属其他各县粮运尚未展开，所有人事必须紧缩，以节开支。”[③]

业务锐减，经费不足，四川省办驿运陷入困境，更因抗战已获胜利，为应对“战时”需要而举办的四川省办驿运已失去存在的根本理

---

① 《川东驿运区会计股主任岳水痕致四川省驿运管理处的信函》（1945 年 8 月 25 日），见四川省档案馆藏四川省驿运管理处档，全宗号：民 132，案卷号：158，第 176 页。

② 《川东驿运区会计股主任岳水痕致四川省驿运管理处的信函》，见四川省档案馆藏四川省驿运管理处档，全宗号：民 132，案卷号：158，第 180 页。

③ 《为呈报调整人事姓名表请鉴核示遵由》（1945 年 6 月 26 日），见四川省档案馆藏四川省驿运管理处档，全宗号：民 132，案卷号：126，第 6 页。

由，正如时人所言，“战时驿运系适合于战时需要，今战争即告结束，此项事业似无存在必要”。[①] 1945 年抗战胜利后，四川省办驿运，除了成都市内及近郊之客运外，已基本停运，驿运营运机构大部停顿，据渝广线区呈文所称：“查本区近因业务停滞，收入锐减，几经研讨，唯有暂时紧缩人员，酌裁段站。”[②] 唯有通过“紧缩人员”减少开支以及裁减段站驿运机构来寻找出路。在此情形下，四川省办驿运停办已不可避免。1946 年 1 月，据渝广线区呈称：“查本区因业务不振，收入锐减，入不敷出，业经奉令停止业务，办理结束。”[③] 渝广线区率先办理结束事宜。值此情形下，交通部也对战后公路管理及运输业务予以调整，四川省组设省公路局，接收战时运输管理局之四川公路管理局一切财产及接管其管辖之“干线以外之省县公路”，并以“省方接收所得之车辆器材以及可能倡导募集之商股商车另行组织”四川省公路运输公司。[④] 1946 年 3 月 8 日，四川省政府致省驿运管理处训令：“本省驿运处原定于六月底结束，即以其所辖业务一并交由上述公司接收，统筹公路运输，以一事权。”并称该结束事宜“业经交由本府委员会第七四九次会议决议通过纪录在卷”，[⑤] “上述公司”指四川省公路运输公司。4 月 26 日，四川省驿运管理处致函省公路运输

---

① 《川东驿运区会计股主任岳水痕致四川省驿运管理处的信函》（1945 年 8 月 25 日），见四川省档案馆藏四川省驿运管理处档，全宗号：民 132，案卷号：158，第 176 页。

② 《为呈报停薪留资人员姓名表请鉴核由》（1945 年 9 月 28 日），见四川省档案馆藏四川省驿运管理处档，全宗号：民 132，案卷号：153，第 55 页。

③ 《为呈覆汤作舟恳祈救济以维生活，本区无法补救请予鉴核示遵由》（1946 年 1 月 19 日），见四川省档案馆藏四川省驿运管理处档，全宗号：民 132，案卷号：153，第 127 页。

④ 《为本省公路及驿运运输等业经本府委员会第七四九次会议决议，交由公路运输公司筹备处接收令仰知照由》（1946 年 3 月 8 日），见四川省档案馆藏四川省驿运管理处档，全宗号：民 132，案卷号：146，第 248 页。

⑤ 《为本省公路及驿运运输等业经本府委员会第七四九次会议决议，交由公路运输公司筹备处接收令仰知照由》（1946 年 3 月 8 日），见四川省档案馆藏四川省驿运管理处档，全宗号：民 132，案卷号：146，第 249 页。

公司："本处斟酌业务实际情形，令饬所属川中区川东区直辖广汉段于四月底结束，直辖成都段及客运服务所于五月底移交。"[①] 1946 年 5 月底，四川省办驿运全部业务移交四川省公路运输公司，四川省驿运管理处已不获存在，四川省办驿运事业至此结束。

① 《为奉令结束函请派员接收所属各区段所业务由》（1946 年 4 月 26 日），见四川省档案馆藏四川省驿运管理处档，全宗号：民 132，案卷号：146，第 265 页。

第三章　四川省办驿运的设施与制度建设

为解决战时交通运输的困难，国民政府本着自力更生的原则，恢复传统的驿运方式，举办战时驿运。其间，国民政府为此着手建立各种制度，建设各项设施；四川省也根据中央政府举办战时驿运的各种要求，制定各项规章制度，培训驿运干部，征雇驿运工具与动力，同时对经费的筹措过程与收支状况予以陈述等等，本章将对此一一论述。至于属于驿运设施范围的四川省办驿运机构的设立、路线的开辟等问题，上一章已有论述，此章不再赘言。

第一节　驿运各项规章制度的制定

四川省驿运管理处成立后，开辟路线以利用传统运输力量从事驿运。与此同时，也制定各种规章制度以保障四川驿运的顺利开展，而四川省办驿运各种规章制度的制定又是以中央制定的有关驿运的各种规章制度为根据，并且中央所颁大部分驿运法规又是四川省办驿运经营的依据，下面的内容，即为基于中央驿运法规而展开的对四川省办驿运法规建设的论述。其中，首先追溯驿运立法的源流及抗战时举办驿运之立法经过，然后就驿运组织、运输等几个方面的立法予以陈述。①

一、抗战时期举办驿运之立法经过及基本法的出台

古代中国，驿运立法由来已久。据《晋书·刑法志》所载《魏律序》的说法，早在秦时，已有关于驿传的法律，但不见有原文传世。至唐代，在《唐律》中则明确载有驿传系统运行的各种法律条文传于后世，形成了较完备的邮驿律令。宋嘉祐年间，张方平编定驿传系统的使用与管理的条例，共 74 条，即为后人所称的《嘉祐驿令》，此令标志着中国古代有关驿传系统之法规的成熟。明代编定的《永乐大典》，其中邮驿法规《金玉新书》即为唐代以来邮驿法规之大成。清代关于驿传系统的法规则基本上承袭了历朝各代之邮驿法规的主要内容。②

民国初年，传统驿传系统因近代交通运输方式的兴起而废止，但在抗日战争时期，国民政府又因陷于交通运输的困境而决定“恢复”传统驿传系统的功能之一的驿运，举办“战时驿运”。因此，古代的邮驿法规自然也就成为国民政府为战时驿运制定法规的首要借鉴。其时交通部官员薛光前谈到战时驿运的立法问题时，认为：“驿运既属古制，则古人所昭示之驿运要点，足资此时研究参考之价值者，自应不厌其详，切实检讨。吾人知驿传之设，有冲有僻，冲则设之驿站，以驿马为主，每所额马六十七十不等，以供驰递。故古之驿递，最重马政，其于递马递卒之保护管理，精密详备，发人深省。现代举办驿运，应用马匹之范围，虽极其限，但前人所系马政之原理原则，颇有

① 此处关于“法”的范畴，取一种较为广义的说法，既包括国家正式确认的有关驿运的法律，也包括各级驿运机构制定的涉及驿运各方面的规章制度。

② 参见王子今《驿道驿站史话》，中国大百科全书出版社，2000 年。

足为管理手车板车及其他一切人力兽力运输之借镜者。”同时，薛氏亦详细分析了古代邮驿法令中的三禁三要：禁过重，禁越站，禁枉道，“此为三禁”；要求设立腰站、要求修建仓库、要求对驿站施行稽核，“此为三要”，“无一而非与现代驿运有深切之关系”。[①]

举办战时驿运，“借镜”古代驿传立法中的某些做法，国民政府陆续出台了一系列有关战时驿运的规章制度。考察战时驿运举办期间立法的整个过程，大致出现了两个高潮时期：一是交通部驿运总管理处成立初期，一是1943年12月《水陆驿运管理规则》颁布之后。

1940年9月1日，交通部驿运总管理处成立以后，有关驿运之各项法规陆续出台，但“多属草创，系临时与试办性质”，重要者有《交通部驿运总管理处组织规程》（1940年10月22日行政院令公布）、《各省驿运管理处组织通则》（1940年10月23日行政院令公布）、《全国驿运段站组织通则》（1940年10月23日部令公布）、《中华民国驿运夫马运行通则》（1941年1月9日部令公布）、《中华民国驿运行车通则》（1941年1月9日部令公布）、《中华民国驿运行船通则》（1941年1月9日部令公布）、《中华民国水陆驿运载货通则》（1941年1月9日部令公布）、《中华民国水陆驿站载货程序》（1941年1月9日部令公布）、《全国驿运夫马车船征雇通则》（1941年3月28日部令公布）、《驿运车驮管理规则》（1941年8月14日行政院令公布）。具体到四川省办驿运，有《四川省驿运管理处组织规程》（1940年11月15日在省务会议最终通过）。这一时期所颁法规主要涉及组织、运输和管理方面，其中有关驿运组织与运输方面的法规比较详细具体，而针对全国公私“驿运”工具与动力管理所制定的《驿

① 薛光前等：《新驿运运动》，战地图书出版社，1940年，第78—81页。

运车驮管理规则》,[①] 则仅包括“陆运之车驮”，而“其水运之船筏未经列入”,[②] 管理亦仅涉及牌照核发，而驿运车辆及驮兽的管制，管理费及养路费的征收，以及车驮行驶的规则等，并不完备。[③] 尤为突出的，这一时期的立法，缺乏统辖全部驿运事业的基本法规。

由于驿运事业的蓬勃发展，各省办驿运线路以主要支线为基础向四面延伸，已由单独的几条驿运线进而形成各区域性的“面”。据此实际情形，必须对组织通则进行修改，1942 年 5 月 25 日行政院颁布《修正各省驿运管理处组织通则》，在省办驿运之支线总段的基础上，进行机构改革，成立驿运区。四川省遵照此一通则，于 1943 年 1 月成立川东、川西两个驿运区，由四川省驿运管理处直接领导；并且，迟至 1945 年 6 月亦出台一部法规《四川省驿运管理处各驿运区段站暂行组织通则》，对驿运区段站组织结构予以明确规定。在驿运事业行将结束之时制定省办驿运之区段站组织通则，表面上是对区段站做出规定，实际上是对四川省办驿运后期组织工作做了一回总结。

1943 年 5 月 3 日，时任交通部驿运总管理处处长的谭炳训鉴于前期驿运工作，对民间驿运工具及动力采取不合理的强迫性管制政策而引发各方人士的指责，提出驿运四原则，试图改变驿运政策，由强迫性管制转变为对民间驿运事业的奖励与扶助。[④] 同时，驿运总管理处认为战时驿运事业如能正常发展，亟须以建立一套适合实际情形的完善的法规为前提，拟制定《驿运法》或者《驿运条例》永久性规章为驿运基本法规。但是此驿运基本法规必得经过立法程序才能通过，

---

① 此处使用的“驿运车驮”之概念，其外延已大致包括中国传统陆上交通运输工具与动力在内。

② 《修订驿运基本法规》，见《驿讯》第十八期（1944 年 1 月 5 日），第 2 页。

③ 参阅《驿运车驮管理规则》（1941 年 8 月 14 日行政院令公布），见《交通公报》第四卷第十三期，另见中国第二历史档案馆藏交通部档，全宗号：二十，案卷号：3380。

④ 参阅谭炳训《一年来之驿运》，见《驿讯》（1944 年 1 月 5 日），第 1 页。

而经过立法程序，时间漫长，缓不济急，交通部驿运总管理处遂将《驿运车驮管理规则》重加修正，改为《水陆驿运管理通则》，确立为驿运基本法规，并增订《奖励民营驿运事业办法》一种，以符合“人民共营重于政府专营”与“奖励扶助重于管制”的政策。上述两部法规经驿运总管理处于同年10月呈交通部，再转呈行政院，提经行政院会议通过，于1943年12月明令公布施行。《水陆驿运管理通则》的颁布实施，数年来“悬而未订”的驿运基本法规，“始获奠定初步之基石”，予以确立。[①]

为达到水陆驿运予以适当管理之目的，《水陆驿运管理规则》首先明确水陆驿运动力和工具之管理所涉及的范围，规定水陆驿运动力与工具，包括“（一）以营运为目的之各式人力兽力车辆。（二）以营运为目的利用风帆橹棹为主要动力之船筏。（三）以营运为目的之骡马驴牛及骆驼”。然后对此驿运动力及工具的登记、检验及编组做出规定，要求上述的水陆驿运动力及工具“除依法令由航政机关主管者外，应一律向该管区域之驿运主管机关申请登记检验”，并且，“经驿运主管机关登记检验合格之水陆驿运动力与工具均免费发给牌照”，“凡经驿运机关或航政机关登记检验合格而领有证件之水陆驿运动力及工具，必要时得由各驿运主管机关按照事实需要与便利，编组成队，委派各级队长，并加以适当之训练”。最后对于已经登记检验及编组之水陆驿运动力及工具的权利义务分别做了明文规定：“经编组之水陆驿运动力及工具，得享受左列各款利益：（一）分配物资承运；（二）利用驿运机关运输上之各种设备；（三）收取规定运价；（四）贷款添置或修理工具；（五）享受驿运机关规定之福利”，其义务就是承运军公物品，“应遵守驿运法令，服从驿运机关之指挥调度”。该基

---

① 《修订驿运基本法规》，见《驿讯》第十八期（1944年1月5日），第2页。

本法第九、十条，也明确要求水陆驿运动力及工具“到达目的地卸载后，应即向当地驿运主管机关报到”，而此时驿运营运机构“如无物资交运时，应即发给准行证”，水陆驿运动力与工具可以“自行揽运，不得留难”。更重要的是，该基本法允许水陆驿运运输商行自备水陆驿运动力或工具，可以自行营业，但必须“向所管区域之驿运主管机关声请登记，核发营业证后，始准营业”，并“受驿运主管机关之监督管理”。[①] 驿运由官办扩展到民间，所有中国传统交通运输工具与动力即是战时驿运工具与动力了，“战时驿运”的内涵与外延至此扩大。

该基本法规主要针对水陆驿运动力与工具的管理及其参与驿运的权利与义务做了规定，其为“全国推行驿运之准绳”，战时驿运政策至此完全明确。四川省驿运管理处即遵循此基本法规展开营运。当然，为配合《水陆驿运管理规则》实施，除《奖励民营驿运事业办法》之外，还另行制定多种相关法规，重要者有《水陆驿运动力及工具登记办法》（1944 年 5 月 12 日交通部公布）、《水陆驿运动力及工具编队办法》（1944 年 5 月 12 日交通部公布）、《水陆驿运运输商行管理办法》（1944 年 5 月 12 日交通部公布）、《水陆驿运动力及工具准行证核发办法》（1944 年 5 月 12 日交通部公布）。另外还修改了一些法规，如《水陆驿运载货通则》修改后更名为《水陆驿运载货规则》（1944 年 3 月 27 日）。这些法规与驿运开办之初所制定的规章制度，共同构成了抗战时期发展驿运事业的“法规”体系。

二、组织方面的法规

有关驿运组织方面的法规，分不同层次，有多种，而主要内容大

---

① 《修订驿运基本法规》，见《驿讯》第十八期（1944 年 1 月 5 日），第 2—3 页。

多是对驿运机构的人员配置、机构职掌等作出具体规定。

从层次上分，驿运组织法规包括中央和地方制定的驿运法规。从中央的层次说，由行政院和交通部颁布实施者有《交通部驿运总管理处组织规程》、《各省驿运管理处组织通则》、《全国驿运段站组织通则》、《交通部驿运总管理处线驿运管理分处组织通则》等等。从地方来说，由各省制定的驿运机构组织方面的法规，因限于本论题只涉及四川，所以在此仅谈四川省驿运管理处制定的有关驿运机构组织方面的规章制度，其中有《四川省驿运管理处各驿运区段站暂行组织通则》、《四川省驿运管理处客运服务所组织规程》、《四川省驿运管理处修车厂组织规程》等等。

对于上述有关驿运机构组织方面的法规，现就其与四川省办驿运密切相关者，略述一二，试图了解四川省办驿运的组织机构和基本职能。

关于各省驿运管理处的组织机构，行政院 1940 年 10 月 23 日颁布的《各省驿运管理处组织通则》，对各省驿运管理处应设所属机构，其所属机构之"职掌"，以及管理处处内人员编制等予以规定。四川省驿运管理处参照此通则，制定了《四川省驿运管理处组织规程》，首先就四川省驿运管理处的性质与地位，做出明确规定："本处直隶于省政府，并受交通部驿运总管理处之监督指导，举办并管理本省驿运事业。"① 同时，该规程规定了管理处的设置机构：总务科、运输科、业务科、技术科、会计室，并就各科室职掌按照部颁《各省驿运管理处组织通则》做了明确规定。现就其科室设置及职掌列表如下：

---

① 《四川省驿运管理处组织规程》（1940 年 11 月 15 日），见四川省档案馆藏四川省驿运管理处档，全宗号：民 132，案卷号：61，第 18 页。

表 3－1　四川省驿运管理处本处科室职掌报告表

科室名	组股名	职掌
总务科	人事股	关于人员铨叙之文件，任免迁调考核奖惩之登记，证件领发调查及统计人员表报制发汇转，员工福利警卫及护运，其他有关人事事项。
	文书股	关于文书函电之撰拟宣达，上令文电收发登记，文件缮校，典守印信档案图书之保管整理，会议之通报记录，及不属于其他各科室之文件报告编纂事项。
	出纳股	关于现金保管，款项领付，账据稽核，薪饷关发事项
	庶务股	关于公物购置保管发放，公役管理，房舍分配布置修缮及清洁卫生，及不属于其他各科股一切集体事项。
运输科	审查股	稽核各货运章则及有关运输业务等事项。
	营业股	拟订营业计划及运输力价及有关营业推进调查等事项。
	运转股	拟订运输计划及线路筹辟及其他有关运输事项。
业务科①		(一) 业务之调查计划推行调整事项；(二) 运价力价之厘定调整稽查事项；(三) 业务章则之厘定汇编事项；(四) 业务之扩展推进事项；(五) 业务工作之考核事项；(六) 货运表册票据之稽核事项；(七) 其他有关业务事项。
技术科	土木股	站房厂房仓库三项设计及选建，驿运航道滩险之调查，改进及整理联运之设备，及其他有关土木工程事项。
	机械股	运输工具设计选造修理及改善，材料之购进保管核发，及其他有关技术等事项。
会计室	簿记股	关于制具记账凭证登记账册，编制各项会计报表会计表册据等格式事项。
	岁计股	关于预算决算之核算及编造各种报销之造报，各线区请求开支是否超溢预算及其他不属于各股事项。
	审核股	关于审核本处支出凭证，暨各线区会计报告、资本支出及业务收支、票据之发行及审核事项。

资料来源：《四川省驿运管理处本处科室职掌报告表》，四川省档案馆藏四川省驿运管理处档，全宗号：民 132，案卷号：35，第 332－333 页；《四川省驿运管理处组织规程》，(1940 年 11 月 15 日)，见四川省档案馆藏四川省驿运管理

① 业务科不见其所设股的记载。

处档，全宗号：民132，案卷号：61，第18—19页。

关于四川省驿运管理处及各科室人员编制情况，可由其编制表得知：

表3—2　四川省驿运管理处编制表

职别	处长	副处长	秘书	科长	会计主任	视察	科员	办事员	电务员
级别	简任	荐任	荐任	荐任	荐任	荐任或委任	委任	委任	委任
人数	1	2	1	4	1	4—6	15—25	10—15	2
备考	兼任					荐任3人，委任3人			

资料来源：《四川省驿运管理处组织规程》附表（1940年11月15日），见四川省档案馆藏四川省驿运管理处档，全宗号：民132，案卷号：61，第21页。

1942年行政院就《各省驿运管理处组织通则》做出修订，于5月25日颁布，原运输科与业务科合并，统称营运科，另增监理科。监理科职掌如下：（一）驿运工具之管制与公商物资之配运事项；（二）驿运工具牌照之制发收费及考核事项；（三）夫马车船之调查征集登记管理及考核事项；（四）管理费之审核征收及用途考核事项；（五）养路费之核收转解及其他有关驿运交通管理事项。人员编制上改动不大，仅科员人数规定最高可增加至30人，办事员最高可增加至20人。①

关于驿运段站方面，交通部于1940年10月23日颁布《全国驿运段站组织通则》，就驿运段站之机构设立、人员配备等予以明确规定。四川省驿运管理处据此开辟驿运路线，设立段站驿运机构。据上述段站组织通则规定，省办驿运所开辟之各线，分别设立驿运支线总段机构（简称支线总段），设总段长一人，副总段长一人，设立总务

① 《修正各省驿运管理处组织通则》（1942年5月25日），见中国第二历史档案馆藏交通部档，全宗号：二十，案卷号：3364，案卷名：驿运机构组织规程。

股、运输股、业务股、会计员室（也称会计股）四个下属机构；驿运支线总段，视线路长短，分为若干分段，设立驿运支线分段，设段长一人，由该分段所经过之县县长兼任，副段长一人，则由省驿运管理处派充；驿运支线分段，视线路长短，分设若干驿运站，称为支线驿运站，设站长一人，掌理站务，业务繁重之站，得设副站长一人，并且支线驿运站，按事务之繁简，分为甲、乙、丙三等。[①]

1942 年 5 月 25 日，行政院对《各省驿运管理处组织通则》做出修订，提出了驿运区的设置，“省驿运管理处为办理驿运业务，得就当地交通情势拟订驿运线或驿运区”，“驿运线或驿运区之营业里程在二百公里以上者，设主任一人，不足二百公里者，应称驿运段，设段长一人；其业务较繁之线或区，并得设副段长或副主任一人”。[②] 四川省驿运管理处据此对机构设置予以调整，设立驿运区。根据规定，驿运区设主任一人，副主任一人，并设总务股、营运股、会计股三股，在驿运区下设驿运段，设正副段长各一人，驿运段下设驿运站，设站长一人，业务繁重之站，设副站长一人，各驿运站，视业务之繁简，相应分为甲、乙、丙三等。[③] 1945 年 6 月，四川省驿运管理处针对驿运区段站组织机构改革，最终出台一部法规《四川省驿运管理处各驿运区段站暂行组织通则》，对驿运区段站组织结构予以明确规定：“凡省境内举办之驿运支线设置驿运区”。

此外，上述有关四川省办驿运机构设置的组织法规也规定，四川省驿运管理处及处内所设机构，以管理驿运事业为主要职能，虽包括

---

① 参阅《全国驿运段站组织通则》，见《交通公报》第四卷第二期（1941 年 1 月 16 日）。

② 《修正各省驿运管理处组织通则》（1942 年 5 月 25 日），见中国第二历史档案馆藏交通部档，全宗号：二十，案卷号：3364，案卷名：驿运机构组织规程。

③ 参阅《四川省驿运管理处各驿运区段站暂行组织通则》，四川省档案馆藏四川省驿运管理处档，全宗号：民 132，案卷号：93。

管理驿运营运，但并不直接参与实际运输工作；四川省驿运管理处开辟的各驿运支线段站及中后期驿运区段站等驿运机构，则以实际营运为其基本职能，虽也部分承担驿运管理工作。省驿运管理处侧重“管理”，驿运区段站侧重“运输”，有关驿运的组织法规对此做了划分。

上述有关驿运的组织法规，就四川省驿运管理处及下属区段站机构之地位、性质、机构设置、职掌及人员编制，做了明确规定。有关四川省办驿运组织法规的颁布，有利于驿运机构的迅速设立，无疑使迫在眉睫的四川省军用民需之运输，能及时而有组织地开展起来。

三、有关运输方面的法规建设

战时驿运的基本职能即为运输，行政院与交通部针对战时驿运之运输职能，所制定的法规可谓详备而又繁多。自战时驿运开办以来，行政院及交通部颁布的有关运输方面的法规有十来部，其中与四川省办驿运密切相关者，有《中华民国驿运夫马运行通则》、《中华民国驿运行车通则》、《中华民国驿运行船通则》、《水陆驿运载货通则》、《水陆驿运载货规则》、《中华民国水陆驿站载运程序》、《中华民国水陆驿运货物联运通则》等。

上述所列各部有关驿运运输的法规，概而言之，即为两个方面的内容，一为车船夫马的运行规则，一为水陆驿运载运货物的有关规定。

就车船夫马的运行而言，驿运所用之车包括手车（又称独轮车）、板车、骡车、马车，或其他任何以非机械力为动力的车辆，而船则指以非机械力为动力的大小木船，夫特指肩挑背驮之运夫，马则概指所有可资利用的驿运兽力。根据行船、行车、夫马运行之通则规定，运行以“安全为第一要义”，涉及范围为“中央及各省所办驿运干支线段”。行车通则就号志、编组、行驶、遇河过渡、车辆之检修保管及装载限度，以及行车事故及处理办法，做了较为细致的规定。行船通则就行船号志、船队编组、船队航行、船只之检修保管及装载限度，以及行船事故及处理办法，提出了明确而详细的要求。特别是，通则对夫马运行，要求更为具体，除了对行走号志、编组、夫马行走、过河过渡、行走途中事故及处理办法有详细规定外，更对夫马载货予以明确限制：运夫在山路以每人背负30公斤，日行20公里为度，平路以每人肩挑40公斤，日行30公里为度；骡马（包括牛、马、骡、驴、骆驼等牲口）载货在山路以每匹驮重60至100公斤（骆驼除外），日行20至25公里为度，平路以每匹驮重80至120公斤，日行25至30公里为度。①

就水陆驿运载运货物来说，交通部驿运总管理处成立不久，即制定了《中华民国水陆驿站载货程序》和《水陆驿运载货通则》两部有关驿运运输的法规。水陆驿运载货程序，按照法规规定，分为托运、起运、押运、中转、到站五个步骤。托运货物首先应在起运站登记，登记时将托运货物之件数、重量及到达站站名等项逐一记入“托运货物登记簿”。起运时应填写货票，起运后，押运员应逐日逐站填写“押运过站证明书”，货物不能直接运达目的地，需中途更换运输夫马车船，需填写“货物接受证”及“发货单”，并加盖“中转”戳记，到达目的地后，货物交到达站，提交“发货单”及“货物接受证”，由到达站站长签收。整个运输过程大致如此。②

战时驿运，顾名思义其核心功能就是运输，那么《水陆驿运载货通则》则是全部驿运法规的真正核心法规，其内容共10章56条，为

① 关于行车通则、行船通则、夫马运行通则，参阅《交通公报》第四卷第四期（1941年2月16日）。

② 参见《中华民国水陆驿站载货程序》，《交通公报》第四卷第三期（1941年1月2日）。

所制定的与战时驿运有关之法规中最长的一部。这部法规详细而具体地规定了水陆驿运载货运输过程，其细致程度，其他驿运法规与之相比，难以望其项背。其内容为总纲、驿运机关与货主之责任、货物运价及其他费用、货物之托运、货物之承运、货物之提取、捏报及私运货物之处理、运输之变更及换票、货物损失之赔偿以及附则，共10章。1944年经过修改后，更名为《水陆驿运载货规则》，增加到11章，共86条。增加的一章内容为货物之中转及事故。这部法规对货物的运输过程规定得至为详备，从托运、承运、中转、到站、提取，一一有所说明，同时针对货物运输责任、运价、运费，也都予以规定，更对捏报及私运货物、货物损失之赔偿、运输中途变更等事，提出了恰当的处理方式。该法规无疑在四川省办驿运中，意义至为重大，正如该修正之法规在总纲中所言："中华民国驿运机关，及经驿运机关核准或委托营业之民营或官商合办驿运机关，办理人力、兽力、板车或木船货物运输，悉依照本规则之规定办理。本规则于货物联运，除另有规定外，亦适用之。本规则所称驿运机关，依指中央及各省主办之水陆驿运干支线段站而言。"①

当然涉及到具体运输中，还制定了一些专门性的法规，如《运粮简则》、《盐运联系办法》、《交通部水陆驿运动力及工具轮流承运军品办法》、《驿运押运通则》等等。在具体运输中，此类法规针对性更强，因此，其内容也就在以后各章节有关四川省办驿运的论述中，另有涉及。

四、其他法规

除了基本法、组织与运输方面的法规之外，行政院及交通部，针

① 《水陆驿运载货规则》，见《交通公报》第八卷第一期（1945年1月），第9页。

对在驿运事业的发展过程中出现的诸多实质性问题，另行制定了一些较为切合实际的驿运法规，其中对四川省办驿运影响较大者，有《驿站工人准免兵役办法》和《奖励民营驿运事业办法》。

抗战，阻击敌人的疯狂进攻，收复沦陷于敌手的国土，必须以充足的兵源为前提。在中华民族存亡攸关之际，服兵役是抗战期间国民应尽的义务，地方“壮丁”全是军队的后备力量。但是，为了支持驿运工作，蒋介石于1940年7月23日签署第三零六五号手令，同意驿站运输工人准免兵役一案实施。[①] 此一做法，既表明抗战政府对驿运事业的重视程度之高，也反映驿运的举办对战时交通运输乃至抗战意义重大。《驿站工人准免兵役办法》于1940年11月1日下发四川省驿运管理处，其内容仅三条，其中规定，“运输工人年在三十六岁以上者，在服务期间，一律予以长期免役”；对于“未经中签之甲级壮丁”，各驿运营运机构可以“招用”，如“遇中签时，仍须饬回应征”，但是“在驿站任长期运夫，技有专长而成绩优良者，由最高主管机关证明，暂予缓役，并将缓役者姓名、年籍造册，径送各当地兵役机关备查，唯须翔实考查，不得有所瞻徇，免资避役”，并且要求“所有各驿站运输工人应按籍隶省县，分别造册，径送所属兵役机关备查，如有因成绩不良开除或潜逃及补充者，应由所属管核机关随时通知所属兵役机关考查”。[②]

免役办法的出台，从制度上保障能有足够的人力资源为驿运事业服务，使政府主办的战时驿运事业能够顺利发展。

1943年5月3日，时任驿运总管理处处长的谭炳训在其报告中

---

① 《交通部驿运总管理处致四川省驿运管理处代电》（1940年11月1日），见四川省档案馆藏四川省驿运管理处档，全宗号：民132，案卷号：47，第2页。

② 《驿站运输工人准免兵役办法》，见四川省档案馆藏四川省驿运管理处档，全宗号：民132，案卷号：47，第17页。

提出驿运四原则，拟对驿运工作做重大改革。其四原则为：一、驿政重于驿运；二、人民共营重于政府专营；三、省处支线重于分处干线；四、奖励扶助重于管制。[①] 根据此四原则，行政院于 1943 年 12 月颁布《奖励民营驿运事业办法》。该办法的颁布，说明国民政府对驿运工具采取强迫性管制的政策发生改变，已转入对民营驿运事业采取奖励与扶助的政策，战时驿运从专由官办扩展到允许民间运输力量参与其间。该办法第二条规定："各驿运主管机关沿线原有之食宿设备，暨停车篷牲畜厩等设备，得免费或收取最低费用，供给民营驿运利用，或代向当地餐馆宿店而订特约食宿站。"为政府所办战时驿运专用之设备可为民间驿运所利用，制度上已在改变。并且，在第七条、第八条规定民营驿运工具如有损坏，可由驿运机关所属修理厂代为免费修理，民间驿运组织财力不足时，可向驿运主管机关请求贷款。[②] 因此可知，政府的驿运政策，于 1943 年底已有明显改变，由最初的对民间传统交通运输力量实行强迫性管制，逐渐改为引导奖励扶助的方式。四川省办驿运遵循中央政府的要求，逐渐缩小营运范围，引导民间运输力量自由营业。

第二节　驿运经费的筹措与收支状况

"巧妇难为无米之炊"，充足的经费来源是四川省办驿运事业迅速发展的基础。在四川省办驿运的五年多时间里，由最初的五条驿运支线发展到 20 多条驿运支线；线路里程由驿运开办之初的千余公里，延展至 3500 多公里。发展之快，规模之大，所需费用必然庞大，如

---

① 谭炳训：《全国驿运工作之展望》（1943 年 5 月 3 日在本部国父纪念周及国民月会报告），见《交通建设》第一卷第八期（1943 年 8 月），第 5—6 页。

② 同上。

经费不足，意欲使驿运事业大规模发展，那只能是痴人说梦。在某种程度上，四川省办驿运事业的成败，取决于经费来源的充足与否。然而，抗战时期是国民政府财政颇为困难之时，为战时驿运事业筹措巨额经费，实非易事。就四川省驿运管理处而言，其为筹措各类经费而奔走呼号，形同“乞丐”，真可谓费尽了心思。下面就四川省办驿运各类经费的筹措经过与收支状况，做一陈述。

一、四川省办驿运经费筹措的艰难过程

“驿运虽称恢复，实乃抗战之时的新兴事业”。对于举办战时驿运，国民政府对其经费问题，最初有过设想并做出规定，以此作为举办驿运事业筹措经费的依据。1940 年 7 月 15 日全国驿运会议上，经议决，就省办驿运经费问题在其《全国驿运会议主席团报告书》中做出如下规定：对于各省办“支线开办设备费，参照各省情形，得由中央酌予补助”，而“各省驿运管理处经常费由驿运运费内规定之管理费项下开支，不足之数，由中央酌予补助。管理费规定为加收运费百分之五”。[①] 此规定表面看来似也明确，但实际上却有许多不明之处，存有漏洞与矛盾。首先，支线“开办设备费”由中央补助，但省驿运管理处本处开办费却缺乏明确规定，不知是由中央还是省政府承担；其次，规定省驿运管理处之经常费在管理费项下开支和由中央补助，但不知此处“省驿运管理处”之外延是否既包括驿运管理处本处，也包括驿运管理处属下之驿运区段站。如果此处所指“省驿运管理处”已有包含驿运管理处本处和驿运区段站在内之意，就应明确所指，以免造成理解多歧而操作不便。并且，有关四川省驿运组织法规明载：

---

① 《全国驿运会议主席团报告书》，中国第二历史档案馆藏行政院档，全宗号：二，案卷号：8607，缩微号：16J－1414，案卷名：驿运总管理处及各省驿运管理处段站组织法规，第 16－17 页。

“本处直隶于省政府，并受交通部驿运总管理处之监督指导，举办并管理本省驿运事业。”既为省办驿运事业机关，经常费又规定由中央补助，此处既可见中央对驿运事业极为重视，但也存在经费负担上承担者划分错位的矛盾。面对日寇的疯狂进攻，军费及其他费用开支庞大；抗战时期，特别是在驿运开办初期，敌人封锁中国国际出海口岸，国际环境也极为恶劣，国际援助性贷款微乎其微。因此，面临巨大财政困难的国民政府，能否根据全国驿运会议决议按时按量顺利下拨经费给省办驿运机构，难免不使人怀疑，而事情的发展正好也印证了此存疑之处。

交通部驿运总管理处成立后，四川省也着手筹备成立省驿运管理处。但正如上述分析所论，关于省驿运管理处本处之开办费在《全国驿运会议主席团报告书》中缺乏明确规定，并且全国驿运会议决议之中央补助费也迟迟不见下拨。在此情形下，1940 年 9 月 30 日，四川省驿运管理处成立在即，该省建设厅厅长陈筑山在省务会议上提交提案，就四川省驿运管理处组织规程和开办经费问题，提请会议公决，请求公决理由为：“按照驿运大会主席团报告由各省驿运运费内规定之管理费项下开支，不足之数由中央酌予补助。现本省驿运创始之初，尚未营业，自无运费收入，所有开办费及本年十、十一、十二各月经常费应由本府拨发。”① 经四川省第 427 次省务会议公决结果为“交财建两厅及会计处审查”。由于四川省办驿运需用经费迫在眉睫，11 月 9 日，省务会议议定，驿运管理处“经费本年度由省库垫支，明年度编入营业概算”。此后省政府垫支了省驿运管理处之开办费和 1940 年 10 月至 12 月的经常费。但是只是垫支而不是负担省驿运管

① 《为成立四川省驿运管理处拨发经费提请公决由》（1940 年 9 月 30 日），见四川省档案馆藏四川省驿运管理处档，全宗号：民 132，案卷号：61，第 2 页。

理处的经费，经费问题并没有解决。四川省驿运管理处的经费问题，几经周折，直至四川省驿运管理处成立两个半月以后，才正式审查。1940 年 12 月 18 日上午 10 时，就省驿运管理处的经费问题在省政府会议室由建设厅、财政厅及会计处共同审查，其审查意见如下："经费来源：处用开办经常两费，由省府负担；段站开办费请中央拨款，经常费提运费百分之五开支，不足之数请中央补助。"① 其意是四川省政府负担该省驿运管理处处内机关的各项开支，而驿运管理处之下属驿运支线总段、分段、站及后来的驿运区、段、站的各种开支，则依靠营运收入和中央补助，四川省政府概不负责。

此一审查意见，划分已很明确，但这是"审查意见"，而不是最后形成的"决议"，经费问题并非如此简单地就已解决。四川省驿运管理处"处用"开办费和经常费，由省政府负担，随即引起省政府相关人士的争议，并且省财政厅又以上述《全国驿运会议主席团报告书》中有关经费问题之规定作为借口拒绝拨付，经费问题一时难得解决。② 不得已，四川省驿运管理处处长陈筑山于 1941 年 5 月 7 日致函其时交通部长张嘉璈，请求交通部明文规定"驿运处经常费列入省预算"，但张嘉璈于 5 月 23 日回复陈筑山，认为四川省驿运管理处为"省府行政单位之一，自应视同各厅处，将其行政经常费列入省预算，以资倡导"，并说"目下皖鄂等省均已行之有例"，因此不必再由交通部呈请行政院下令各省将驿运管理处本处经常费列入省预算。③ 同时，交通部致电四川省政府，明确要求将省驿运管理处经费列入省预

① 《四川省政府审查本省驿运管理处组织概算案会议记录》（1940 年 12 月 18 日），见四川省档案馆藏四川省驿运管理处档，全宗号：民 132，案卷号：61，第 55 页。

② 《交通部长张嘉璈致陈筑山的回复函》（1941 年 5 月 23 日），见四川省档案馆藏四川省驿运管理处档，全宗号：民 132，案卷号：61，第 93 页。

③ 《交通部长张嘉璈致陈筑山的回复函》（1941 年 5 月 23 日），见四川省档案馆藏四川省驿运管理处档，全宗号：民 132，案卷号：61，第 93 页。

算，认为，虽然《全国驿运会议主席团报告书》规定省驿运经常事业等费由驿运运费内收取之管理费项下开支，但“值兹事业萌芽，运费收入未旺时期，皖鄂等省早视省处为省府行政单位，已将其经费列入省政府行政经费预算内”。[①] 与此同时，四川省办驿运正在大规模开办，而中央补助费却迟迟不见下拨，省政府又不得不令财政厅为省驿运管理处垫支了1941年1月至6月的经常费开支，连同1940年的开办费和经常费，总共35万余元，以维持省驿运管理处的运转。

陈筑山得到交通部长张嘉璈回复之后，于1941年7月14日，8月5日先后呈文省政府请求“核办”，其时省政府主席张群于8月8日批示：“交财政厅核议签夺。”因此省驿运管理处于8月9日致函建设厅转请财政厅“查照办理”。陈筑山可谓已满怀希望，但是意想不到的是，财政厅却来函声称，对于省驿运管理处1941年7月至12月份经费不再垫拨，明确表示其经费“不得列入省预算”，并且提出理由三条：一、四川省驿运管理处“非省属机关，所需经费，不得列入省预算”；二、四川省驿运管理处“营业收入甚旺，如承运工粮一项即收入捌拾柒万余元，颇足自给，所需经费更不能列入省预算”；三、四川省“非沦陷区，所需经费，亦不能援皖鄂等省例，列入省预算”。[②] 对于此不能列入省预算的理由，四川省驿运管理处不得不逐条极力反驳，尽其所能，以图使其经费能够列入省预算。当然，根据《四川省驿运管理处组织规程》第二条规定，省驿运管理处为省属机关无疑，但此时却也让人怀疑其省属机关身份，真使人哭笑不得；至

---

① 《电请比照皖鄂等省先例将省驿运处经费列入省政府行政费预算内，希查照办理见复为荷由》（1941年5月27），见四川省档案馆藏四川省驿运管理处档，全宗号：民132，案卷号：61，第101页。

② 《为将本处经费困难及员工食米无从取给各情形签请鉴核转陈确定由》（1941年8月25日），见四川省档案馆藏四川省驿运管理处档，全宗号：民132，案卷号：61，第193页。

于营业收入，也不得不作解释，“本处现有各驿运支线纯供军公紧急运输，运费收入，悉作转付征雇工具力价之用，实际收入，仅有百分之五管理费，以之开支各线员工薪资，及其他办公等费用，有时尚感不敷”。①

在四川省办驿运时届一载之时，其因经费而陷于困境，不知从何得法予以摆脱。1941 年 9 月 5 日，四川省驿运管理处呈文省政府主席张群，真可谓诉尽其困难之苦状：“窃查本处成立，时届一载，运输所需车辆船只以及食宿栈站，因交部补助费尚未拨付，迄未设置，民间车船管制办法，尚在拟制中，亦未实施。职是年来承运军工食粮物品，不得不如一般商行例转向民间雇用车船，因之付价不能过低，承运既系公物，收费又不能过高，收付相抵，仅余百分之五管理费，以供各段站经费尚虞赔累，而处内经费则完全无着，所赖以维持现状者，仅财厅奉令垫拨之二十九年十至十二月份及本年一至六月份经费三十五万余元而已，捉襟见肘，竭蹶万状。现准财厅函复七至十二月份经费不允再拨，而本处造呈概算闻财厅亦有不予列入岁出预算之签驳。”② 更为雪上加霜的是，9 月 25 日建设厅承省政府之意也致函省驿运管理处，声称：“贵处系属公有营业机关，与一般普通公务机关不同，其经常营业收入应编造营业基金预算，自计损益。依照全国驿运会议主席团报告书规定，所有经费应由驿运费内之管理费项下开支，即有亏损，亦应迳向中央请求拨补，在本省普通岁出概算内未便

① 《为将本处经费困难及员工食米无从取给各情形签请鉴核转陈确定由》（1941 年 8 月 25 日），见四川省档案馆藏四川省驿运管理处档，全宗号：民 132，案卷号：61，第 193 页。

② 《为将本处经费困难及员工食米无从取给各情签请鉴核俯予确定俾维驿政由》（1941 年 9 月 5 日），见四川省档案馆藏四川省驿运管理处档，全宗号：民 132，案卷号：61，第 195 页。

编列。”[①]

至此，因“交部与省府彼此互相推诿”，以致四川省办驿运各种经费来源无着，除一点点微薄的营业收入外，完全陷于“经费概算自开办迄今尚无应向何处造报”的困境。[②] 因此，四川省驿运管理处万不得已，再次致电交通部驿运总管理处“乞示”。1941 年 11 月 13 日，驿运总管理处才回复川省驿运管理处，声称“省驿处三十一年经费已提请列入省预算，由行政院核办中”，[③] 经费来源似乎已有希望。省驿运管理处经常费由行政院下令而最终确定列入省预算，以后已不见有关四川省驿运管理处因经费问题而与省政府交涉的记载，而各支线段站及后来的驿运区段站之经常费则根据全国驿运会议的规定，确定在运费中之 5%的管理费项下开支，如有亏损，由中央补足。[④] 此时，四川省驿运开办补助费经拟定为 80 万元，也由交通部驿运总管理处下拨给四川省驿运管理处。

看来经费问题似已解决，但经费困难始终困扰着四川省驿运管理处属下驿运机构，在川东驿运区会计股主任岳水痕致省驿运管理处会计处主任石万钟的信函中，谈及川东驿运区经费时，似可略知一斑：“关于川东现况及过去，均因无固定经费，靠自身营业收入来维持，真使主管其事者棘手无策。如卅二年全部营业收入，除直接费用（运务费）外，仅盈余数十万元而已，然总务、业务、设备等费用，每月

---

① 《为准函送三十一年度概算书及施政计划嘱查照见复一案函复查照由》（1941 年 9 月 25 日），见四川省档案馆藏四川省驿运管理处档，全宗号：民 132，案卷号：61，第 130－131 页。

② 《四川省驿运管理处呈文交通部驿运总管理处》（1941 年 9 月 26 日），见四川省档案馆藏四川省驿运管理处档，全宗号：民 132，案卷号：61，第 127－128 页。

③ 《省驿运处三十一年经费已提请列入省预算，由行政院核办中，复请察照由》（1941 年 11 月 13 日），见四川省档案馆藏四川省驿运管理处档，全宗号：民 132，案卷号：61，第 134 页。

④ 参阅《推进各省驿运工作纲要》，见《交通建设》第一卷第八期（1943 年 8 月），第 97 页。

最低需十五万元左右，上年全部收入不足三数目之支出，而上年可能维持者，即靠大处事业费之补助，暨储运局预付运费项下挪借，藉作维系。然如此结局，终非久计。本区上年度始终在经济恐慌中渡过，现尚欠员工米帖卅余元待发，尚无下落。”① 虽仅指川东的经费状况，但也可知四川省办驿运之经费问题至 1943 年都没有得到很好解决。

纵观四川省办驿运各级机构的开办费、经常费等经费的筹措过程，则可得知其中的艰辛，更重要的是，也大致可获知各类经费的来源途径。对于四川省驿运管理处本处之开办费，最终由中央补助，经常费则列入四川省政府预算，由省财政厅下拨至该处；而四川省驿运管理处开办的各支线总段及各驿运区，开办费也由中央补助，其经常费则在营运收入中开支，具体而言，即在运费中之 5%的管理费项下开支，不足之数由中央补助。

二、四川省办驿运的经费概预算与收支状况

四川省办驿运经费筹措如此不易，但毕竟能大致维持四川省办驿运机构的运转。下面就其经费概预算与收支的实际状况，略述一二。

筹备成立四川省驿运管理处，开办战时驿运，其中驿运线路的调查，为设立驿运机构而租赁办公场所，购置办公用品，全都需要经费作支撑，以及为筹备而工作的各级人员，自应发给薪金。四川省驿运管理处成立之前，兼处长陈筑山就开办经费问题提请省务会议公决，从其开列的开办费概算书中，可知省驿运管理处本处机构的开办经费的大致情形。

① 《岳水痕致万钟的信函》（1944 年 2 月 3 日），见四川省档案馆藏四川省驿运管理处档，全宗号：民 132，案卷号：62，第 130—131 页。

表 3-3　四川省驿运管理处开办费概算书

款	项	目	节	科目	金额（元）	备考
一				本机关开办费	16093.10	
	一			筹备费	500.00	
		一		筹备薪俸	500.00	
	二			购置费	7693.10	
	三			调查费	6000.00	
		一		旅费	6000.00	按五人分赴各线调查各三个月计算
	四			其他	1900.00	包括邮电医药特别费及成立费典礼费用

资料来源：本表来自四川省档案馆藏四川省驿运管理处档，全宗号：民132，案卷号：61，第 40 页。

此虽为四川省驿运管理处本处机构的开办经费概算书，而非开支后的决算书，但其开办经费所需支出的项目已很明确。后来通过决算，本处机构的开办费实际支出为 14949.43 元，[①] 大致接近概算所需经费数量，但详细的开办经费支出情况，由于史料的限制，则不得而知了。

至于四川省驿运管理处本处的常年经费，则包括经常费、事业费，以及 1944 年因管理民间驿运工具而增加的管理临时费。

四川省驿运管理处本处的经常费，则指维持驿运管理处本处机构正常运转所需的经费，大致包括俸给费、办公费、购置费、特别费四大项目。由于驿运机构的工作主要是从事战时驿运，营运业务繁杂，所用人员众多，经费开支庞大，因而最让四川省驿运管理处处长与副处长劳心费神。下面以 1941 年为例，就四川省驿运管理处本处经常费开支情况略作分析。

① 《四川省驿运管理处各年度经临费预算数及支出数一览表》，见四川省档案馆藏四川省驿运管理处档，全宗号：民 132，案卷号：158，第 319 页。

表 3－4　四川省驿运管理处本处经常费概算书

（1941 年 1 月 1 日至 1941 年 12 月 31 日止）　单位：元

科目					本年度概算数	上年度预算数	比较增减数		说明
							增	减	
款	项	目	节	名称					
一				本处经常费	445900	66230	180980		
	一			俸给费	122340	25170	21660		
			一	俸薪	94800	27750	3000		
			一	简任官俸					简任处长不在省驿运管理处支薪
			二	荐任官俸	27000	8700		7800	
			三	委任官俸	55800	18950			
			四	雇员薪	12070	1800			
		二		会计室薪俸	22740		22740		
			一	荐任官俸	3000		3000		
			二	委任官俸	18780		18780		
			三	雇员薪	960		960		
		三		工资	4800	320	1920		
	二			办公费	211640	19560	133400		
		一		文具	38640	4500	20640		
			一	纸张	18000	3000	6000		
			二	笔墨	7200	700	3600		
			三	簿籍	12600	400	10400		
			四	杂品	1440	200	640		
		二		邮电	10800	960	6960		
			一	邮费	3600	300	2400		
			二	电费	7200	660	4560		
		三		消耗	21600	2850	10200		
			一	灯火	2400	450	600		
			二	茶水	1200	300			
			三	薪炭	16800	2100	8400		

续表

科目					本年度概算数	上年度预算数	比较增减数		说明
							增	减	
			四	油脂	1200		1200		
		四		印刷	28000	1500	22000		
			一	刊物	12000	900	8400		
			二	杂件	16000	600	13600		
		五		租赋	12000	900	8400		
			一	房屋	7000	900	3400		
			二	工地	5000		5000		
		六		修缮	2800	300	1600		
			一	房屋	1200	300			
			二	车辆	1000		1000		
			三	器械	600		600		
		七		旅运费	84000	6600	57600		
			一	旅费	80400	6000	56400		
			二	运输费	3600	600	1200		
		八		杂支	13800	1950	6000		
			一	广告	10000	1500	4000		
			二	报纸	800	150	200		
			三	杂费	3000	300	1800		
	三			购置费	20880		20880		
		一		器具	11880		11880		
			一	家具	9400		9400		
			二	器皿	1000		1000		
			三	机械	1000		1000		
			四	杂件	480		480		
		二		服装	4300		4300		
			一	雇员服装	2700		2700		
			二	公役服装	1600		1600		
		三		舟车	3500		3500		

续表

科目					本年度概算数	上年度预算数	比较增减数		说明
							增	减	
		四		图书	1200		1200		
	四			特别费	91040	21500	5040		
		一		特别办公费	8400	3000		3600	
		二		汇兑	75240	18500	1240		
			一	汇水	75000	18500	1000		
			二	亏耗	240		240		
		三		医药费	2400		2400		
		四		其他	5000		5000		

资料来源：本表来自四川省档案馆藏四川省驿运管理处档，全宗号：民132，案卷号：61，第169页。

此为最为详尽的四川省驿运管理处本处经常费开支概算书，并且与1940年经常费预算数据进行比较，可见1941年四川省驿运管理处本处经常费开支大为增加，1940年经常费预算为66230元，因该年驿运仅举办三个月，那么平均每月经费为22077元，如全年预算经常费则为264920元；而1941年则全年概算为445900元，两年经常费预概算比较则增加了180980元。经常费概算数的大量增加，可部分理解为四川省办驿运事业发展迅速，规模正逐步扩大。当然，1941年经常费概算后再经过预算，预算后的经常费则略有减少，但也达372700元。但遗憾的是，缺乏详尽的有关此等经常费的实际开支决算书。虽然缺乏详细的1941年经常费开支的决算书，不能获得实际开支情况的具体记载，但如此细致的经常费概算书，也大致可以反映其时四川省驿运管理处本处机构的经常费开支的具体情形。

至于四川省驿运管理处开办的各驿运支线、各驿运区的经费来源和开支情形，四川省驿运管理处事业费收支对照表即可提供较具体的指项与数据。

表 3—5 四川省驿运管理处事业费收支对照表

（1940 年 9 月至 1942 年 2 月 28 日） 单位：元

收方	摘要	付方
	收入之部	
600000.00	交通部驿运总管理处拨来补助款	
	借入款	
600000.00	国家粮食局借入	
265000.00	粮食购运处借入	
200000.00	粮食储运局借入	
35947.67	四川省政府建设厅借入	
30000.00	由经常费类借入	
	暂收款	
8011.07	各总段交来各种暂收款	
200000.00	三十一年一月份岁出分配数	
	支出之部	
	拨付款	
	渝广线	34908.48
	新渝线	177033.25
	奉建线	147598.94
	渠万线	121000.00
	川西线	5494.00
	驿运干部训练班开办经费	30485.39
	暂付款	
	渝广线	93947.67
	新渝线	235311.38
	渠万线	180000.10
	员工家属米贴	10000.00
	修车厂设备费	15500.00

续表

收方	摘要	付方
	由分配数内支各总段业务补助费	135200.00
	结余	46360.23

资料来源：本表来自《四川省政府驿运管理处移交事业经费类收支对照表》，见四川省档案馆藏四川省驿运管理处档，全宗号：民 132，案卷号：158，第 345 页。

事业费主要是省驿运管理处下拨给省办各驿运支线总段各驿运区的经费，用以支付其各项开支，经费来源为交通部驿运总管理处拨来补助款，以及因经费缺乏而来自省属各机关的借入款和一些暂付款。省驿运管理处事业费也可视为省驿运管理处的一项经费，但重要的是，该经费主要涉及各级驿运机构的营运，可显示各驿运支线总段及各驿运区的收支情况。当然，省办各支线总段各驿运区主要工作是从事营运，对营业收支的描述更不可忽略。为了更具体地分析其营业收支状况，此处就以奉建支线 1941 年收支情况为例。

表 3-6　四川省驿运管理处奉建支线总段营业收支盈亏表
（中华民国三十年度）单位：元

款	项	目	节	科目	支出预算	款	项	目	节	科目	收入预算
一				营业支出	3910022.80	一				营业收入	1745100.00
	一			总务费	229128.00		一			运输收入	1745100.00
	二			业务费	236366.00			一		货运收入	1745100.00
	三			运务费	3378513.60				一	普通	1178100.00
	四			设备维持费	60015.20				二	军运	567000.00
	五			工务维持费	6000.00	二				营业外收入	7200.00
二				营业外支出	6000.00		一			利息	7200.00
	一			汇水	6000.00					不足之数	2163722.80
				合计	3916022.80					合计	3916022.80

资料来源：本表来自四川省档案馆藏四川省驿运管理处档，全宗号：民132，案卷号：58，第110页。

就奉建支线的营业支出来分析，其包括总务费、业务费、运务费、设备维持费和工务维持费五大项目，再加上营业外支出，支出总额为3916022.80元；而就奉建支线的收入来观察，款项包括营业收入和营业外收入，合计为1752300.00元，不见有中央补助费列入，收入与支出两相比较，不足之数达2163722.80元。如没有中央补助，则必致亏损无疑。

由于篇幅的关系，当然不必一一列举1940年10月至1946年5月四川省驿运管理处本处以及各驿运支线总段各驿运区的各项经费开支的概预算书及实际收支状况。然而，对这几年的各项经费的实际收支情况予以整体性描述，应也至关重要。现特列表如下：

表3-7　四川省驿运管理处各年度经费预算数及收支数一览表[①]　单位：元

年度	费别	预算数	支出数	收入数
民国二十九年	开办费	16093.00	14949.43	16093.20
	经常费	66230.00	30043.53	66230.00
民国三十年	经常费	372700.00	259435.27	372700.00
民国三十一年	经常费	318486.00	267093.00	278946.00
	事业费	2000000.00	364999.15	
民国三十二年	经常费	398107.00	366243.06	
	事业费	2250000.00	814289.44	
民国三十三年	经常费	480000.00	457487.08	
	事业费	1800000.00	1695080.86	
	管理临时费	800000.00	669352.80	

① 对于1945年的经费实际支出不见记载，所以空出；事业费从1942年才列出，此为原状；收入数由于史料的缺乏，只能获得前三年的数据。

续表

年度	费别	预算数	支出数	收入数
民国三十四年	经常费	672000.00		
	事业费	3150000.00		
	管理临时费	1120000.00		

资料来源：本表来自四川省档案馆藏四川省驿运管理处档，全宗号：民132，案卷号：158，第319页。

此表大致可反映四川省办驿运的经费收支情况，但因收入统计不全面，不能反映出其总体盈亏状况，因而在此再引用川西驿运区经费收支的实际盈亏概况来做分析。1944年，在四川省驿运管理处业务检讨会议上，川西驿运区的报告即可见当时营运的盈亏状况：

“本区（川西驿运区）会计机构于民国三十年始建立，兹将本区三十年迄今会计收支情形，报告如下：三十年度全年约共亏190000.00元，三十一年度全年约共盈180000.00元，两年盈亏迭计亏4000.00元，三十二年度全年共收13837276.88元，支15118141.70元，亏1280864.82元，三十三年度一至九月份共收25938559.89元，支27201310.47元，亏1262751.58元，三十三年度十月份约收220000.00元，支600000.00元，亏380000.00元。”①

从上述可知，川西驿运区（包括其前身新渝支线）从1941年至1944年10月，除了1942年盈利180000.00元外，其他三年全为亏损。究其原因，在此报告中，也略为分析了其中的亏损原因：“物价逐步上涨，必要开支及力费支付为数甚巨，而本区所收运费，因格于限令，不能按比例增高，此项亏损数，均在各处预付运费项下移用，

① 《三十三年度业务检讨会议川西区会议记录》，四川省档案馆藏四川省驿运管理处档，全宗号：民132，案卷号：99，案卷名：四川驿运处、总处关于报送抄发处务会议记录的训令、代电及会议记录，第274页。

目前川西经济已入枯竭境界，业务设无长足开展，下月开支即将发生恐慌。”① 对此中亏损原因的分析，概括起来，一是物价上涨，各项开支必得增加，支付运夫力价也不得不提高。二是物价虽已上涨，但因驿运所承运货物大部分为军公物品，根据国民政府的限价政策，所托运之货物不能随物价上涨而随时提高运价。运价低，收入少，开支大，那么亏损也就在意料之中了。

第三节　驿运干部的培训与管理

时人认为，正在主持驿运工作的机关，“应设法培植办理驿运之干部人才，因为驿运之成败利钝，以干部之健全与否为转移，必须训练大批干部人才，如民夫管理人员，和车驮押运人员及站务人员都属之，以备应用”。② 四川省举办战时驿运，除了建立驿运机构，制定各种规章制度，并有充足的经费做保障之外，还需要大量具有驿运经营经验的工作人员参与其间，所以驿运干部的培训与管理也就至关重要了。

一、驿运干部的培训

驿运干部是指所有参与战时驿运事业的各级驿运机构中的管理人员，上至四川省驿运管理处处长，下至各级驿运机构中的司事、运输队队长等，都可称为驿运干部，也可称为驿运管理人员，或驿运工作人员，并与雇用而来直接从事运输的运夫相区别，其不包括在驿运干

---

① 《三十三年度业务检讨会议川西区会议记录》，四川省档案馆藏四川省驿运管理处档，全宗号：民 132，案卷号：99，案卷名：四川驿运处、总处关于报送抄发处务会议记录的训令、代电及会议记录，第 274 页。

② 顾耕野：《推进驿运之困难及其解决办法》，见《驿运月刊》第一卷第三期（1941 年 5 月），第 9 页。

部的范围内。

四川省办驿运机构成立伊始，即需要大量具有丰富经验的驿运干部从事营运管理。由于中国驿传系统早在1913年即行撤销，至抗战时具有驿站运输经验与管理经验的人才已凤毛麟角，难以寻得，但此时驿运工作的开展已迫在眉睫，因此培训驿运干部乃当务之急。早在1940年7月的全国驿运会议上，政府对此就已有所认识："驿运事业即须发动大量人力兽力各种运输工具，又因单位复杂，手续纷繁，调度不易，管理困难，为求人尽其能，物尽其用，以克事功，对于办理驿运之各级干部人员应先加以严格训练，同时对于办理各驿运段站人员，应须施以短期训练，其担任外勤工作人员，并应受军事训练。"要求训练办法"由中央与地方主管驿运机关分别筹划办理"。[①] 交通部驿运总管理处成立后，对此重加强调："驿运机关所负之使命至为重大。要而举之，约有数端：一、建立驿运制度；二、完成全国水陆驿运线路网；三、训练驿运干部人员；四、组织国民运输队，促进全国总动员。"[②] 训练驿运干部人员即为寥寥数端之一，已突出其在战时驿运工作中的重要性。其时四川省驿运管理处视察胡本国在论及驿运干部的训练时，也有深刻的认识："查驿运用人较多，而干部尤为重要，就整个机构言，干部为实施之主干，而对下层工人为直接之当事人，举凡对内对外，对人对物，一言一行，无不影响整个问题，故关于干部之训练，实属必需。"并且胡氏提出，对于受训练之驿运干部，应达到三个标准："一、服务精神：吃苦、耐劳、敏捷、负责；二、语言态度：和蔼、诚实、能操方言；三、服务常识：运输之普通

---

① 《全国驿运会议主席团报告书》，中国第二历史档案馆藏行政院档，全宗号：二，案卷号：8607，缩微号：16J－1414，案卷名：驿运总管理处及各省驿运管理处段站组织法规，第20—21页。

② 《举办全国驿运实施纲要》，见四川省档案馆藏四川省驿运管理处档，全宗号：民132，案卷号：143，第11页。

智识，以及各该线沿途之情况。”[①] 至于驿运干部的训练内容，时人指出：“至于训练目的，一方面固应注重驿运技术须传授精熟，一方面尤应注重驿运人员工作态度的训练。”[②] 事实上，训练驿运干部，在战时驿运开办之初，即已提上了政府战时驿运机构的议事日程。

遵照全国驿运会议训练驿运干部的要求，交通部驿运总管理处即为各省各线驿运机构开办押运干部训练班，于1941年5月1日分发给四川省驿运管理处下属奉建支线和渠万支线共13名。[③] 就四川省办驿运而言，最早为四川省办驿运训练驿运干部人员的，却不是四川省驿运管理处本处，而是其下属驿运机构奉建支线总段。四川省驿运开办之初，本来依照原定计划，应由四川省驿运管理处开办驿运人员训练班，但因由中央补助之开办经费迟迟未到，所以推迟办理。[④] 可是奉建支线总段，因第六战区军运迫切，需要大量驿运管理人员从事运输与管理，又因奉建支线举办匆促，驿运管理人才极端缺乏。1941年1月18日，该支线总段长方培元副总段长杨燕康呈文四川省驿运管理处，说：“查本段自开始运输以来，对于各项业务，均经积极推进，尤以运夫之切身利益，靡不悉心筹划，使其劳逸适度，卫养成宜，乃迩来各县征送民夫虽众，而此来彼逃，所剩无几，究其因果，至为繁复，而领队队长，不称厥职，或管理无方，或剥削渔利。”运夫逃亡，原因颇多，但管理运夫之驿运干部素质不高，工作不称职，则为原因之一。因此，方杨二氏要求举办运输队干部人员训练班，声

① 胡国本：《举办驿运的几个实际问题》，见《驿运月刊》第一卷第三期（1940年5月），第30页。

② 张浥霖：《驿运人事管理之前瞻后顾》，见《驿运月刊》第一卷第三期（1940年5月），第25页。

③ 《押运员训练班第一期毕业学员分发各驿运线服务名单》，见四川省档案馆藏四川省驿运管理处档，全宗号：民132，案卷号：135，第250页。

④ 《四川驿运》，四川省驿运管理处编印，1941年7月内部发行，重庆市图书馆枇杷山分馆收藏，第16页。

称："遵照层峰训示注重干部训练意旨，即在奉节设立本段运输队干部人员训练班，招收体格健全思想纯洁之青年，予以相当时期之训导，俾明驿运之重要，激发良知，为国宣劳。"① 并且在其呈文时，准备充分，附呈招生简章、组织条例各一份。

在其招生简章中，首先明确该训练班的宗旨：使运输干部人员明了驿运目的及驿运管理办法。此外，简章规定，预定招收名额为60名，要求初中以上学校毕业或具有同等学力，并能刻苦耐劳不辞跋涉且无不良嗜好者，通过招生考试可参加受训。同时要求受训者年龄在20岁以上26岁以下，其训练时间为两周，受训待遇即为在受训期间膳宿书籍由"公家"发给，并发津贴洋拾元。受训期满，视毕业考试成绩分别派充运输队队长职务，薪金由70元至90元不等。其训练班之招生考试科目为国文、数学、党义，并需通过体格检查，然后再进行口试。② 在其组织条例中，规定设班主任、教育长各一人，并设事务组、教务组，管理该训练班各项事务。③

呈文获得省驿运管理处核准备案后，奉建支线总段即着手招生之准备工作，在奉节县三皇阁五号该总段机关设立报名点，报名时间三天，至1月28日止，1月29日即在该总段机关内举行考试。由于报名时间太短，宣传不及，报考人数仅为28人，原则上全部录取，于1941年2月1日正式开学，由该总段总段长方培元兼任班主任，副总段长杨燕康兼任教育长，并选拔总段机构中颇具驿运经验之工作人员担任授课教师，授课内容为国文、算术、党义，以及有关驿运的基本常识与技能。

---

① 《为举办本段运输干部人员训练班呈请备案由》（1941年1月18日），见四川省档案馆藏四川省驿运管理处档，全宗号：民132，案卷号：64，第6页。

② 参阅《四川省驿运管理处奉建支线总段运输干部人员训练班招生简则》，见四川省档案馆藏四川省驿运管理处档，全宗号：民132，案卷号：64，第8页。

③ 同上，第9页。

经过两个星期的培训，2月22日分发奉建支线总段大溪站实习一个月，于3月21日实习期满，除“杨天贵、周南陔二名能力薄弱，不堪任使，周寰、唐曹魁二名，调任总段雇员”外，其余学员“吴伟东等十二名拟均委任为分队长，月各支薪85元，柯大福等十二名为分队副，月各支薪八十元”。[①] 除杨天贵、周南陔不予任用，两名调任雇员之外，其余委任为押运分队长或副分队长，从事运输管理。

此后，奉建支线总段又举办了第二期训练班，“第二期八十六名，均经分发实习”，其中除不堪任用者外，“委派唐尚耕等三十四名为押运分队长，月各支薪捌拾伍元，王德清等四十名为分队副，月各支薪捌拾元”。同时，第一期学员经过一个多月的工作后，成绩突出，其中第一期副分队长李国宣等六人及民夫队长孙清甫调升为队长，月各支薪85元，以资鼓励。[②]

至1941年10月，四川省驿运管理处共承运了四川粮食管理局和特种工程工粮100万石，由于任务完成出色，11月份又与粮食储运局合约承运粮食约200万石，需要增添驿运工作人员400名，并且中央补助款80万元已下拨至该处，因此省驿运管理处决定举办驿运人员训练班，“分期招收初中毕业男生，每期一百名，作短期训练，期满分发川西一带各县工作”。[③] 11月16日开始筹备，定名为四川省驿运管理处驿运人员训练班。省驿运管理处在致各支线总段的训令中声称：“查本处为推进业务，培育干部人才起见，特开办驿运人员训练

① 《为呈报委派干训班第一期学员吴伟东等为分队长分队副造具履历表及到差日期呈请核备由》(1941年4月7日)，见四川省档案馆藏四川省驿运管理处档，全宗号：民132，案卷号：135，第219页。

② 《为呈委派干训班毕业实习学员为押运队长队副及拟叙薪额造具清册呈请鉴核备案由》(1941年5月31日)，见四川省档案馆藏四川省驿运管理处档，全宗号：民132，案卷号：135，第232页。

③ 《四川省驿运管理处招生训练驿运人材》(1941年11月13日)，见四川省档案馆藏四川省驿运管理处档，全宗号：民132，案卷号：57，第2页。

班，招考初中毕业或具同等学力并有志驿运工作青年，分四期训练，每月一期，每期一百名，授以运输常识，及押运站务等实际应用技术，及施以政治军事之训练，使养成坚忍刻苦之精神，毕业后分发各段站服务。”① 为表示对训练班的重视，由省驿运管理处处长陈筑山兼任该班班主任，副处长张冲霄兼任副班主任，视察蔡英三任教育长，以成都外西公路场广益小学作为训练地点，又借用了渝广水陆联运线总段在茶店子购置的房舍做办公场所。与此同时，特制定《四川省驿运管理处驿运人员训练班实施计划》，其训练宗旨为“训练中等文化程度纯洁青年，了解一般办理驿运必须具备之常识，使成为驿运段站干部从业人员，以应新兴驿运事业之需要”。其规定训练的主要科目为章则法规、运输常识、业务常识、表报书法、精神讲话、党义；次要科目为驿运简史、驿运概要、会计常识、工具保养、统计常识等；普通科目为交通地理、经济常识、医药常识、军事操等等。与上述实施计划相配套，另行制订各课程时数分配表、作息时间表，以及各科课程教材大纲，对教育原则方法也予以规定。② 此外，关于驿运人员训练班的经费支出，经预算，规定开办费为 8270.00 元，第一期训练班经常费为 25160.00 元。③ 筹备工作可谓详尽具体。

同时，为招生考试，四川省驿运管理处制定第一期学员招考简章，规定报考者须“曾在初中学校毕业或具有同等学力，体格健全并无不良嗜好，并愿从事驿运工作，以男性为限，年龄在十八岁以上，三十五岁以下”；报名日期至 1941 年 11 月 22 日下午五时止，第二日

① 《为开办驿运人员训练班令仰知照由》（1941 年 11 月 17 日），见四川省档案馆藏四川省驿运管理处档，全宗号：民 132，案卷号：57，第 29 页。

② 《四川省驿运管理处驿运人员训练班实施计划》，见四川省档案馆藏四川省驿运管理处档，全宗号：民 132，案卷号：57，第 65—71 页。

③ 《驿运人员训练班预算》，见四川省档案馆藏四川省驿运管理处档，全宗号：民 132，案卷号：59，第 72 页。

八时在成都外西北巷子民新中学考试，考试分为初试和复试，初试科目为党义、国文、英文、算术，复试即为口试。[①]

1941年11月23日进行考试，录取了86名，12月3日开学，于1942年1月8日毕业，共训练了五周。其举办驿运人员训练班之具体过程，据12月6日驿运人员训练班呈文所称，该班筹备机构“于十一月十六日成立开始办公”，“计招生期内报名投考人员，共计二百四十七名，经于二十三日初试，二十七日复试，二十八日发榜，共计录取九十七名，先后报到学员八十六名”，然后“于十二月一日开始报到，三日正式开学”。[②] 训练期间，由四川省驿运管理处抽调本处及各段站富有驿运经验者充任教师授课；军事训练，由四川省军管区司令部遴派少校科员尹仁圣充任，“襄办训练”。根据《四川省驿运管理处驿运人员训练班组织规则》，训练班设中队长一人，分队长三人，施行军事管理，中队长由尹仁圣担任；并特别规定授课教师资格：“训练班职教员尽量由省处现有职员调用或兼任，不足时得聘任教职员。”[③] 训练时间原定四周，后因承运川省粮食尚未展开，“各段站办事人员尚不急切需要，计划将训练时间延长至1942年1月15日止”，[④] 后因粮运开始，则于1月8日结束训练，除一名中途退学外，经毕业考试，82名学员考试成绩及格，发给毕业证书，3名学员考试不及格，暂缓发给毕业证书。1月10日分发学员至各支线总段，其中分发给新渝支线总段37名，渝广水陆联运线总段48名，再分别往

---

① 《四川省驿运管理处驿运人员训练班招考第一期学员简章》，见四川省档案馆藏四川省驿运管理处档，全宗号：民132，案卷号：57，第73页。

② 《为呈报训练班招考考试及开学情形乞鉴核由》（1941年12月6日），见四川省档案馆藏四川省驿运管理处档，全宗号：民132，案卷号：57，第88页。

③ 《四川省驿运管理处驿运人员训练班组织规则》，见四川省档案馆藏四川省驿运管理处档，全宗号：民132，案卷号：57，第77页。

④ 《为呈请将本班训练期间延期至卅一年一月十五日截止请鉴核由》（1942年1月3日），见四川省档案馆藏四川省驿运管理处档，全宗号：民132，案卷号：57，第138页。

下分发至其各段站服务，充任司事职务；因雷政策、袁伟民、游开良3名毕业考试成绩较差，没有及格，“先行试用三个月”。[①] 渝广水陆联运线总段分发至其各分段及站服务，其中成都北门站服务8名，新都站5名，新津段8名，罗江站1名，共计22名，其余预留总段工作；[②] 新渝支线总段分发学员，其中分派新都站3名，赵镇站5名，什邡站9名，中口站7名，彰明站5名，安县站3名，江油站5名，共计37名。[③]

经过训练之学员，分发各段站服务，工作勤奋，驿运经验渐趋丰富，深得各段站赞赏。据1943年5月对此驿运人员训练班毕业之学员的调查，便得知对该训练班学员反映不错，其中对其学员杨超群、陈其元的评价则为：“办事勤慎，工作努力。”[④] 经过省驿运管理处训练驿运人员分发各线，充实了各段站的驿运干部，使驿运不因人手不够而出现混乱局面。

更重要的是，如此之驿运人员训练班学员分发各支线段站驿运机构工作，大为改变驿运机构工作人员的构成，驿运工作人员的整体素质得以提高，更有利于驿运营运工作的开展。从《四川省驿运管理处区段站职雇员薪额比较表》统计得知，1942年省驿运管理处所属段站员额总数为205人；[⑤] 而前述可知，经奉建支线总段和省驿运管理处所训练驿运干部就有奉建支线第一期26人，第二期74人分发各段

① 《四川省驿运管理处致渝广新渝两总段的指令》（1942年1月），见四川省档案馆藏四川省驿运管理处档，全宗号：民132，案卷号：77，第163页。

② 《四川省驿运管理处渝广水陆联运线总段分发训练班学员服务名单》，见四川省档案馆藏四川省驿运管理处档，全宗号：民132，案卷号：77，第200—203页。

③ 《四川省驿运管理处新渝支线总段造呈驿运训练班学员工作地点》，见四川省档案馆藏四川省驿运管理处档，全宗号：民132，案卷号：77，第154页。

④ 《驿运人员训练班毕业学生服务状况调查表》，见四川省档案馆藏四川省驿运管理处档，全宗号：民132，案卷号：39，第20页。

⑤ 《四川省驿运管理处区段站职雇员薪额比较表》，见四川省档案馆藏四川省驿运管理处档，全宗号：民132，案卷号：118，第211页。

站，加上省驿运管理处所训学员85名，合计共185人。训练班学员虽有因各方面原因而没有参加驿运工作的，或工作一段时间后辞退者，但在训练时，即已规定必须在驿运机关工作一年以上，否则得赔偿训练经费。由此不难相信，大部分受训学员参加了驿运工作，有些学员可能工作直至驿运结束，机构解散时为止。此外，交通部驿运总管理处举办的押运人员训练班等学员也陆续分发至四川省各级驿运机构工作。总之，为驿运而举办的工作人员训练班学员分发各级驿运机构，大为改变了驿运工作人员的整体结构，提高了川省驿运机构工作人员的整体素质。虽然为驿运工作人员所办训练班的训练效果不便夸大，但在下一章所述川省驿运中粮运、特种工程运输及其他一系列运输中，能顺利完成任务，并获得交通部、省政府等机构的嘉奖，这与驿运干部积极而有效的工作是分不开的。由此看来，驿运干部人员训练班的举办，对整个四川省办驿运事业的发展应具有积极的作用。

二、驿运干部的管理

培训驿运干部，提高其工作素质，有益于四川省办驿运工作的开展，但对已参加驿运工作的驿运干部的管理，并非就可以省略。其实驿运干部的管理，贯彻于驿运营运过程中，相对而言，应更为重要。在驿运实际营运中，驿运干部良好的工作态度，对运夫的关心，对驮兽的细心照料，更是驿运工作不可或缺的环节，否则驿运工作难以开展，民间力量也不会积极参与其间。特别是在川省驿运工作的前期营运中，民间运输力量能积极地配合川省驿运机构进行军公运输，应与驿运干部的积极工作密切相关。因此，对驿运干部施行管理，使他们能积极而有效地从事驿运工作，应具有一定的实际意义。

（一）实行具保制度

除了四川省办驿运机构少数上中层驿运干部由中央或省简任、荐任或委任之外，大部分由驿运干部训练班培训后分发任职，或由个人推荐、驿运机构任命并上报上级机关备案之驿运干部，必须得由商行或有名望之人作保，否则不能任用。譬如 1943 年 1 月 22 日川西驿运区的呈文，即为呈报该区乐山站司事胡伯原的动态片保证单等情事。四川省驿运管理处在 1942 年 12 月 14 日致川西驿运区的训令中声称："胡伯原准为该总段乐山站司事等因，计发处令一件，动态片、保证单、服务证、请领单各一份，眷属调查表二份，奉此，合行检发原件，令仰该站转饬该员遵照具报，此令。"根据此要求，胡伯原寻找保人，填具了保证单，并由乐山站呈川西驿运区，再转呈四川省驿运管理处备案，其中保证单名称为四川省驿运管理处员工保证单，其内容为："兹因胡伯原现承贵处委派乐山站司事，鄙人、商号等愿为确实担保，此后在任职内，如发觉有亏欠款项交代不清，营私舞弊窃盗公物及其他不法情事，具保证人、商号等愿负赔偿追查责任，中间不虚，特立此保单为凭，此致四川省驿运管理处。"后面由具保单人傅天俊签名盖章，并签署商号名称"正德百货商店"，经理姓名"傅天俊"，再具时间"中华民国卅二年一月十四日"。①

具保制度贯彻较为彻底，即便是四川省驿运管理处举办的驿运人员训练班，报考人招考通过后，也必须寻找保人并以保人商号作保，并填具保证单，才能参加训练，这在《四川省驿运管理处驿运人员训练班招考第一期学员简章》第十四条中明确规定："录取各生须觅人保或铺保，经核对认可后，方得入学受训。"为此，后来根据实际情

---

① 《四川省驿运管理处员工保证单》（1943 年 1 月 14 日），见四川省档案馆藏四川省驿运管理处档，全宗号：民 132，案卷号：70，第 10 页。

况及具体操作过程，省驿运管理处专门制定了《四川省驿运管理处员工保证规则》，该规则严格规定所有驿运干部必须具保，“觅定保证人，填具保单”，否则不得任用。[①]

（二）任用管理与日常管理

对于已任用的各级驿运干部，均有严格的规定，不得无故随意擅离工作岗位，另谋他职，以保证驿运干部队伍的稳定。例如交通部驿运总管理处与荣誉军人职业协导会合办的驿运押运员训练班，在其毕业学员任用办法中明确规定：“毕业学员经任用后，如在两年内擅自离职，或因过失免职者，应由任用机关酌情呈请通令永不叙用，或停止任用若干年月；其永不叙用者，并应请驿运总管理处知会荣誉军人职业协导会注销其毕业资格及缴［回］训练费。”[②] 四川省驿运管理处举办的驿运人员训练班也有类似规定：有学员在毕业后服务不及一年借故辞退者，应追赔训练费。1942 年 1 月四川省驿运管理处驿运人员训练班结束后，有分发至渝广水陆联运线总段之学员，名叫郑发聪，其以“家遭变故”为由，请驿运管理处给其无限期的长假，意即不再参加驿运工作。此事渝广水陆联运线总段呈报省驿运管理处后，驿运管理处当即指令：“郑发聪呈请长假碍难照准，应即严限回段服务。逾限不归，依照规定，学员毕业后，服务不及一年，借故辞退者，应赔偿训练费三百六十二元九角九分。兹抄发学员保单一份，仰由该总段严追保证人遵照赔偿。”[③]

更重要者，省驿运管理处严格掌握人员任用权力，要求各区段站

① 《四川省驿运管理处员工保证规则》，见四川省档案馆藏四川省驿运管理处档，全宗号：民 132，案卷号：13，第 28 页。

② 《驿运押运员训练班毕业学员任用办法》，见四川省档案馆藏四川省驿运管理处档，全宗号：民 132，案卷号：135，第 151 页。

③ 《四川省驿运管理处致渝广总段的指令》（1942 年 1 月），见四川省档案馆藏四川省驿运管理处档，全宗号：民 132，案卷号：77，第 8 页。

严格遵守人员任用制度。据四川省驿运管理处指令中要求下属驿运机构，“除雇员练习生护士由段派充，呈处备案外，其余一律呈请本处委派，在未奉核准前，不得先行到差。”① 非得驿运管理处认可备案，各区段站不得进用一人。四川省驿运管理处在给各驿运区的训令中严令：“所有各该区工作，务就现有人员妥为遣派，非万不得已，不准进用一人，并应随用随报，以凭稽核。”②

此外，为加强驿运干部的日常管理，省驿运管理处还制定相关法规多种，其中有《四川省驿运管理处员司临时请假规则》、《四川省驿运管理处员司出勤临时简则》、《四川省驿运管理处职员到差调差离职须知》等一系列日常管理方面的法规，严格规定包括驿运干部在内的所有职员在出勤、请假、调动、离职等行为中应遵守的规范。驿运干部在日常工作中也必须佩带驿运服务证章，携带服务证。同时，省驿运管理处另制定《四川省驿运管理处职员奖惩暂行规则》，对于在任用期间违反纪律、徇私舞弊者，予以惩罚；对在驿运工作中有突出表现者，则给予奖励与提拔调升。例如 1941 年 6 月新渝支线总段呈文省驿运管理处，要求为在驿运中表现突出之驿运干部加薪：“查本总段金堂段副段长马宗影，现支月薪一百三十元，自廿九年十月到职以来，即驻赵办理食米运输，在复杂环境之中，不畏困难，努力工作，一切事项，处理咸当，在较短期间，办理米运达三万八千市石以上，劳绩堪称。”因此，“按照钧处职员奖惩暂行规则第七条第二项之规

---

① 《各总段开支应自足自给，任用人员应力求紧缩不得先行到差令仰遵办由》（1941 年 2 月 10 日），见四川省档案馆藏四川省驿运管理处档，全宗号：民 132，案卷号：46，第 14 页。

② 《为值此层峰厉行紧缩之际，各区段万不得已不得进用一人令仰遵照由》（1943 年 1 月 16 日），见四川省档案馆藏四川省驿运管理处档，全宗号：民 132，案卷号：46，第 75 页。

定，马宗影改支月薪一百五十元”。[①] 川西驿运区营运股长金务仁，以其工作勤奋，在川西粮运中“尤能先尽厥职，成绩卓著”，而调任川西驿运区副主任。[②] 然而，川东驿运区梁山站股员刘铭山，在服务期间，擅离职守，予以降职降薪处分，由股员降为司事，月薪由 110 元改叙薪 95 元。[③]

第四节　驿运工具与动力的征雇

除了依靠驿运干部之外，驿运工具与动力则是战时驿运工作顺利进行的另一关键因素。蒋介石在全国驿运会议开幕致词中言：“驿站运输制度的第一要义，即在于善用一切人力兽力，和固有的交通运输工具，使能川流不息，继续不断的能持久运输。”[④] 驿运事业的发展，必须依靠驿运工具与动力。可以说，没有驿运工具与动力，驿运也就无从谈起。就战时驿运工具与动力而论，其驿运动力应包括人力与兽力，在四川可资利用的兽力为驮马和骡子；人力则指运夫，此处所论之运夫，既包括板车独轮车之车夫，管理马骡等兽力之马夫，也指肩挑背驮之力夫。驿运工具种类繁多，其中在四川可资使用的陆运工具有人力或兽力板车和独轮手车，板车又分胶轮板车和胶缘板车等种类，水运工具有木船和竹筏。

---

① 《为拟请将金堂段副段长马宗影月薪改支一百五十元可否乞核示由》（1941 年 6 月 25 日），见四川省档案馆藏四川省驿运管理处档，全宗号：民 132，案卷号：118，第 35 页。

② 《为川西区副主任一职拟请派金务仁递补请鉴核由》（1944 年 4 月 20 日），见四川省档案馆藏四川省驿运管理处档，全宗号：民 132，案卷号：151，第 81 页。

③ 《为川东区梁山站刘铭山擅离职守降职降薪请鉴核由》（1943 年 9 月 16 日），见四川省档案馆藏四川省驿运管理处档，全宗号：民 132，案卷号：151，第 102 页。

④ 蒋介石：《驿运制之重要及其特点》，见薛光前等箸《新驿运运动》，战地图书出版社，1940 年，第 7 页。

对于四川省办战时驿运，首先就其驿运运夫的征募问题，在此略加陈述。

一、驿运运夫的征募

武汉广州失陷后，国民政府的抗战力量基本退却至西南西北大后方，政府机关与人员的迁入，军队的退却，厂矿、企业、机器设备向后方迁移，加之大量难民的涌入，使处于大后方中心位置的四川，其运输任务显得极为繁重，大有力不从心之感。为完成此繁重的运输任务，除了利用汽车和轮船之外，国民政府及四川省政府还成立了驿运机构，举办战时驿运，利用传统运输工具及动力，组织民间力量从事驿运。然而繁重的运输任务则需要征募大量的驿运运夫。在全国驿运会议上，即特别指出："驿运以人力为主，现即目前急需举办之通海与国际干线以及各省重要支线而言，已非运用大规模之人力不足以举成效，此后驿运前途之成败，当以征集人力之效能为最大关键。"①可见，国民政府对征集人力的重要性已有清醒认识。

对于全国驿运需要征集多少运夫的问题，时人对此有所分析："推行驿运，毫无疑义的，必须运用大规模的人力。依据交通部的估计，全国驿运线，计有公路里程 9463 公里，大道里程 602 公里，水程 3954 公里，总共 14019 公里。除开水程利用民船，一部分公路仍以汽车接运外，今后以每日每站对运十吨计算，共需运夫七万七千七百六十八人，如按照以上运量提高二倍即每日每站对运三十吨计算，则运输（人数）总额应为二十三万三千三百另四人。"② 就四川省办

① 《全国驿运会议主席团报告书》，见中国第二历史档案馆藏行政院档，全宗号：二，案卷号：8607，缩微号：16J—1414，第 21 页。

② 谢际唐：《推动驿运与发动民众》，见《驿运月刊》第一卷第一期（1941 年 3 月），第 27 页。

驿运实际情形而言，在开办之初，其5条驿运支线，共长2595公里，除新渝支线和渝广水陆联运线的一部分水路需运夫较少外，其余陆运线，则需要大量的运夫参与运输，其中奉建支线从四川省奉节大溪至湖北建始，大部分属羊肠小道，人不能并行，根据实际运输任务则计划需征集运夫2400名。再就四川省秀山县仅一个县来说，该县为负担食盐器材两项运输任务的必经之地，动员民夫至少“须五万人经常轮番服役”。① 就四川省办驿运征募运夫的实际数量而言，记载不多，据《四川省驿运管理处各辖线历年运输工具与动力概况表》统计，自民国三十年一月起至三十二年十二月止，3年时间共征用运夫达164261人。② 此外单就1941年1到6月份的各驿运支线的所征运夫数量来说，可大致统计得出：

表3-8　1941年1月至6月所征运夫数量统计表　单位：人

支线名称	平均每月运夫数量	6个月共计运夫数量	备注
奉建支线	1591	7955	为前5个月的统计数据
新渝支线	1332	7992	所统计的为船夫
渝广水陆联运线	2477	14861	仅统计了陆运运夫人数
渠万支线	620	3720	仅统计了总段自有车辆所征运夫人数
川西支线	6844	27378	只4个月的统计数据
总计	12864	61906	

资料来源：由陈筑山《四川省驿运之概况》统计得出，见《驿运月刊》第二卷第二、三期合刊，第24页。另参见王余杞《四川两年来之驿运》，见《四川建设》第二期（1944年7月31日），第86页。

---

① 《为呈请担任艰难运输工作，编制大规模之运输队以应当前急需缕恳察核令遵由》，见四川省档案馆藏四川省驿运管理处档，全宗号：民132，案卷号：47，第33页。

② 《四川省驿运管理处各辖线历年运输工具与动力概况表》，参见王余杞《四川两年来之驿运》，《四川建设》第二期（1944年7月31日），第87页。

就驿运运夫征募的途径而言，交通部驿运总管理处成立不久，就制定了《全国驿运实施纲要》，对驿运运夫的来源做了如此分析，“运夫之来源不外自动投效，招募，征调三途。其自动投效力者，必能安于其业，服从指挥，易于管理，故应予以奖励，则既可激动其服务之心，尤可收辗转宣传之效”，然而依靠自动投效集中运夫，只存于理论中，仅为一种理想状态，实际上不太可行，“需要者多，投效者少，自必广为招募始足敷”，如军运紧急，“因军运需要招募不足预定名额时，得商请军政机关依法征调，但亦应先将名额，待遇，力价，行程等项决定”。[①] 因此，征募运夫主要是征调与招募两道途径，而征调主要是在军运紧急时才运用，所以招募是最经常的征募运夫的形式。

然而征募运夫并非易事，为此其时政府可谓费尽了心思。前线抗战激烈，需要庞大的兵员补充，兵役任务必然繁重，再向民间征集运夫真可谓困难重重。政府与驿运机构为征集运夫采取了多种措施。大致说来，有如下办法：

（一）吸收难民，充作运夫。1941 年 1 月 14 日，交通部驿运总管理处致电四川省驿运管理处，要求其利用难民以充实驿运运夫：“查各地驿运人夫除壮丁及民夫外，尚有各地难民可资利用者，爰经签请交通部函准，振济委员会函复，附送救济运配难民机关区站地点表一份，奉交下处。兹特按中央及各省驿运机构便利就近接洽之实际情形，改编成中央及各省利用难民推进驿运区站地表一种，随电附发，即希就近接洽办理，并将洽办情形见复为荷。”[②] 其中四川省驿运管理处可资利用者有：运送配置难民重庆总站、运送配置难民万县

---

① 《全国驿运实施纲要》，交通部驿运总管理处编（1941 年 1 月），见四川省档案馆藏四川省驿运管理处档，全宗号：民 132，案卷号：143，第 14 页。

② 《随电附发中央及各省推进驿运利用难民及区站表希就近洽办见复由》（1941 年 1 月 14 日），见四川省档案馆藏四川省驿运管理处档，全宗号：民 132，案卷号：176，第 21 页。

总站、运送配置难民成都总站。四川省驿运管理处营运股股长谢际唐后来就谈到此点，他说："我国沦陷地区，其民众随同政府西移者固多，但因环境关系未能随同进退者仍属不少，其中尤以劳工农民占大数，现后方劳工既感不敷分配，一方面似应派遣干员赴沦陷区域设法召集，一方面应与振济委员会合作，遍设难民流民收容所，吸收各地难民及失业失学青年，择其年壮力强者，尽先充作运夫。"① 吸收难民为运夫，既可充实驿运力量，解决运夫"不敷分配"的矛盾，又可安置难民，使难民获得一份工作，起到救济作用，此可谓一举而两得。

（二）地方政府协助，实行摊派制度。抗战时期，国民政府各项征工、征粮、征兵任务，大多采取地方摊派的形式，征募运夫也不例外，特别是在军运急迫时更是如此，这在渠万支线总段的呈文中可略见一斑，该呈文其意是在恳请上级嘉奖由万县县长兼任的万县驿运分段段长杨用斌，说其在征用民夫参加驿运方面，"能按照本总段运输计划召集各区乡镇长会议，拟定民夫征集及分配办法，并将驿运之意义与重要传达各区乡镇长，深入于人民心际。故板车一经开运，各乡镇摊派民夫，皆能如期征送，毫无遗误"，此处虽在表扬万县县长，但却可知其征集运夫之手段则为"各乡镇摊派"。并且，"各队民夫咸能秉承段站之指挥完毕规定行程，达成运输使命。迄今数月，虽值农忙时期，犹能遂行不怠，源源运输"，时值农忙季节，也能运输不停，更可见其摊派制度之严格。② 再如川东驿运区梁山驿运段，该段所经之地梁山县，为米粮集中地点，军运频繁，但该段能"无些微陨越"，

---

① 谢际唐：《推动驿运与发动民众》，见《驿运月刊》第一卷第一期（1941 年 3 月），第 27 页。

② 《为万县县长兼万县分段长杨用斌对于驿运工作热心办理策划拟请予以嘉奖以资慰勉由》（1941 年 5 月 23 日），见四川省档案馆藏四川省驿运管理处档，全宗号：民 132，案卷号：69，第 39 页。

“其受地方政府协助之力，实非浅鲜”，其中梁山县县长黄乃安，“对于驿政，广为宣传倡导”，民政科长张树屏“办理征调工作，尤能运用保甲组织相助，积极推动”，地方政府对驿运宣传倡导，并且运用保甲组织协助，然而，不以“摊派”又何谓“协助”？在严格的摊派制度下，表面上的“各乡民夫大都踊跃”参加驿运，也就是很自然的结果了。[①]

（三）设立征夫顾问，协助征募。运夫来源于乡村，为征募运夫，难免不依靠地方势力。聘用地方有名望之人士为征夫顾问，使其协助征调运夫工作，是为便利之举。此从渠万支线总段呈文中，即可知其中缘由：“查本线函请各县府转令各乡镇选送乙级壮丁充任，实行以来，尚称便利。惟征夫工作极为繁琐，既须有有力之政令以资推动，更须有地方热心人士协助，催促切实奉行，庶可收事半功倍之效。”[②]根据驿运组织通则，渠万支线各分段之分段长由该支线所经各县县长兼任，其虽能“热心从公”，但“皆为地方长官，身兼数职，势难专办一方事务”，战时驿运工作也就难以兼顾。然而，各地方“则不乏热心驿运之有力人士”，如果能“每县延聘一人，予以顾问名义”，并且“酌给津贴”，使其“协助征夫工作，联络地方感情”，那么“征夫前途必愈益顺利，而运夫来源可不虞匮乏”。因此，渠万支线总段向川省驿运管理处提议：在该支线每一分段设一征夫顾问，共有四分

---

① 《为具报梁山县县长黄乃安民政科长张树屏协办驿运有方拟请记功奖叙而资激劝呈祈鉴核由》（1943 年 7 月 13 日），见四川省档案馆藏四川省驿运管理处档，全宗号：民 132，案卷号：69，第 59 页。

② 《为拟请在本线各分段添聘征夫顾问一人协助征调运夫工作是否有当仰祈鉴核示遵由》（1942 年 1 月 17 日），见四川省档案馆藏四川省驿运管理处档，全宗号：民 132，案卷号：78，第 31 页。

段，则聘请四位征夫顾问。[①] 半月之后，四川省驿运管理处指令："准予如请办理，月各支舆马费六十元。仰将拟聘人员详细姓名呈报本处，以凭填发聘书。此令。"[②] 省驿运管理处同意该支线总段之各分段聘用征夫顾问。由此，渠万支线总段梁山分段聘请其地方名人李增禄为征夫顾问，最后省驿运管理处指令："姑准由该总段径行延聘。"从"姑准"二字理解，此种方法后来也许并没有推广，因为不见其他支线聘请征夫顾问的呈文。但是，聘请征夫顾问，毕竟是四川省办驿运为征募运夫所采取的措施之一。

然而，虽有此等措施征募运夫，但如此庞大的征募运夫任务，完成实非容易，奉建支线原计划征集 2400 名，但因兵役及工役同时并举，地方人力有限，事实上经常只能保持 1600 名左右的人力来承运第六战区军米及钢铁、桐油、食盐等商品。更因任务难以完成，地方政府有时不得不以老弱病幼相充数。1941 年 4 月奉建支线总段呈文省驿运管理处，即指出各县之乡镇代征运夫，"每以老弱塞责，到站后不能胜任"，"多系采用征丁办法希图凑数"，所以"时有潜逃情事"发生。[③] 因此，征募而来的运夫，在营运过程中施行相应的管理已必不可少了。对此问题，已逸出本章论述的范围，留待下一章所论实际经营时再做阐述。

---

① 《为拟请在本线各分段添聘征夫顾问一人协助征调运夫工作是否有当仰祈鉴核示遵由》(1942 年 1 月 17 日)，见四川省档案馆藏四川省驿运管理处档，全宗号：民 132，案卷号：78，第 31 页。

② 《提呈拟在各分段添聘顾问一人协助征夫工作令准照办并将拟聘人员姓名报处以凭填发聘书由》(1942 年 2 月 2 日)，见四川省档案馆藏四川省驿运管理处档，全宗号：民 132，案卷号：78，第 32 页。

③ 《为呈请援例令饬奉建巫三县代征运夫不得以老弱幼病者充数并饬赔偿公物由》(1941 年 4 月 22 日)，见四川省档案馆藏四川省驿运管理处档，全宗号：民 132，案卷号：63，第 200 页。

二、驿运工具与兽力的自备和征雇

“倘此工具问题不能解决，则驿运亦将成为不可能之空谈而已。”交通部驿运总管理处在驿运开办初期即重视制造驿运工具，在四川泸州建立板车车辆制造厂，在重庆建立造船厂，制造板车和木船。1941年驿运总管理处设计委员会成立大会上，驿运总管理处副处长王炳南的报告即具体提到制造工具之事：“运输工具方面，本处对于廿九年度造车七千辆之计划业已大致完成，本年度拟添造板车五千辆，木船四百余只。”① 在交通部驿运总管理处的主持下制造大量的驿运工具，下拨给各级驿运机构承担军公商各类物资的运输任务，对战时驿运工作的开展起到促进作用。对于各级驿运机构而言，由驿运总管理处下拨之驿运工具，即称为自备驿运工具。

然而，由其自备驿运工具全力承运所有各级驿运机构承担的军公商各类运输任务，已不现实。因为其所承担的运输任务十分庞大，仅由自备驿运工具承运，恐怕难以完成运输任务；另一方面，政府为庞大的运输任务相应制造大批量的驿运工具，已为政府战时日益紧张的财政所不允许。政府举办战时驿运，其用意即在利用民间传统交通运输力量参与运输。因此，除自备驿运工具参与战时驿运之外，各级战时驿运机构也相应地大量征雇民间传统交通运输工具与动力，参与战时驿运。四川省办驿运征雇驿运运夫前有论述，下面就其自备或征雇驿运工具与兽力的问题，陈述一二。

1940年10月1日四川省驿运管理处成立以后，随即开辟线路，设立段站等各级驿运机构，自备或征雇驿运工具与兽力，迅速开展营

① 《驿运总管理处设计委员会成立大会纪录》（1941年1月10日），见中国第二历史档案馆藏交通部档，全宗号：二十，案卷号：3380，无页码。

运工作，承担军公运输任务。

就自备驿运工具而言，在四川省办驿运前期，如1941年1月31日成立的渠万支线总段，承运粮食管理局存放梁山和大竹两县的粮食，以及棉纱食盐等物品，因此交通部驿运总管理处下拨给该线板车200辆。该线由于运输量大，省驿运管理处又增拨胶胎板车100辆，胶缘板车400辆，再由渝广水陆联运线总段移交给该线70辆胶轮板车。由于运输任务实在繁重，其后又由交通部驿运总管理处下拨给该线胶缘板车200辆。[1] 渝广水陆联运线“除水路利用木船外，陆运则征用胶轮板车”，至于由上级驿运机构下拨或自购情况，却不见记载，但从该线移交给渠万支线总段70辆胶轮板车来看，应自备有驿运工具，但时间已在1941年5月之后。

然而，其他各驿运支线，如奉建支线沿途“均属羊肠鸟道，人不并行”，无法通行板车，所需人力和工具则全向民间征雇，因此无自备工具；新渝支线“完全利用民有船只，征雇编队行驶”，无自备船只；成立于1941年1月15日的川西支线，“因交通情形复杂，所用工具为胶轮板车、木船、竹筏、独轮高车四种，均系向民间征雇”，无自备工具。[2] 总之，在四川省办驿运营运初期，自备工具并不多，自备较为困难，此正如四川省驿运管理处总结其时工具情形时所说，“自本处各线开运以来，仅渠万线由总处租拨板车二百辆，其余均赖临时征雇，对于整个业务计划之实施，及工作之推动，影响甚大，本处有鉴及此，于万分困难之中，尽力设法置备工具，业与四川粮食购

---

① 参阅《为粮运紧急拟请再拨胶缘板车三百辆或胶胎板车壹百五十辆以资使用请鉴核施行由》（1941年3月31日）及《为奉准总处拨发胶缘板车贰佰辆仰遵照验收具报由》（1942年6月11日），见四川省档案馆藏四川省驿运管理处档，全宗号：民132，案卷号：74，第2、46页。

② 参阅《四川驿运》，四川省驿运管理处编印，1941年7月内部发行，重庆市图书馆枇杷山分馆收藏，第3—13页。

运处订约预付运费陆十万元，作购置胶轮板车二百辆至二百五十辆之用”，然而，购造并非容易，因为“胶轮板车，材料多来至［自］外国，不特成本甚高，且在敌寇严密封锁之下，来源亦属不易”。[①] 据1942年4月四川省驿运管理处的统计，所属各驿运支线的自备车辆数，特列表如下：

表3—9　四川省驿运管理处各支线现有自备车辆数量表

线别	车辆数目			附记
	胶轮	胶缘	共计	
渝广支线	121		121	
渠万支线	100	400	500	
新渝支线		200	200	此为马拉板车
共计	221	600	821	

资料来源：《各支线现有自备车辆数量表》，见四川省档案馆藏四川省驿运管理处档，全宗号：民132，案卷号：81，第15页。

川西支线于1941年4月10日因粮运任务完成而结束，奉建支线于1941年6月1日移交第六战区司令部接办。余下的渝广水陆联运线、新渝支线和渠万支线，其自备驿运工具总计为821辆。从上表可见，四川省办驿运其自备驿运工具并不多，其前期承担的大规模运输任务，主要由所征雇的驿运工具与动力完成，就不言而喻了。

随着四川省办驿运事业的发展，新辟驿运路线的增加，以川西、川东二支线总段为基础，于1943年1月分别成立川西驿运区、川东驿运区。驿运机构名称虽几经改变，驿运线路大为增加，但自备驿运工具并不见显著增多。至1944年10月止，四年来的整个四川省驿运管理处所辖各区各线，其自备驿运工具情况，可从省驿运管理处对四

① 《四川驿运》，四川省驿运管理处编印，1941年7月内部发行，重庆市图书馆枇杷山分馆收藏，第14—15页。

年驿运的总结报告中得知："本处各区，最先自备胶轮板车二二一辆，木船一只，及驿运总管理处租拨之胶缘板车六〇〇辆。旋复商准总处先后增拨人兽两用胶缘板车共二〇〇辆，实心胶条车一〇〇辆，并拨存川湘驿运分处之胶缘板车二三八辆，三十二年机关粮运需车孔亟，本处又价购川陕线驿运分处存乐山胶缘板车一四〇辆。三十三年因特种工程需车，经向总处价购实心胶条车二五〇辆，分发川东川西两区应用。嗣川东区以历年车辆损废甚多，请求补充，经转请总处价让胶轮车五〇辆。"[①] 四年驿运，自备的各种人兽力车合计共1799辆，自备木船一只，"此后因经费拮据，未能补充"。

然而，据四川省驿运管理处副处长王余杞的总结，仅就1941年1月至1943年12月的四川省办驿运使用工具与动力数量，[②] 与此几年间自备工具与动力比较，这1799辆自备人兽力车及1只自备木船，在四川省办驿运之运输中真可谓为杯水车薪。在此谨录其概况表，略为比较。

表3-10　四川省驿运管理处各辖区历年运输工具与动力概况表
（自民国三十年一月起至三十二年十二月止）

工具名称	数量	行驶载重里程	平均行程	使用动力数量		附记
				运夫	骡马	
胶轮兽力板车	2940	910389	309.7	2940	5880	
胶轮人力板车	25664	1878007	73.2	88350	—	
胶缘人力板车	9076	715970	78.8	27216	—	

① 《四年来的四川驿运》，四川省驿运管理处编，见《驿讯》第三十八期（1944年11月1日），第3页。

② 此处所谈驿运动力应包括人力与兽力，但关于人力的内容已于驿运运夫的征募一小节已有论述，本小节所论为兽力的征雇，但因上述记载，把人力与兽力并入一块讨论，合称为动力，此处引述时也尊重原始记载，但所论述的则侧重于兽力的征雇，以免偏离本小节的主题。

续表

工具名称	数量	行驶载重里程	平均行程	使用动力数量		附记
				运夫	骡马	
人力车	2618	268646	126.5	2618	—	包括轻便车357辆在内
独轮车	25763	983108	38.1	25763	—	
木船	1184	266001	219.6	6951	—	
力夫	10164	1511394	148.7	10164	—	
驮马	770	97263	126.3	259	770	
共计	—	6630778	—	164261	6650	

资料来源：王余杞《四川两年来之驿运》，《四川建设》第二期（1944 年 7 月 31 日），第 87 页。

此表可见，实际运输中四川省办驿运自备车辆与木船所占比例极少，就板车数量而论，三年所用板车数量为 37680 辆，而 1799 辆自备车，除开 1944 年 300 辆外，140 辆在 1943 年才使用，则按年累计，此三年使用自备车辆数量为 4217 辆，其所占比例仅为 11.2%，并且此比较是建立在 1799 辆自备车不受任何损废之假设上的；而相对 1184 只木船，其自备木船一只，所占比例几乎可以忽略不计。如果再把独轮车、人力车、驮马考虑进去，四川省办驿运自备工具与动力所占比例则更少了。虽此种分析并不十分准确，但已显示四川省办驿运自备工具与动力在所用驿运工具与动力中，所占比例并不大。除开自备部分，其余车船与动力应自民间征雇，也就不言而喻了。

交通部针对征雇民间驿运工具和动力之实际情形，制定《全国驿运夫马车船征雇通则》，于 1941 年 3 月 28 日通令公布。其中对驿运工具与兽力的征雇给予具体之规定，要求“各驿运机关对于沿线民间车马船应先予以详细调查及登记，以备随时征雇”，征雇后“派运”，应“将领有征雇登记证之车马船户按登记次序编列号数，依次派运货物，倘遇货少而车马船多时，应按照车马船户登记运能之比例，公平分配”，而驿运工具与兽力其租用之租金“由驿运机关按照当地生活程度及运程远近并参照主管官厅所颁商运运价章程予以公平合理之厘定”。[①] 四川省办驿运根据该通则的有关规定，大量征雇民间驿运工具与兽力。前面所述驿运开办初期，奉建、新渝、川西三支线，其驿运工具全都征雇于民间，并无自备工具。新渝支线完全利用民有木船，“征雇编队行驶，派员押运，经常动员木船二百只”，就是自备驿运工具较多的渠万支线，在实际运输中也时感工具匮乏，“征雇民有手车协助运输”，手车即指独轮手车。[②] 时至四川省办驿运中后期，由于战局好转，汽油与汽车来源已较方便，军公物品已逐渐转靠公路汽车运输，驿运运量减少，征雇民间工具与兽力也就相应减少了，据1944年10月统计，“行驶全川驿运支线的驿运工具，计有自备的胶轮板车六十多辆（川东区约二十多辆，川西区约三十多辆），胶缘板车五百多辆（川东川西两区约各分配二百多辆），客运马车十二辆，征雇的胶轮板车约七百辆，独轮手车二百辆左右”，[③] 车辆征雇数量还是大于各驿运区的自备车辆数。

---

① 《全国驿运夫马车船征雇通则》（1941年3月28日部颁），见《交通公报》第四卷第八期（1941年5月1日），第1227页。

② 参阅《四川驿运》，四川省驿运管理处编印，1941年7月内部发行，重庆市图书馆枇杷山分馆收藏，第7－11页。

③ 钟古熙：《四川的驿运》，《四川经济季刊》第三卷第一期（1946年1月1日），第171页。

第四章 四川省办驿运的实际经营状况

四川省驿运管理处成立后，随即展开驿运营运与管理工作，承运各类物资以满足于军需民用，在一定程度上既维护了后方社会生活的稳定，又支援了前线抗战。正如交通部驿运总管理处副处长王炳南所言："对于前方军品弹药被服粮秣之补给，战区物货之抢救内运，公商货品之疏运调剂，特种工程粮料之运输等，均曾尽最大努力，直接加强前方战斗力量，间接协助政府推行限政，平抑后方物价。"① 虽然所谈为全国战时驿运经营，但也十分符合四川省办驿运的经营状况。

第一节 省办驿运的主要运输与运输形式

四川省地处抗战大后方，被其时国民政府称为中华民族复兴根据地，地理位置上又处于大后方西南西北的交通要冲，军公商各类运输频繁，运量巨大，凸显出四川省办驿运意义重大。

---

① 王炳南：《四年来驿运概述》，《驿讯》第三十四期（1944年9月1日），第2页。

一、省办驿运的主要运输及运量

自开办以来，四川省办驿运即承担重大的运输任务，其中包括第六战区的军运，特种工程的工粮工料运输，田赋征实后的粮运，成都市特约米的运输，以及成都市区和城郊间的客运，都能想方设法努力完成任务，受到交通部及省政府的嘉奖。此外，其还承担了其他军公商方面的运输，如运煤、运纸、运邮件等，致力于满足抗战军民的需求。下面就四川省办驿运承担的几大主要运输任务，予以简要陈述，作为对四川省办驿运实际经营状况予以论述的基础。

（一）特种工程的工粮工料运输。珍珠港事件爆发后，美国向日本宣战，与中国结成盟国。为了直接轰炸日本本土及与日本战斗机近距离接战，美军决定在成都城郊及四川其他一些地区修筑多个飞机场。由于战时条件的限制，飞机场的修筑基本上由民工使用锄头等非机械力工具完成，其中民工工粮及飞机场土方等运输任务，则由四川省驿运管理处奉令部分承担。所谓特种工程，如前所述，是指在四川等地区为盟国修筑军用机场，因此为军事机密，对外统一宣称为特种工程。①

如前所述，四川省驿运管理处渝广水陆联运线总段和川西支线总段，即为新津特种工程运输而成立。1940年底，新津特种工程紧急，所有工粮，全由四川省驿运管理处承运，“为适应环境便利运输计”，四川省驿运管理处于1940年12月23日成立渝广水陆联运线总段，承担新津特种工程工粮，该线所承运范围为成都、华阳、新都、双流

---

① 参阅《成都文史资料选辑：纪念抗日战争胜利四十周年专辑之三》，中国人民政治协商会议四川省成都市委员会文史资料研究委员会编，1985年9月内部发行。

四县，于1941年3月16日圆满完成任务。[①] 承运此工粮结束后，据统计，该线1941年1至6月，共计载运货物3565.716吨，计5280971延吨公里，[②] 其中大部分为新津特种工程工粮，应无疑义。除一部分新津特种工程工粮由渝广水陆联运线承运外，省驿运管理处同时决定另行设立川西支线总段，着手规划该总段运输里程，设置段站驿运营运机构，专门负责新津特种工程工粮运输。该支线总段于1941年1月15日成立，不久即行开运。至3月底，工粮运毕，其间川西支线总段共“承运工粮三四九三四二吨，计一五六四八一延吨公里”。[③]

然而，主要的特种工程运输，则在驿运区时期。1943年12月，四川省成都附近各地举办特种工程。据学者研究，此时之特种工程，“是指1943年12月到1944年6月期间，美国大致决定从中国出发对日本进行战略轰炸之后，中国政府调集四川省36万民工在成都附近的新津、邛崃、广汉、彭山、华阳、绵阳、简阳及双流的马家寺、双桂寺、彭家场、成都的凤凰山等11地，为超级空中堡垒（Superfortress）B－29重型轰炸机修建（Forward airfields）前进机场的重大工程”。[④] 修筑此特种工程初期，公路不通，国民政府仅有的少量汽车也无法进入特种工程工地。所需工料工粮，除川陕线驿运分处参加部分承运外，其余均由四川省驿运管理处川西驿运区筹集板车全力担

---

① 《为据转派驻花桥镇办收交工粮王廷杓等完毕十六日结束，次日率同全体回段乞予备查由》（1941年3月31日），见四川省档案馆藏四川省驿运管理处档，全宗号：民132，案卷号：62，第177页。

② 参阅陈竹山《四川省驿运之概况》，《驿运月刊》第二卷第二、三期合刊（1941年12月），第24页。

③ 参阅《四川驿运》，四川省驿运管理处编，1941年7月内部发行，重庆市图书馆枇杷山分馆藏。

④ 参阅胡越英《川西B－29“特种工程”研究》，四川大学2003年未刊硕士学位论文，第3页。

运。据其时四川省驿运管理处记载，“以时机迫切，未遑自逸，立即饬由本处川西区筹集板车，备供使用，惟工程浩大，地区辽阔，任务至为艰巨，而成都平原所需物资，向赖驿运工具为之运输，此次特工需车虽多，又不能稍有偏废，故一面调派自有工具参加运输，迅赴机宜，一面发动民间工具，以补自身之不足”，[1] 四川省驿运管理处“除动员自备及直接征雇的胶轮板车八百辆外，并发动民间胶轮板车九百六十辆”，[2] 据统计，其间四川省办驿运共承运特种工程工料139878吨，405399延吨公里，工粮1102吨，32336延吨公里。[3] 同时，该管理处为制止运输力价之高涨，办理车辆管制，以全力支持特种工程运输。[4] 1944年6月，运输任务全部完成，获得交通部的嘉奖。

川东方面，于1944年春，因扩建梁山飞机场，急需大量石料，由川东驿运区应邀订约承运石方，供应车辆达400辆。川东山岭起伏，道路崎岖，运输较为困难，但此运输任务，由川东驿运区“独立支撑”，顺利完成。[5]

（二）田赋征实后的粮运。武汉广州沦陷后，抗战进入所谓战略相持阶段，大后方由于人员大量拥入，再加之敌人对抗战大后方的战略性封锁，物资来源不易，交通运输困难，保证抗战后方与前线军民的粮食充足供给已非易事。国民政府为适应战时需要，出于对粮食缺

---

① 《四年来的四川驿运》，四川省驿运管理处编，见《驿讯》第三十八期（1944年11月1日），第3页。

② 钟古熙：《四川的驿运》，《四川经济季刊》第三卷第一期（1946年1月1日），第172页。

③ 王炳南：《最近之驿运工作》，见《驿讯》第二十八期（1944年6月1日），第1页。

④ 《四年来的四川驿运》，四川省驿运管理处编，见《驿讯》第三十八期（1944年11月1日），第3页。

⑤ 《四年来的四川驿运》，四川省驿运管理处编，见《驿讯》第三十八期（1944年11月1日），第3页。

乏之实际状况的积极反应，一改原田赋由货币上交的政策，及时实行田赋征实政策，控制粮食分配，以保证后方与前线粮食的基本供应。所谓田赋征实，就是田赋上交由货币改为实物，对粮食实行统一管制，定量分配。[①] 1941 年 7 月 1 日，国民政府成立粮食部，并内设三司，其中储运司专管粮食仓储运输。同年 10 月 1 日，粮食部直属的四川粮食购运处改为四川粮食储运局，承担四川田赋征实后的粮食征购任务。[②]

四川自古为产粮大省，对四川省田赋征实而来的各种类型的粮食，其运输问题则部分由四川粮食储运局自行解决，而川东川西粮食盛产地之“成都、新津、赵镇、绵阳、渠万”五区，[③] 则由四川省驿运管理处全面负责运输。针对此粮运区域辽阔、运量巨大的实际情形，四川省驿运管理处采取分区负责制承运储运局粮食，据四川省驿运管理处 1941 年 10 月呈文所称：“查本年度本省粮食，除一部分由粮食部四川储运局自运外，余如成都、新津、赵镇、绵阳、渠万五区，均托由本处代运，计成都运九十九万余石，新津运廿七万余石，赵镇运四十二万余石，绵阳运廿余万石，渠万运十余万石，除渠万区拟饬本处渠万支线承运外，其余各区，拟就渝广新渝两线现有组织略加补充，分行承运，不另设置机构，以节公帑，即以渝广线担负成都新津二区运输，新渝线担负赵镇绵阳两区运输。”[④] 另据同年 12 月四川省驿运管理处致粮食部四川粮食储运局的代电中声称：“查本处承

---

① 参阅宋同福《田赋征实概论》，1942 年版，出版社不详。超星图书馆收藏。

② 参阅谭刚《抗战时期的四川粮食储运》，四川师范大学 2002 年未刊硕士学位论文。

③ 据四川粮食储运局颁布的《四川粮食储运局各区办事处组织规程》规定：“将全川各县划为八区，每区设办事处，定名为四川粮食储运局某某办事处。”参阅谭刚《抗战时期的四川粮食储运》，四川师范大学 2002 年未刊硕士学位论文，第 22 页。

④《为呈报本年度本省成都等区粮食，粮食订约交由本处承运等鉴核委派由》（1941 年 10 月 30 日），见四川省档案馆藏四川省驿运管理处档，全宗号：民 132，案卷号：50，第 266 页。

运贵局粮食，系指定各驿运支线总段分区负责，计渠万支线总段负渠万区责任，渝广支线总段负成都新津两区责任，新渝支线总段负赵镇绵阳两区责任。”[①] 各区待运粮食约定数量，则以分区负责制的形式，由各支线总段全力承运，上述任务于1942年前半年大致运输完毕。

川西、川东两驿运区改组成立后，由各驿运区直接与粮食部四川粮食储运局订约大宗承运。运粮区域，川西驿运区主要承担四川储运局成都区之温江、彭县、新繁、双流、什邡五储运处及成都聚点仓库粮食运输，以及安岳、乐至、崇宁、遂宁、德阳、绵竹、广汉、新都等地；川东驿运区所承担的运输任务主要为渠万区渠县、大竹、梁山、万县各地粮食储运处之粮食，以及宣汉、蓬安、岳池、邻水等地。据记载，至1943年6月，川西驿运区成立仅六个月，其已与四川粮食储运局签约，承运粮食“共计运出八万四千六百三十八市石六斗三升”。[②] 据1944年驿运简报，四川省驿运管理处“五月份承运粮食储运局粮食计川东区运出大竹粮食七一〇〇公吨，三九八延吨公里”。[③] 再如1944年8月，川西驿运区与四川粮食储运局彭县分库签订合约，一次就签约“承运食米六千市石”，运输路线：“一由九尺乡及太平镇至彭县，二由中心镇，隆丰及棚口乡至成都西分仓”，合约有效期限未予规定，以运完为止。[④] 总之，据统计，四川省驿运管理处“与储运局订约承运者，系自三十一年粮，当年共运出一一〇一四吨，折合一四六八五三市石；三十二年共运出一一二四三吨，折合一四九八九四市石，两年共计运出二三二五六吨，折合二九六七四七市

① 《四川省驿运管理处代电》(1941年12月30日)，见四川省档案馆藏四川省驿运管理处档，全宗号：民132，案卷号：75，第37页。

② 《新渝及川西线区营运概况》(1943年7月31日)，见四川省档案馆藏四川省驿运管理处档，全宗号：民132，案卷号：39，第130页。

③ 《各省处简报》，见《驿讯》第三十六期(1944年10月1日)，第3页。

④ 《粮盐物质运况》，见《驿讯》第三十三期(1944年8月16日)，第2页。

石”，[①] 两年即运了近30万市石。由于四川省驿运管理处承运田赋征实之粮食的整体统计数据的缺乏，此处只能罗列部分相关数据。虽然如此，四川省办驿运大量承运田赋征实之粮食的基本事实是无可否认的。

川西驿运区于1945年3月底撤销后，四川省驿运管理处直辖广汉段、成都段、遂宁段继续承担川西驿运区所承担的粮运任务，其中直辖广汉段即承担绵竹储运处粮运。1945年9月，直辖广汉段呈文省驿运管理处，因承担绵竹储运处连山存粮，要求省驿运管理处与绵竹储运处交涉下拨运费，其中声称：“恳请钧处飞函绵竹储运处拨发衷局长已批准之运费三十余万元迳付站长胡显荣，以便督饬分别办理连山存米下运事宜。”运费下拨，绵竹储运处粮食即可开运。[②]

（三）第六战区的军运。第六战区以陈诚为司令官，其军队驻守于武汉以西，重庆以东沿长江地区，及其两岸纵深地区，其任务为守住长江，即称江防。此为重庆及大后方的东大门，抗战时期战略地位突出，日军进攻较激烈，因而军运任务繁重而又急迫。奉建支线总段即为第六战区之军运而专设。该线所经各地大部分为山间“羊肠鸟道”，行走不便，因而征雇了1600名左右的运夫，肩挑背驮，承运物品为“军米及钢铁桐油食盐”等军用物资，运输之艰难可想而知。据记载，仅就军米运输，原预计奉建支线总段“月运米二万五千小包”，因征集运夫困难，后得第六战区兵站总监部同意，改为“每日由大溪运建始军米五百小包，月运一万五千小包”。[③] 自开运至1941年5月

① 《四川省处历年粮运概况》，《驿讯》第二十二期（1944年3月1日），第3页。

② 《为呈请飞函绵竹储运处下拨运费以便督运连山存米事宜核示由》（1945年9月7日），见四川省档案馆藏四川省驿运管理处档，全宗号：民132，案卷号：154，第512页。

③ 《为呈报二十九年度预算书请鉴核由》（1940年12月19日），见四川省档案馆藏四川省驿运管理处档，全宗号：民132，案卷号：58，第6页。

底，“共运军米军品商货等七五六二三公吨，计九一八一五延吨公里”。[①] 因军运运价过低而亏损等原因，奉建支线于1941年6月1日交由第六战区司令部接收办理，但其半年多时间的运输大致满足了“前方军品弹药被服粮秣之补给”，对支持第六战区抗战意义重大。

（四）成都市特约米的运输。1943年8月，四川省办驿运增加的另一运输任务就是承运成都市特约米。“此项米粮，为市民日用所需，关系社会。四川民食第一供应处为便利市民易于购买，爰有特约米店之设，将本市分为东南西北四区，每区各设特约米店若干家，分布各区街市，综计全市共有特约米店六十四家”。[②] 四川省驿运管理处川西区受第一民食供应处委托，“承运成都全城特约米店64处，按月运输冲消米平均300石”，这项运输虽然运输量不大，但运输过程十分繁琐，“且以关系平民日食所需，责任尤重”。川西驿运区每日凌晨“派拨车辆，分由指定仓库，运米到店，多则石余，少则数斗，近在咫尺，远亦数里，运行时少，装卸时多”，所以“车辆虚糜，亏累甚巨”。[③] 其运输数量虽不多，但与成都市民的生活密切相关，其重要性也就不言而喻。

（五）成都城郊及附近地区的客运。因汽车及汽油来源不易，汽车客运已非普通运输方式，城市市区、城郊间及城市之间的客运更加困难。在此背景下，除商营人力车在成都大量运行以及川陕驿运干线分处在成都经营马车客运业务之外，四川省驿运管理处为方便成都市区及城郊附近地区的旅客出行，自备客运马车，在成都城郊及附近地区举办客运。

---

① 参阅《四川驿运》，四川省驿运管理处编，1941年7月内部发行，重庆市图书馆枇杷山分馆收藏，第6页。

② 《四川省处承办蓉市粮运》，见《驿讯》第十九期（1944年1月16日），第4页。

③ 王余杞：《四川两年来之驿运》，《四川建设》第二期（1944年7月31日），第87页。

四川省办驿运之马车客运，最初是由川西驿运区成都段承办，于1943年1月开始营运，最早营运路线为成都西门至金牛坝一段，并曾延展至郫县。据1943年7月的调查，四川省驿运管理处所开辟的客运路线，如下表可知：

表4—1 四川省驿运管理处客运路线概况表

客运线路名称	起讫站名		里程（公里）	开办时间	工具	每程客票全价（元）	附记
	起站	讫站					
成都市郊	成都西门	茶店子	4	1943.1.1	马车	6.00	里程总计：111.5公里。
	成都西门	金牛坝	6	1943.1.1	马车	8.00	
	金牛坝	茶店子	1.5	1943.1.1	马车	3.00	
成灌段	成都	郫县	22	1943.5.1	马车	30.00	
成邛段	成都	邛崃	78	1943.7.1	马车		

资料来源：本表数据来自《全国水陆驿运客运路线概况表》，1943年7月制，见《驿讯》第九期（1943年8月16日），第3页。

1945年3月，川陕驿运干线分处奉命结束后，其所经营之成都马车客运业务则移交四川省驿运管理处，为此特成立四川省驿运管理处客运服务所。川西驿运区撤销后，其所经营之马车客运业务也移交给该客运服务所。至此，成都市区及城郊马车客运业务则设立了统一的管理机构。

对此创办的背景与经过，四川省驿运管理处有过一段描述：“本省马车客运，向无先例。本处为率先倡导便利市区交通计，乃兴办成都近郊客运马车，经先租赁川陕线驿运分处马车五辆，于三十二年元旦开行成都西门金牛坝间一段。嗣曾一度向西展延至郫县。在三十二年本省举行物产竞赛会期中，复临时添办老西门与新西门间各段客运。旋本省自制客车竣工运省，加入运行。因票价低廉，时间经济，运行安全，座位舒适，故社会人士咸称便利，纷纷要求增辟客运路线。”① 与其时运行成都市内之人力车相比，马车客运具有“票价低廉，时间经济，运行安全，座位舒适”的优点，大受社会人士的欢迎。在四川省办驿运后期货运渐趋减少之际，马车客运则成为省办驿运的主要营运项目，其经营一直延续到 1946 年 5 月底四川省办驿运结束。

除了上述这些主要运输之外，四川省办驿运还承担了运煤、运盐、运纸等运输任务。正如吴昌言在《四川省境内之驿运》中所述，“川省驿运支线通常运输以大竹、天生桥、安岳、彭县、濛阳、乐至等四川省粮食储运局仓库的食米，自流井的盐，大足的纸张为主，以公商货物为辅。”② 如 1944 年 11 月 3 日，川东驿运区与万县水电厂签订合约，承担运煤之任务，每月运输燃煤 200 吨，运输里程由“万县五梁桥沙坝至万县鸭车沟，按八公里计算”。③

纵观四川省办驿运整个抗战时期的运输，据四川省驿运管理处之统计，至 1944 年 10 月底止，其历年货运运量可列表如下：

表 4—2　四川省驿运管理处货运运量统计表

年度	线别	运量（公斤）	延吨公里
（民国）二十九年	新渝支线	1884960	842405
	奉建支线	70700	7714
	小计	1955660	850119

① 王余杞：《四川两年来之驿运》，《四川建设》第二期（1944 年 7 月 31 日），第 87 页。

② 吴昌言：《四川省境内之驿运》，见《四川经济季刊》第二卷第三期，转引自钟古熙《四川的驿运》，见《四川经济秀刊》第三卷第一期（1946 年 1 月 1 日），第 172 页。

③ 《川东驿运区万梁段与万县水电厂运输合约》（1944 年 11 月 3 日），见四川省档案馆藏四川省驿运管理处档，全宗号：民 132，案卷号：111，第 295 页。

续表

年度	线别	运量（公斤）	延吨公里
（民国）三十年	新渝支线	2337302	1277172
	渝广水陆联运线	6171059	1245064
	奉建支线①	685553	84001
	川西支线	3493422	156481
	渠万支线	2686705	175086
	小计	15374041	2937804
（民国）三十一年	渠万、川东支线	3846256	382184
	新渝、川西支线	7627690	1414971
	渝广水陆联运线	4137590	1098591
	小计	15611536	2895746
（民国）三十二年	川东区	1198536	89437
	川西区	13457219	725442
	小计	14655755	814879
（民国）三十三年	川东区	38951940	114261
	川西区	4980550	272056
	小计	43932490	386317
总计		91529482	7884865

资料来源：此表来自《四年来的四川驿运》，由四川省驿运管理处编制，见《驿讯》第三十八期（1944年11月1日），第3页。

从上表可见，运量上1944年运量最大，其次为1942年、1941年，但从延吨公里量上来看，则是1941年、1942年量最大。究其原因，1944年川西川东两驿运区从事特种工程运输，因而运量最大；因特种工程运输距离相对不远，所以1944年驿运营运延吨公里量上并不大。1941年四川省办驿运五线并运，驿运线路绵长，其中渝广

① 另据交通部1941年统计年报，奉建支线1941年运量为685529公斤，84101延吨公里，与上表稍有出入，见《中华民国三十年交通部统计年报》，交通部统计处编，中国第二历史档案馆藏交通部档，全宗号：二十（2），案卷号：1441，第79、81页。

水陆联运线就长达1127公里，新渝支线达816公里，并且其军公运输紧急，任务繁重，因而运量与延吨公里量上都较大。就四川省办驿运的整体发展来看，1940年为初步发展阶段，1941年和1942年为大规模运输阶段，而1943年运输业务稍有收缩，1944年因特种工程工粮、工料运输，四川省办驿运营运达到高潮。

至于客运马车的运量情况，据不完全统计，1943年及1944年前半年运量情形如下：

表4-3　四川省驿运管理处客运运量统计表

年度	旅客人数	延人公里	备注
民国三十二年	49773	310435	
民国三十三年	18779	208993	此为前半年统计数据
合计	68552	519428	

资料来源：此表数据来自《四年来的四川驿运》，由四川省驿运管理处编制，见《驿讯》第三十八期（1944年11月1日），第2页。

由于资料的限制，只能统计到一年半的客运马车的运输量，而对1944年6月以后载运量，也就不得而知了。但是，此不完全统计并不妨碍反映战时客运马车的基本运输情形，四川省办驿运之客运马车，一年半的运输，共载旅客68552人次，达519428延人公里，客运马车对旅客的出行提供了方便，社会人士“咸称便利，纷纷要求增辟客运路线”。

二、四川省办驿运运输形式的演变

根据国民政府最初恢复传统驿站运输方式，举办战时驿运的设想，各线驿运机构决定采用传统驿站运输中分站运输的形式，即称之为“分站递运制”。

分站递运相对于直达运输而言，具有诸多优点。所谓直达运输，就是在运输时，运输者从起运地直接运到目的地，中途不更换工具与动力。这种运输形式不需中途装卸货物，不需在运输途中设置运输工具与动力，表面看来方便而又经济。就战时驿运而言，直达运输适用于几公里至几十公里的短途运输，但如果上百公里甚至上千公里的运输，此种直达运输则容易使运夫与兽力疲劳，甚至因过度劳累而致兽力倒毙，运夫也因劳累过度而生病死亡；并且，直达运输可使运输效率渐趋低下，“譬如快马每天尽量的走，可以走到一百公里，这在一连仅仅行走三两天，当然可以维持这个数字，如果是连续不断的行走十天或数十天，那么，每日的行程，就会一天一天的减少，而终至于每天难于跑到五六十公里”。① 分站递运则可避免直达运输的缺点，运输中途更换工具与动力，每站相隔 15 至 30 公里，一站站递运，运夫与兽力只运输一站，使运夫与兽力都可得到休息，恢复体力，此本为中国传统驿传系统的运输形式。对此运输形式，蒋介石在运输统制局高级职员训话中曾做过详细表述：“依照我国从前驿站办法，或三十里一站，或五十里一站，组织当地的运夫骡马手车，每天只求运送一站，站站衔接，节节递运，路程近的运夫一天一来往，远则隔天一来往。”这是对中国传统驿运分站递运运输形式颇具形象的描述。②在全国驿运会议上，蒋氏再次强调使用这种运输形式，“驿站运输制的特点，就是分站衔接运输，而非长距离的直达运输”。③

四川省办驿运最早的奉建支线，其最初即采取分站递运的形式。奉建支线于 1940 年 10 月 17 日开运以来，在奉节、大溪、王家沟、

---

① 李起涛：《由“分站递运制”谈到“分段接运制”》，《驿运月刊》第一卷第三期（1941 年 5 月），第 13 页。

② 蒋介石：《运输统制与运输运动》（1940 年 4 月 20 日），见薛光前等著《新驿运运动》，战地图书出版社，1940 年，第 3—4 页。

③ 蒋介石：《驿运制之重要及其特点》（1940 年 7 月 15 日），见薛光前等著《新驿运运动》，战地图书出版社，1940 年，第 8 页。

庙宇漕、天鹅池、沙坝、陇里、建始、龙凤坝、恩施等地设立了10个驿运站，备有仓库、食宿站等设施，每站安排运夫近200名，分站递运，[①] 其后开办的新渝支线，因全为木船运输，设驿运站并不多，全长816公里的驿运线，设新都、赵镇、内江、泸州、重庆五站，但最初所采用的也是分站递运的形式。此在新渝支线总段的呈文中就提到其时之运输情形："查堆放赵镇之广汉军米已定于本日（1941年4月22日）由赵开运抵内江后转载赴泸，由泸转载赴渝。"[②] 这种运输形式的采用，相对于直达运输，其劳逸调剂，使运输能力持久不变，因而可减少运输途中的事故发生，整体上提高了运输效率。

然而在奉建支线的实际运输中，分站递运的缺点就已显露出来。165公里的奉建驿运线，分为10个站，除建始至龙凤坝间隔45公里之外，其他平均每站间隔15公里，运输时，站站衔接，运输迅速。但是如果运输途中忽遇大雨或其他事变，不能行走，则所运货物不能按时运到某规定站，例如大溪至王家沟运输途中，遇雨不能行走，则不能按时赶到王家沟，那么王家沟驿运站及后面的庙宇漕等驿运站的运夫必须等待，迟一天到达王家沟，那么王家沟、庙宇漕等站的运夫，则必须等一天。而且，大溪去王家沟的运夫也不能及时返回大溪，那么源源不断运到大溪的货物必致积压，这样不但不能节约时间，反而因此导致运输混乱，货物积压，延误了运输。并且，分站递运需要到站后转运装卸，这样必须雇用装卸工人，需要装卸时间，所以也就提高了运输成本，增加了运输时间。再则，货物几经装卸，也难免不受损坏。当然，奉建支线主要是运夫肩挑背驮，装卸影响运输

---

① 参阅《四川驿运管理处筹办概况》，见四川省档案馆藏四川省驿运管理处档，全宗号：民132，案卷号：143，第37页。

② 《为据泸县段呈报签订承运广汉军米合约转请鉴核备查由》（1941年5月2日），见四川省档案馆藏四川省驿运管理处档，全宗号：民132，案卷号：2，第110页。

也许并不大，但一旦是车运或船运，相隔 15 或 25 公里一站，频繁装卸，麻烦实属不小。①

也许是对驿运实际工作中分站递运所存问题的积极反应，交通部驿运总管理处后来提出另一种驿运运输形式：分段接运，“分段接运以运夫及工具直达全段为原则”，这种形式，其优点是“货物损耗之机会较少，运输亦较迅捷”，但缺点是“运夫易感疲劳，工具之保养较差”。而分站递运“以运夫及工具均逐站转换为原则”，优点是“运夫不致过劳，工具管理较易，保养较佳”，但缺点为“逐站转换工具，物资易致损耗，且手续繁重，运输较为迟缓”。驿运总管理处斟酌利弊，认为：“两种办法互有利弊，斟酌去取，要在因时制宜”。②

基于此一认识，譬如新渝支线，因全为船运，所以设驿运站不多，全长 816 公里的驿运线，仅设新都、赵镇、内江、泸州、重庆五站，但新都为起点站，重庆为终点站，中途设站仅只有三站。并且，赵镇站和内江站主要为其附近地区粮食等货物的会聚点，再起运顺流运往重庆，实际也承担着货物起点站的功能。因此新渝支线根据实际运输情况做了运输调整，减少装卸次数，赵镇之船到达内江并不卸载货物，仅做短暂的停靠。只有船到泸州后，货物卸载，再由其他船只装载其货物转长江运往重庆。所以，实际上只有赵镇和泸州才为具有中转性质的驿运站。③ 此外在新渝支线与民间运输力量的签约运输中，基本也是分为三段进行运输，第一段为由新都到赵镇，第二段是赵镇至泸州，第三段为泸州到重庆，赵镇与泸州为中转站，内江仅为

---

① 参阅李起涛《由“分站递运制”谈到“分段接运制”》，《驿运月刊》第一卷第三期（1941 年 5 月），第 17—19 页。

② 《举办全国驿运实施纲要》（1941 年 1 月），交通部驿运总管理处编，见四川省档案馆藏四川省驿运管理处档，全宗号：民 132，案卷号：143，第 38 页。

③ 《新渝支线及川西线区营运概况》，四川省档案馆藏四川省驿运管理处档，全宗号：民 132，案卷号：39，第 123—126 页。

临时停靠站。[1] 这种打破了分站递运形式的运输形式，后来即发展为分段接运的驿运运输形式。对此分段接运的驿运运输形式，时人曾有十分形象的比方：“譬如某路线全长一千公里，其第一段系公路，长三百公里，沿线坡道甚少，可以行驶胶缘板车；第二段亦系公路，长二百公里，但沿线坡道甚多，只亦行驶驮运骡马；第三段系便道，长一百五十公里，可行驶双轮手车；第四段系水路，长二百公里，可通航十吨级木船；第五段亦系水路，长一百五十公里，只通航五吨级木船。那么，这条路线，即可分为五段接运，而分别利用胶缘板车、驮运骡马、双轮手车、十吨级木船及五吨级木船五种工具”。[2] 新渝支线分三段接运，即以木船吨位大小为分段依据。

奉建支线正因分站递运中的麻烦，改为分三段进行运输，第一段为奉节段，奉节至大溪，山路崎岖，运输艰难，仅15公里，全靠运夫或驮兽背驮，安排运夫600名；第二段巫山段，大溪至龚家漕，全长44公里，全为山间小道，可由运夫肩挑或驮兽背驮，安排运夫600名；第三段为建始段，龚家漕至恩施，长106公里，为古驿道及公路，道路较宽且平，可由运夫肩挑或独轮车载运，该段也安排了运夫600名。[3] 当然，在各段途中，分别设立了设备齐全的食宿站，以供运输休息和饮食。简言之，奉建支线采用分段接运的运输形式，以适应其时运输的实际情形，避免分站递运不必要的人力物力消耗。

这种运输形式的采用，可以说“袭取分站递运的所长，而避免其所短”，减少了装卸的次数，根据路途实际进行分段，尽量避免因运

---

① 《为赍呈装运军米合同及条约恳予存转备查由》（1941年1月4日），见四川省档案馆藏四川省驿运管理处档，全宗号：民132，案卷号：2，第19页。

② 李起涛：《由“分站递运制”谈到“分段接运制”》，《驿运月刊》第一卷第三期（1941年5月），第20页。

③ 《驿运线路段站设备概况表》（1941年2月10日），见四川省档案馆藏四川省驿运管理处档，全宗号：民132，案卷号：7，无页码。

输中断而延误了运输时间，使其能源源不断地分段接运。同时，施行分段接运，也让运夫及管理人员得到适当的休息。就是路途较长的段，也于每段驿运线路沿途设置一些食宿站，供运夫等休息饮食。如奉建支线建始段长106公里，线路较长，所以在其沿途设立了沙坝、陇里、建始、白杨坪、民兴镇、龙凤坝六个食宿站。运夫在此六个食宿站只做停留饮食、夜晚投宿，并不更换运输人员与工具。

总而言之，分段接运的运输形式，是由分站递运发展而来，或可以说是分站递运运输形式的变种，它具有了分站递运的优点，又尽量避免其本身的缺点。所以，四川省办驿运期间，“已办各驿运路线，几乎都采用这种分段接运制”。[①] 四川省办驿运所开辟的各条驿运线路，不管是支线总段时期，还是驿运区时期，不再局限于最初设定的分站递运制度，大多采用了分段接运的运输形式。

第二节　省办驿运物品结构及其流向分析

如前所述，四川省办驿运，在军公商等物资运输方面，承担的任务相当庞大，但完成任务却较为圆满，荣获交通部及省政府的嘉奖。本节首先就其在军公商等物质运输方面的大致运输比例予以陈述，分析其运输物品的结构，然后在此基础上，探讨其所运输之物品的流向。[②]

一、驿运物品的结构分析

四川地处抗战大后方，为西北西南交通运输、商品聚散的枢纽地

---

① 李起涛：《由“分站递运制”谈到“分段接运制”》，《驿运月刊》第一卷第三期(1941年5月)，第21页。

② 此仅就驿运之货运予以讨论，而运输旅客的客运，暂不在本节的讨论范围。

带，为大量战略物质运往前线的必经之地，更为重要的是，四川是大后方产粮大省，负担了整个抗战期间大后方近三分之一的粮食供应，[①] 四川的战时运输任务相当繁重。其中，大量的军公商运输任务则由四川省办驿运承担。

就军运来说，四川省办驿运所承担的并不算少，最大的军运运输任务是四川省办驿运举办初期所承担的第六战区的军运任务。据四川省驿运管理处的统计，奉建支线 1940 年共运 70700 公斤，7714 延吨公里，1941 年共运 685553 公斤，84001 延吨公里。另据交通部的统计年报，奉建支线 1941 年共运 685529 公斤，84101 延吨公里，与四川省驿运管理处 1941 年的统计虽有出入，但也十分接近。[②] 两年合计，如以 1941 年交通部的统计为标准，加上 1940 年四川省驿运管理处的统计数据，共运 756229 公斤，91815 延吨公里，这正好与《四川驿运》所载数据吻合，据其所称，“(奉建支线）自开运迄本年五月共运军米军品商货等七五六二三公吨，计九一八一五延吨公里”。其中，“本年”即指 1941 年，因奉建支线于 1941 年 6 月 1 日移交第六战区接办；其中所称“自开运迄本年五月”，应指四川省办驿运之奉建支线的全部运输；所说的“商货”，因奉建支线专为军运而设，则主要是指“军米军品”，此外，还包括前线军民所需日常生活用品，从某种意义上这也可包括在军运的范围内。

再如新渝支线，其成立之初，“因川东各地军米奇缺，仰赖川西供给”，四川省驿运管理处“为应急需，即行开运”，据四川省驿运管理处统计，新渝支线 1940 年共运 1884960 公斤，842405 延吨公里；

---

① 段渝主编：《抗战时期的四川》，巴蜀书社，2005 年，第 36 页。

② 此数据见《中华民国三十年交通部统计年报》，交通部统计处编，中国第二历史档案馆藏交通部档，全宗号：二十（2），案卷号：1441，第 79、81 页；《四年来的四川驿运》，四川省驿运管理处编，《驿讯》第三十八期（1944 年 11 月 1 日），第 3 页。

1941年共运2337302公斤，1277172延吨公里。虽也兼运叶烟、糖、药材等商品，但军米运输应为主要的，据新渝支线总段呈文所言："查本总段奉命代运四川省粮食购运处军米二千吨，合一万二千五百双市石，由新都运至重庆，自二十九年十月底开始运输，后该项军米经已运输完毕。"① 另据后来的川西区呈文所称："本线所运者，全属军粮。"② 由此可推断新渝支线总段及其后之川西区，很大部分粮运应是运往前线，即军粮运输。以后四川省办驿运所承担的军运任务，主要是承担了一部分军米运输。

此外，1942年7月25日，四川省驿运管理处川东支线总段与兵工署航技处承运商梁山难民商店签订合约，承运由梁山至万县军米，每月约定运量为"柒百市石至壹仟壹百市石"。③ 1944年8月，川西驿运区承运军政部兵工署第五十工厂成都分厂煤炭50吨，这也可属于军运的范围。④

就公运而言，四川省驿运管理处承担的特种工程工粮、工料运输，田赋征实后各地所征之部分粮食的运输，成都市特约米的运输等等，都应为公运任务。虽特种工程与军事相关，但四川省办驿运机构所承运的为工粮、工料，并非运往前线的军米或枪支弹药，所以也纳入公运范围内予以讨论。如渝广水陆联运线总段，承运四川特种工程委员会新津特种工程工粮，"自三十年一月十三日开运迄五月底止，

---

① 《为呈送军米运输报销由》（1941年4月26日），四川省档案馆藏四川省驿运管理处档，全宗号：民132，案卷号：102，第101页。

② 《新渝支线及川西线区营运概况》（1943年7月31日），四川省档案馆藏四川省驿运管理处档，全宗号：民132，案卷号：39，第125页。

③ 《兵工署航技处承运商梁山难民商店、四川省驿运管理处川东支线总段运输由梁山至万县军米合约》（1942年7月25日），见四川省档案馆藏四川省驿运管理处档，全宗号：民132，案卷号：76，第4页。

④ 《为本区承运贵厂煤炭系试办性质，似难按照车商所定运价同样办理复请查照由》（1944年8月2日），四川省档案馆藏四川省驿运管理处档，全宗号：民132，案卷号：109，第190页。

共运出工粮及其他货物 2918.04 吨，计 338723 延吨公里”，该线至 1942 年 8 月移交交通部接办止，共计承运货物 10308.649 吨，2343655 延吨公里，其中应不乏公运任务。川西支线总段则专为新津特种工程而成立，该线于 1941 年 1 月 15 日成立，4 月 10 日因工粮运毕而结束，近三个月共计承运工粮 3493.42 吨，156481 延吨公里。渠万支线总段，其“主要任务为运输粮管局存梁山大竹一带粮食，及棉纱食盐等物品”，公运任务突出，在 1941 年、1942 年两年，共计承运（包括其改名为川东支线总段后的运输）6532.961 吨，557270 延吨公里。

川东、川西两驿运区成立后，其主要的运输任务为田赋征实之所征粮食及 1944 年特种工程的工粮、工料运输，其中“三十三年一月成都区特种工程运输，驿运部门，除川陕线驿运分处参加承运外，四川省驿运管理处亦被邀参加。该处除动员自备及直接征雇的胶轮板车八百辆外，并发动民间胶轮板车九百六十辆。计共承运工粮一千一百零二吨，三万二千三百六十六延吨公里，工料十三万九千八百七十八吨，四十万零五千三百九十九延吨公里”，[①] 运输量极为可观。

田赋征实实行以后，四川省办驿运即承担了其中大部分粮食运输任务，粮运也就成为四川省驿运管理处的主要工作。据统计，“自二十九年至三十二年，共运三二三六二吨，折合四三一四九四市石。其间与储运局订约承运者，系自三十一年粮，当年共运出一一〇一四吨，折合一四六八五三市石；三十二年共运出一一二四三吨，折合一四九八九四市石，两年共计运出二三二五六吨，折合二九六七四七市石”，[②] 两年即运了近 30 万市石，即 20000 多吨，其全由驿运工具参

① 钟古熙：《四川的驿运》，《四川经济季刊》第三卷第一期（1946 年 1 月 1 日），第 172 页。

② 《四川省处历年粮运概况》，《驿讯》第二十二期（1944 年 3 月 1 日），第 3 页。

与运输，实属不易。1944 年 7 月，四川省驿运管理处副处长王余杞对此两年有过评述："本省田赋改征实物，本处川东川西各区即订约大宗承运，运粮区域，远达成华、新双、什德、绵广、渠万、安乐、自贡等地区，运输公粮达三二五〇〇〇石，合二万四千三百七十五吨，计一百七十六万八千五百吨公里。"[①] 上述两种数据，虽有差别，但也大致接近。由于资料的限制，其他几年的有关田赋征实的粮运量则不得而知，但从 1942、1943 年两年粮运的具体数据，也可大致了解四川省办驿运所承担的粮运任务。

除了承运大宗军公物资外，四川省办驿运也为自身的生存与发展着想，承担了部分商运。因军公运输，运价较低，有时甚至不及运输成本，再加之物价高涨，其收入连日常生活也难以维持，所以四川省办驿运承担部分商运，以弥补其亏损。此从川东驿运区的呈文中，即可略知其承运商货的原因，据其呈文所转呈大竹段的呈文中声称："据本段包运队队长赖伯飞等报告称：窃查月来物价高涨，生活奇昂，而储运局军米运价虽亦有增，但其数甚微，以此运夫终日辛勤，不得一饱，如继续承运军米，实无法维系，如无商货揽运，则自愿解散，是否有当，伏候钧长鉴核示遵等情。据此查该队长所称困难情形确属实在，职为维持运夫生活及本站营业计，于本月二十三日派由本站司事欧怀，在石桥乡揽有天生昌商号一部分粗纸承运，经商洽结果，其运价按照大竹川东分社与镛昌等公司现运一般市价，由石桥至渠县，照每百市斤运费壹佰元计算（包括装卸费在内，不另付给）。"[②] 在驿运中后期，物价高涨，揽运商货已成为驿运机构得以生存的一个重要

① 王余杞：《四川两年来之驿运》，《四川建设》第二期（1944 年 7 月 31 日），第 86 页。

② 《为据大竹段转呈大竹站承运天生昌商号粗纸运价证单赍呈敬祈鉴核由》（1943 年 6 月 12 日），四川省档案馆藏四川省驿运管理处档，全宗号：民 132，案卷号：111，第 30 页。

途径。又如1944年7月26日，川东驿运区与布商张学明签订合约，承运张学明所购手织土布20吨，每吨每公里运价106元，装卸费每10公斤收取国币四角，由西溪铺运至万县城内南门口。① 据资料显示，川东支线总段及川东驿运区曾承担了多起商货运输，现就所据资料，特列表如下：

表4-4 川东驿运区商运概况表

承运者	托运者	货物类别	运量	起讫地点	签约日期
川东支线大竹站	永安纸号	土报纸	暂不限定	梁山袁驿镇至渠县	1942.12.14
川东区大竹站	天生昌商号	粗纸	不定	石桥乡至渠县	不签约②
同上	商民李世尧	胶胎	不定	石桥乡至大竹县	无约
同上	三民纸号	土报纸	9吨	梁山袁驿镇至渠县	1943.6.18
同上	大公报馆	土报纸	30吨	梁山袁驿镇至渠县或大竹至渠县	1943.7.1
同上	协盛域纸号	土报纸	暂不限定	梁山袁驿镇至渠县	1943.12.1
川东驿运区	万县造纸厂	纸料	50吨	梁山车站至万县	1944.7.1
川东区大竹段	纸商唐德甲	土报纸	500令	梁山袁驿镇至万县	约上无日期
川东驿运区	华元造纸厂	纸料	50吨	梁山至万县	1944.9.6
川东区万梁段	庆成公司	木料	30吨	万县海关至沙河子	1944.11

① 《张学明与四川省驿运管理处川东驿运区运输土布合约》（1944年7月26日），见四川省档案馆藏四川省驿运管理处档，全宗号：民132，案卷号：111，第208页。

② 因其为零星揽运，不便订约，仅以该商号出具运价证明单为凭。

续表

承运者	托运者	货物类别	运量	起讫地点	签约日期
川东区万梁段	布商张学明	土布	20 吨	西溪铺至万县南门	1944.7.26

资料来源：由四川省驿运管理处档案中有关运输合同汇总而来，见四川省档案馆藏四川省驿运管理处档，全宗号：民 132，案卷号：111，案卷名：四川省府、省驿运处等关于承运食盐，订立各种运货合约、运价的指训令、代电、呈文。

虽有如此多起商货承运，但四川战时驿运之举办，其侧重点则为政府战时运输发生困难之时，承担“战时”各类军公运输任务，承运商货仅为四川省办驿运因自身业务陷入困境后的应急之举，与政府举办战时驿运之初衷并不相符。

综上所得，四川省办驿运主要为粮运，其中包括军运之军米运输，公运之特种工程工粮，田赋征实后的部分粮食及成都市特约米的运输。由于粮运在实际运输中是军运还是公运一时难以区分，故在分析其物品运输结构时，根据其时相关人士的方法，粮食运输数量单独开列。钟古熙对从四川省办驿运开运到 1943 年底的驿运物品数量，予以统计：“计自开运迄三十二年十二月底共运出军需物资一百四十六万九千六百九十三吨，公用物资四百零一万五千四百三十一吨，商品七百六十四万六千四百九十四吨，粮食九百零九万一千二百一十五吨。”[①] 合计共 22222833 吨，所运军需物资占 6.6%，公用物资占 18.1%，商品占 34.4%，粮食占 40.9%，粮食运输量单独列出。

然而，单就 1943 年的运输物品比例，其时另一相关人士则认为：“四川省驿运业务，卅二年度仍以粮运为中心工作，其数量占全部货

① 钟古熙：《四川的驿运》，《四川经济季刊》第三卷第一期（1946 年 1 月 1 日），第 172 页。

运百分之六十以上，深符中央倡导驿政安定民生之本旨。”[①] 粮运量占60%以上。但是，就自开运至1944年10月的四年驿运物品结构比例而言，四川省驿运管理处的结论则是：“综计本处各线所运各项物品，粮食占全数百分之六十六，其他公用品占百分之十，军用品占百分之四，邮件商品占百分之二十”。[②] 相互比较，这种结论也许更为可靠。

上述对四川省办驿运物品运输结构的描述，可显示其具有如下特点：（一）军运任务突出。蒋介石曾言：“抗战之胜败，不仅决于前方将士之战斗，而要看前方作战所需之一切补充与接济，后方之交通运输能否尽速源源赶上以为断。”[③] 地处抗战前后方冲要之地的四川省，其所办之驿运，承担军运任务在所难免。奉建支线专为第六战区的军运而设已显而易见，而为特种工程的工粮、工料运输，虽非为直接的军运，但也是在协助修造军用飞机场，为军事服务之目的甚明。此外，新渝支线的军米运输，田赋征实后的川西、川东驿运区的粮运也部分是为前线输送军米。（二）满足民众生活需求的色彩浓重。随着战事的延长，政府人员及大量难民涌入大后方特别是四川，必使粮、盐、布匹等生活物资消耗加大，加之日军战略封锁，物资来源锐减，因而物资逐渐紧缺，像成都、重庆等大中城市则更为严重，1940年3月成都抢米风潮即为明证。[④] 为稳定后方起见，国民政府逐渐关注大后方的生活物资供应，举办战时驿运即有此意。对于四川省办驿运，其运输任务之一，即是承运部分民用生活物资。如成都市特约米的运

---

① 卢季彭：《三十二年四川省驿运之检讨》，见《驿讯》第二十一期（1944年2月16日），第2页。

② 《四年来的四川驿运》，四川省驿运管理处编，见《驿讯》第三十八期（1944年11月1日），第4页。

③ 蒋介石：《运输统制与运输运动》（1940年4月20日在运输统制局的讲话），见薛光前等《新驿运运动》，战地图书出版社，1940年，第2页。

④ 参阅《抢米事件》，中共成都市委党史研究室编，成都出版社，1991年。

输，即为直接满足成都市民的生活所需，其他如盐运、土布运输等则不言而喻了，田赋征实之粮运也大部分是为满足民众的生活需求。（三）商运气息并不浓厚。虽有近20%的邮件商品运输，但邮件运输则由四川省驿运管理处与邮局签约承运，为公共服务性质。虽有私人信函，但省驿运管理处承运之邮件来自公用邮局，邮件运输也就属于公用运输，并不具有商运性质。退一步而论，即便具有近20%的商运，相对于近80%的军公运输，只近20%的商运已显得单薄了些。军公运输比例过重，所定运价又低，而商运比例不大，自然影响四川省办驿运机构的营运收入，经费开支难免不陷入困境，驿运机构的生存难免就不发生危机。

二、驿运物品的流向分析

对驿运物品的结构分析，是对四川省办驿运之物品的静态分析；下面则是对驿运物品试作一动态的考察，分析驿运物品的流向，以期获得四川省办驿运物品运输更全面的认识。

在四川省办驿运前期，“因川东毗邻战区，军运需要迫切”，最早成立的奉建支线，其主要任务为承运第六战区的军用物资，所运物资最初由奉节运往建始，其后延长驿运路线，运至湖北之恩施，再由恩施运往第六战区前线战场。考察该线物品运输，此线物品的流动方向主要为由后方流向前线。“二十九年十月因川东各地军米奇缺，仰赖川西供给”，新渝支线随即成立，承担军米运输，由各地收购粮食，集中存储于新都、赵镇、内江等地，再由此三处起运，经泸州中转沿长江直达重庆，再由重庆分发运往各战场，以供应前方将士的生活所需。虽为由农村运往城市重庆，但其亦是间接性地运往前方战场。渝广水陆联运线设立之初，其主要任务是为新津特种工程而承运四川省特种工程委员会的工粮，把广元至成都一线所产粮食运往新津。但该线更为川省水陆运输大动脉，川陕运输之“孔道”，其线“一方面使川西食粮源源东运，一方面沟通川陕，使陕西棉花、布匹大量输入”,[①] 所运物品由西向东，由北向南流动。渠万支线的设立，是为运输四川重要产粮区梁山及大竹一带的粮食，运输方向为万县，然后水运至奉节，再转运至第六战区，或者运往渠县，沿渠江顺流而下至合川，经嘉陵江水运至重庆。至于川西支线，则专为新津特种工程而设，其所运工粮，由邛崃、蒲江、崇庆、郫县、温江等地运往新津飞机场，以满足机场民工生活所需。

在驿运区时期，由于所辖线路众多，一一描述已不现实。川东驿运区的运输，则继续原渠万支线的运输，展开田赋征实之粮运，并揽运部分商货，以及特种工程的工料运输。运输方向上与原渠万支线有相同之处，要么运往第六战区战场，要么运往重庆，变化不大。川西驿运区的主要运输任务，则为继续以前新渝支线的粮运，由专为军运转为军公兼顾，另承担了特种工程工粮、工料运输，田赋征实之粮运，成都市特约米的运输等等，运输方向则为由各地农村运往成都及重庆或由各地运往特种工程工地。据川西驿运区所言，该驿运区“基本运输以粮运为主要，其次为煤糖及日用品等，计三十一年粮运，则有金堂至成都，什邡德阳广汉至赵镇，三十二年六月以后粮运，则有什邡至成都及赵镇，德阳至赵镇，新都至成都，温江至成都”,[②] 其中运往赵镇之物品，则为再水运至重庆做准备。此外，在四川省粮食储运局致省驿运管理处的代电中，对四川省办驿运中粮食流动的方向记载明确，据其声称：“据报贵处川西各站承运本局粮食，往往定而

① 《四川驿运》，四川省驿运管理处编，1941 年 7 月内部发行，重庆市图书馆枇杷山分馆收藏，第 8 页。

② 《新渝支线及川西线区营运概况》，四川省档案馆藏四川省驿运管理处档，全宗号：民 132，案卷号：39，第 129 页。

不运，必待有移时，始行发动，以致抢运失时，贻误陪都军民公食甚巨等语。查川西存粮亟待运济陪都，未容稍事延缓，务请严饬贵处川西各站。”① 虽然其意旨在于揭露四川省办驿运中所存在的问题，但也明确透露了川西驿运区所运物品的流动方向，指出其所运粮食为运往重庆，供“军民公食”。至于川西驿运区承担的特种工程的工粮、工料运输，由于资料的限制，其运输方向难以一一描述，概而言之，即为由各地运输工粮、工料至各个在修军用飞机场。

基于上面的描述，可见四川省办驿运物品的流动方向具有下述特点。

（一）物品流动单向性极为突出。所运物品基本上是由农村流向城市，后方流向抗战前线，很少见到有关物品运输由城市运往农村，前线运往后方的记载。虽然与抗战时期的战争环境有关，但另一层原因恐怕是国民政府更多关注的是城市的社会稳定，避免类似 1940 年成都抢米风潮的事件再度发生，而很少关注农村社会，所以物品流动单向性的特点也就折射出某些政治色彩。物价飞涨首先冲击的是城市，而小农自然经济下的农村所受影响并不大，所以国民政府难免不把目光过多地集中在城市。② 因此，四川省办驿运之物品，除了运往前方战场之外，更多的则是为稳定物价而运往成都、重庆等城市。正因有此单向性物品流动，四川省办驿运的运输工具与动力的回空率极高，运输成本不免增加，这也是四川省办驿运连连亏损的一个原因。

（二）所运物品，粮食的流动量最大。如前所述，四川省办驿运所运物品的结构比例，在各种统计数据中，不管其粮运在运输总量中所占为 40.9%，还是 66%，都应是一个比较大的比例。现就以全国

① 此为川西驿运区致四川省驿运管理处呈文中所引粮食储运局的代电，见四川省档案馆藏四川省驿运管理处档，全宗号：民 132，案卷号：43，第 121 页。

② 参阅周春主编《中国抗日战争时期物价史》，四川大学出版社，1998 年。

驿运干线所运物品比例做比较，也许认识更清楚。

表 4—5　1941 年全国驿运干线运量表　单位：吨

	总计	军品	公物	商运	邮件	粮运	其他
运量	128417.4785	20996.3185	50995.107	52198.919	1143.284	2814.097	269.753
百分比	100%	16.3%	39.7%	40.6%	0.8%	2.0%	0.6%

资料来源：来自《中华民国三十年交通部统计年报》，交通部统计处编，见中国第二历史档案馆交通部档，全宗号：二十（2），案卷号：1441，案卷名：一九四一年交通部统计年报。

由全国驿运干线所运物品结构比例可见，虽仅一年的物品结构比例，但其 2%的粮运，与四川省办驿运之 66%的粮运比例比较，则可知四川省办驿运中，粮食流动尤为突出。究其原因，由于地处抗战大后方的四川，因大量难民的涌入和政府机关人员的迁入而导致人口急剧增加，所以粮食需求即随之大增；前线屯兵百万，军粮需求相应十分紧急；四川地处盆地，相对同处大后方的云贵高原和黄土高原及新疆甘肃荒凉之地，粮产素来颇丰盛。粮食的需求点与供应点全都集中于四川，其粮运任务自必大增。因此，四川省办驿运的主要运输任务即为粮运，正如四川省驿运管理处所称：“本处历年业务均以粮运为中心。”[①] 四川省办驿运中，粮食的流动量最大，自在情理中了。

（三）物品流动中的线性运动与向心运动。四川省办驿运物品由周围农村流向城市，或以特种工程为中心，由四周各地把工粮、工料运往特种工程所在地，则是向心运动，例如川西支线，“本线以新津为中心，分至邛崃蒲江崇庆郫县温江等县，长二六三公里，唯一任务

① 《四年来的四川驿运》，四川省驿运管理处编，见《驿讯》第三十八期（1944 年 11 月 1 日），第 3 页。

系承运新津特种工程工粮”，[1] 其后川西驿运区承担的成都地区特种工程工粮工料运输，其物品流动特征上也是如此。再是川西驿运区承担的田赋征实之粮运，特别是成都市特约米的运输，以及渠万支线、川东驿运区的粮运，都形成以成都、重庆为中心的向心运动。

四川省办驿运物品由后方流向前方，由川西流向川东，则为线性运动，譬如奉建支线，运输军用物资，由奉节经建始而至恩施，再转运至前线；而新渝支线则“因川东各地军米奇缺，仰赖川西供给”而承运川西米粮至重庆；渝广水陆联运线也为“使川西食粮源源东运”而设立，驿运物品流动中线性运动的特征也较突出。[2]

第三节　驿运运价及其与物价的关系

四川省办驿运开运伊始，即为驿运运价问题所困扰。驿运的顺利开展，必须确定合理的运输价格，以期收回运输成本，获得一定的利润，保持运输力的持久。然而，在抗战之特殊情况下，国民政府开办驿运又以“半工半义务性质”相要求，所定驿运运价较低，收回运输成本亦有困难，更不必论获得利润。更严重的问题是，随着抗战时间的延长，整个国家物力、人力的消耗已接近极点，物资匮乏，抗战大后方的物价节节上涨，在驿运运价方面又该如何应对？对于四川省办驿运而言，究竟是遵循交通部的意旨，采用对驿运运价限价的手段以期望抑制物价上涨，抑或是随同物价上涨，采取调价政策以能够尽力收回驿运成本，保持驿运事业的稳定发展？此为四川省驿运管理处面

---

① 《四川的驿运》，四川省建设厅秘书室编审股编，1943 年 6 月内部发行，重庆市图书馆枇杷山分馆收藏，第 7 页。

② 参阅《四川驿运》，四川省驿运管理处编，1941 年 7 月内部发行，重庆市图书馆枇杷山分馆收藏，第 3—8 页。

临的两难选择。本节即对四川省办驿运的运价及其与物价的关系，试作一点说明。

一、四川省办驿运的运价

蒋介石在全国驿运会议上指出，就驿运的性质而论，应为“半工半义务”的性质。蒋氏认为战时驿运之举办，“非普通商业机关可比，其一切人力兽力器材之征调募集，决不能专赖经费雇用，而应出于义务供应之性质”，所以不能“专用金钱作劳力的标准”。[①] 根据这一要求，在《全国驿运会议主席团报告书》中，对驿运运价做出如下规定：“驿运运费由各省参酌当地力价工具成本及有无回空损失等情形，自行按段规定，呈部核准，以每三个月呈请修订一次为限。”[②] 此一规定，驿运运价以“力价工具成本及有无回空损失”为标准确定运价，其主要是从驿运运输成本的角度来定价，不太考虑运输利润及其他因素。其后四川省驿运管理处业务科长胡国本即简洁为：“运价以运输成本为订定之标准。”[③] 总而言之，全国驿运会议对驿运运价的规定，基于抗战的特殊环境，强调运输成本，不太考虑驿运的商业利润，体现出战时驿运“半工半义务”的性质。

运价的确定，以运输成本作为主要标准。基于此，交通部驿运总管理处对运输成本的计算方法予以明确规定。其中规定，驿运之运输成本的计算，应根据下列项目计算：（一）资产之利息；（二）工具设备折旧费；（三）经常费用；（四）意外损失。资产之利息包括房屋、

---

① 蒋介石：《驿运制实施之基本工作》（1940 年 7 月 18 日出席驿运会议闭会训词），见薛光前等著《新驿运运动》，战地图书出版社，1940 年，第 10 页。

② 《全国驿运会议主席团报告书》，中国第二历史档案馆行政院档，全宗号：二，案卷号：8607，缩微号：16J－1414，第 17 页。

③ 胡国本：《举办驿运之几个实际问题》，《驿运月刊》第一卷第三期（1941 年 5 月），第 31 页。

运输工具、电讯或其他设备购买费用之利息，折旧费包括房屋、运输工具、电讯或其他设备之折旧，而经常费则为最大一项费用，包括力价、管理费、薪俸及工资、房租地租、养路费、运输工具配件之损耗、房屋工具等修理费、运输工具之租值及牲畜食料等费。此外，意外损失应指行车行船风险损失。[①] 对于上述项目的计算方法，利息则以抗战时期中央银行的利息率为标准；折旧费的计算方法：运输工具以每延吨公里为单位，房屋及电信等设备以年为单位，“就每年运输之延吨公里约数，求得每延吨公里之折旧率”；而经常费中最大者为运夫兽力之力价，就四川省办驿运实际运输过程来说，其在运价中的比例占80%以上，“驿运成本之最大数字为力价”，其“构成分子，为‘人’之每日生活必需费用，‘兽’之每日必需生活资料价值”。[②] 后来的川东驿运区副主任张兰生在其信函中谈到粮运运价时，则有过简明扼要地概括：“至于粮运运价之规定，则力费部分由仓库与我方驿区洽订，可照洽定之力费加管理费百分之二十左右，此项办法闻正在拟定中。”[③]“力费”即为力价费用的简称。在“力费”基础上加收20%的管理费，操作上简便易行。

当然，仅以运输成本作为确定运价的主要标准，这只存于理论上。在实际驿运定价中，驿运运价还受其他一些因素的影响，除了运输利润不计外，其中最突出的有驿运运输的自然条件和所运货物的品类，这两种因素照样影响驿运运价的确定。

所谓货物的品类影响运价的确定，即指在运输过程中，根据货物

① 《举办全国驿运实施纲要》(1941年1月)，交通部驿运总管理处编，见四川省档案馆藏四川省驿运管理处档，全宗号：民132，案卷号：143，第19页。

② 胡国本：《驿运运价之研究》，《驿运月刊》第二卷第一期(1941年6月)，第33页。

③ 《张兰生致四川省驿运管理处副处长张冲霄的函》(1943年12月1日)，见四川省档案馆藏四川省驿运管理处档，全宗号：民132，案卷号：154，第261页。

的品类，对货物进行分等，不同等级的货物，其运输价格有所不同。“厘定运价之第一步，即须先将各种货物分列各种等级，是谓分等；如目前我国铁路，将货物分为十等，公路将货物分为三等。是货物分等之主要目的，为便于运价之规定与计算，盖货物种类太多，如每一货物，定一运价，将不胜其类也”，① 驿运货物的分等，则根据公路将货物分为三等的方法，也将货物分为三个等级，以便确定驿运运价，那么驿运货物分等，“大体系照公路运输办法，将货物分为一二三三等，等与等间运价比率，三等为一〇〇，二等为一五〇，一等二〇〇”。②

1941 年 1 月 9 日部令公布的《驿运货物分等表》，即按照公路汽车运输将货物分为三等的方法，将货物分为普通货物、危险货物两大种类进行区分货物等级。其中普通货物分为矿产门、农产门、森林门、禽畜门、工艺门五大门类，每门又分为若干类，每一类，则包括若干种物品，例如无烟煤属于普通货物中的矿产门第一类煤焦类，其等级为第三等；稻米属于普通货物中的农产门第一类粮食类，其等级为第三等。危险货物分为易燃流质、腐蚀及毒性品、爆炸品、杂类四大类，例如火药引线属于危险货物中的杂类，其等级为第二等，汽油属于易燃流质类，其等级为第一等。③ 普通货物一般为第三等，少数为二等，危险货物一般为第一等，少数为二等。根据此《驿运货物分等表》对各种货物的分等，按照三等为 100，二等为 150，一等为 200 的等与等间运价比率，以确定驿运运价，一等货物运价高，二等运价低，三等则最低。

---

① 龚学遂：《运价管制》，见中国第二历史档案馆交通部档，全宗号：二十，案卷号：562，无页码。

② 胡国本：《驿运运价之研究》，《驿运月刊》第二卷第一期（1941 年 6 月），第 35 页。

③ 参见《驿运货物分等表》，《交通公报》第四卷第三期（1941 年 1 月 2 日）。

驿运运输的自然条件照样影响驿运运价的制定。就陆运而言，有上坡下坡之分，有从低海拔运往高海拔，或从高海拔运往低海拔，一般情况下，往上需更多的人手，运夫、骡马等费力也大，运价就应定得高；往下时则用力少，人手需要也少，运价则应定得低。就水运而言，顺水而行，速度快，船夫用力少，运价则应定低；逆水而行，速度慢，船夫用力也多，运价就应定高。

根据驿运的运输成本，驿运货物的等级以及驿运运输的自然条件等因素，四川省办各级驿运机构，分别制定基本运价标准，作为各线开展驿运的收费依据。例如针对成都至广元间的运价与力价，就是在考虑运输成本及成广间自然条件的基础上制定基本的运价力价表。

表 4－6 成广间基本运价力价表（三十年七月一日实行） 单位：每吨公里

区间	行别	工具	力价	货主负责运价	驿运负责运价	附注
成广	上行	人力板车	3.50	3.68	4.80	军品照货主负责运价计算。运价已包括管理费在内。成绵间运价、力价适用于成都绵阳间之区间运输货物，其余均照成都广元间运价、力价计算。此表系三等货物价率。
		兽力板车	3.15	3.31	3.78	
	下行	人力板车	2.98	3.13	3.58	
		兽力板车	2.68	2.82	3.22	
成绵	上下行	人力板车	2.90	3.05	3.48	
		兽力板车	2.61	2.75	3.14	

资料来源：此表见四川省档案馆藏四川省驿运管理处档，全宗号：民 132，案卷号：158，第 139 页。

从成都至广元为上行，广元海拔高；由广元到成都为下行，成都海拔低。成广间运价的制定，充分注意了板车运输上坡和下坡的自然条件：上坡时，运价高；下坡时，则运价低。由于成都绵阳间地属川西平原，路途平坦，上下坡不太明显，因而上下行运价一致。

再如渠万支线，则根据所运货物之等级及运输途中的自然条件，制定基本运价表。

表 4—7　渠万支线普通货物运价表（三十年八月十五日起实行）　单位：每吨公里

起讫地点	行别	板车运价			挑夫运价			附注
		一等货	二等货	三等货	一等货	二等货	三等货	
渠县—大竹	下	10.00	7.50	5.00	12.00	9.00	6.00	
大竹—渠县	上	12.00	9.00	6.00	16.00	12.00	8.00	
梁山—万县	下	10.00	7.50	5.00	12.00	9.00	6.00	
万县—梁山	上	12.00	9.00	6.00	16.00	12.00	8.00	

资料来源：此表见四川省档案馆藏四川省驿运管理处档，全宗号：民 132，案卷号：158，第 66 页。

渠万支线的运价表，根据货物的等级，其运价则按照三等货为 100，二等货为 150，一等货为 200 的运价比率确定驿运运价。

基本运价是四川省办驿运各驿运区段站从事驿运的定价基础，基本运价在驿运实际中有时也称普通运价。然而，基本运价的制定，更多地处于一种理想状态，在实际操作中往往面临许多问题。

首先这一基本运价的制定主要根据国民政府所要求的“半工半义务”性质的驿运方针，制定运价上以完成军公运输任务为方向，因而“各线运价之订定，以能支付运输成本为原则”，① 基本不考虑驿运运输的商业利润，所定基本运价往往低于商运运价。川西驿运区在呈文中，谈到驿运前期之新渝支线时，就提到此一问题：“开运之初，正值枯水时期，载重量大为减少，此时一般商人运货，运价颇高，本线所运全属军粮，船户力价限于行船时所需之各种直接费用较商货运价

① 胡国本：《驿运运价之研究》，《驿运月刊》第二卷第一期（1941 年 6 月），第 36 页。

为低，而一般船户缺乏国家视念，恒以牟利为目的，因而发生规避情事。”[①] 其意在指责船户“缺乏国家视念”，不具爱国情操，但其呈文背后也深藏另一层意思：军粮运输运价过低，以船为谋生之手段的船户因无利可赚，甚至或难于收回其成本，不得已采取“规避”的办法。

川东驿运区大竹段大竹站即以川东驿运区所订基本运价太低，不得已揽运天生昌商号的粗纸，由石桥运至渠县，其运价则按照天生昌“大竹川东分社与镛昌等公司现运一般市价”承运，因此该商号所付运价“比本区所订普通商货运价较高”，所得利润以维持驿运站的日常运转。[②] 由此可见，川东驿运区揽运一部分商货，就是因为川东驿运区的承运军公物品的基本运价太低，不得已运输商号之商货，以“一般市价”定价，可获一定的利润，以补生活之用费。据四川省驿运管理处的调查，川东驿运区大竹站承运商民轮胎，“该项车胎运价折合每吨公里三十二元有奇，较该区普通运价高逾一倍”，[③] 至此可见商货运输的利润之高，军公运输基本运价的低微。

其次，军运事关抗战军机，军事机关也往往以此为借口，极力压低军运运价，使军运运价更低于基本运价，其运价不够支付运输成本，致使驿运机关连连亏损，运夫“潜逃”，船户“规避”，四川省办驿运营运面临危机。在四川省办驿运前期，济楚官盐由云阳雇用民船装运至秭归，每次给价为 2000 元以上；而军运中征雇民船运输兵员

① 《新渝支线及川西线区营运概况》（1943 年 7 月 31 日），见四川省档案馆藏四川省驿运管理处档，全宗号：民 132，案卷号：39，第 125 页。

② 《为据大竹段转呈大竹站承运天生昌商号粗纸运价证单赍呈敬祈鉴核由》（1943 年 6 月 12 日），四川省档案馆藏四川省驿运管理处档，全宗号：民 132，案卷号：111，第 30 页。

③ 《准电报川东区大竹站承运商民轮胎至石桥乡运价一案复请查照饬办由》（1943 年 8 月 20 日），四川省档案馆藏四川省驿运管理处档，全宗号：民 132，案卷号：111，第 60 页。

至湖北三斗坪，路途更远，但“九八师杨大队长计每船给价通计只一百余元，比较官盐给价差十五六倍”。[①] 军运给价如此低廉，以致四川省驿运管理处在其代电中声称：“查本处主办水运路线，时以军运频繁关系，势必征用多数民船以供运用。惟近来沿长江各县，间有军队强征民船，不给相当费用等情事发生，以致纠纷重出，难于征雇，影响运输实非浅鲜。”[②] 经与军事委员会交涉，其后军运运价经规定按基本运价的三等品运价计算，以与“发展驿运事业”之旨相符。时至四川省办驿运后期，物价暴涨，基本运价的涨幅远赶不上物价上涨幅度，军运运价过低尤为明显，其时有人指出这一问题的严重性：“政府倡办驿运，原在便利军运和发展民运，主要对象着重于有关国计民生之军公物资，其一般运价自宜按照各地实际生活需要及成本作最低限度之规定，以期奖诱民众，乐于服役，然现在军运运价给与标准过低，竟不敷夫畜一饱之资，因此，民众不堪其苦，相率逃避，运输大受影响，殊失政府兴办驿运调剂民生之本旨。”[③] 另一时人的议论也大致与此相同：“惟关于各地区军运运价，规定标准过低，实不敷维持民兽之最低生活，以致常有规避军运情事。”[④] 军运运价竟至“不敷夫畜一饱之资”，过低的军运运价所造成的影响，已与“兴办驿运调剂民生之本旨”根本不相符。据交通部驿运总管理处处长谭炳训所言，1943 年 7 月军运运价“仅等于商运百分之二十五”，[⑤] 可知其

---

① 《据云阳县府呈请通令征雇民船办法以维船业等情一案转呈鉴核示遵由》（1940 年 12 月 11 日），四川省档案馆藏四川省驿运管理处档，全宗号：民 132，案卷号：136，第 11—12 页。

② 《为电请规定统一征雇民船办法乞核示由》（1941 年 1 月 11 日），四川省档案馆藏四川省驿运管理处档，全宗号：民 132，案卷号：136，第 50 页。

③ 龚警初：《如何加强驿运事业》，《驿讯》第十二期（1943 年 10 月 1 日），第 1 页。

④ 勉之：《当前驿运的几个问题》，《驿讯》第五期（1943 年 6 月 16 日），第 1 页。

⑤ 谭炳训：《全国驿运工作之展望》，《交通建设》第一卷第八期（1943 年 8 月），第 5 页。

运价极低，已难以收回运输成本，“不足维持车船夫马之最低生活”，“相率逃避”应为必然之局面。

因此，四川省驿运管理处极力与上级机关相交涉，提高军运运价，使其尽量接近基本运价。四川省驿运管理处致电交通部驿运总管理处，针对“军队强征民船，不给相当费用等情事”，提出：“兹为排除驿运障碍，便于以后征用民船起见，拟请钧处迅予规定统一征雇民船办法，俾资遵循。”① 其后军事委员会针对此种情况，重新制订了《军事征雇小轮驳船民船补助金新订给与标准表》和《增订军事征雇夫马车辆租力给与标准表》，规定“各地运送军品如利用驿运站代运，其运费应按当地驿运机关规定支付”。② 国民参政会三届二次会议上，代表们提议：“驿运军运运价，应比照汽车军运，统按普通运输三等货品给与运价之规定给费。”③ 基于此提议，四川省驿运管理处规定军品运输，“照货主负责运价计算”，④ 此一规定与按基本运价中三等品的运输价格计算之意大致接近。

此外，在实际运输中，四川省办驿运机构有时不得不尽力遵循市场原则，以订约的形式议定运价，而不以基本运价作为定价标准。在四川省办驿运开运之初，除了渠万支线有板车 200 辆之外，其他四条驿运线，其工具大多征雇自民间，自身并无工具。对于大批的军公物品运输，四川省驿运管理处为按时按量完成运输任务，有时也与民间

---

① 《为电请规定统一征雇民船办法乞核示由》（1941 年 1 月 11 日），四川省档案馆藏四川省驿运管理处档，全宗号：民 132，案卷号：136，第 50 页。

② 《军事征雇小轮驳船民船补助金新订给与标准表》和《增订军事征雇夫马车辆租力给与标准表》（1941 年 2 月 1 日），见四川省档案馆藏四川省驿运管理处档，全宗号：民 132，案卷号：136。

③ 《国民参政会提案》，《驿讯》第十三期（1943 年 10 月 16 日），第 3 页。

④ 在前述《成广间基本运价力价表》中，人力板车运输，货主负责运价仅高于力价 0.18 元，而低于驿运负责运价 1.12 元，按货主负责运价计算，已接近所支付的力价费，因而所定军运运价应已十分低廉。

运输商行，或民间运输公会组织签约，由其向民间有组织地征集民间运输工具与动力，承担军公运输任务。向民间征雇工具与动力，或者由民间运输商行及民间运输公会组织征集工具与动力展开运输，四川省驿运管理处不能以其所制定的基本运价作为征雇和签约的标准，而必须遵循民间习惯，以其时市场价格为标准进行征雇和签约，否则，无人应征，无可签约，军公物品也就无法运输，四川省办驿运工作也就无法开展。据所掌握的资料，在整个省办驿运期间，四川省驿运管理处及其属下驿运机构，与民间运输商行及民间运输公会组织所签订的运输合约，多达26个。运输合约以市场价格为标准，遵循商运习惯，确定运价，再上报驿运总管理处和托运机关，核定后由托运机关按运输总量拨付运费给四川省驿运管理处及其所属驿运机构，由四川省驿运管理处及其所属驿运机构按约定之运价支付运费给民间运输商行及民间运输公会组织，再由民间运输商行及民间运输公会组织支付力费给运夫，支付雇佣金给工具及兽力所有者。

比如，1940年12月25日，开运不久的新渝支线总段，因其本身并无工具，不得不“完全利用民有船只”进行运输，与金堂县赵镇船业公会主席巫克智签订合约，由金堂县赵镇船业公会雇用民船承运新渝支线总段所承担的部分军米运输。在其合约中规定，由船业公会（由巫克智负责）挑选完整坚固的民船，“承雇装运军米柒仟伍百双市石（合计壹仟贰百吨）”，由金堂县赵镇运至泸县，其运费则如此规定：“此项军米运价由甲乙两方议定，并经金堂县第二区区长张新源、商会主席李欣荣、前船业公会主席邓丰三、四川省购运处驻金堂督察员贺介在场证明，每双市石（每双市石净重三百二十市斤）运价贰拾贰元（所有至泸县后卸交其他船只装载，或交存就近仓库，一切装卸费用均包括在内），起运时由甲方付运价款十分之八，余款俟到达泸县将装载军米交清后如数照付。”其中所指甲方为四川省驿运管理处新渝支线总段（总段长张毓灵），乙方为金堂县赵镇船业公会（主席巫克智），并且规定："此项运米价款由乙方分次负责经收，出具正式收据交付甲方以为凭证，并由乙方按各船应得范围内，分别转付各船主，不得短少或侵扣。"①

像省驿运管理处及其所属驿运机构，与各民间运输商行及民间运输公会组织签订的运输合约，数量众多，不必一一述说，其中所需理解的一点是，其约定价格，必须遵循市场价格原则，否则不能成约，如与市场价格不符，则必须调整运价，譬如早在1940年10月31日，新渝支线总段张毓灵与金堂县赵镇船业公会主席巫克智所订的军米运输合约中，就规定："承运之军米第一批五千双市石，限十日内运出，第二批柒仟五百双市石随到随运，不得延误，但第二批如水位底[低]落时，关于运费再为酌议。"并且所定运价每双市石为"壹拾贰元五角"，② 而到前述12月25日再签约时，则根据物价情况，所定运价则调升至每双市石运价"贰拾贰元"。

二、驿运运价与物价的关系

抗日战争进入20世纪40年代，随着战事的延长，整个国家物力、人力的消耗趋向极点，物资也随之匮乏，再加之日本侵略者对华的严密封锁，国际物资补给来源日益困难，物资短缺更是雪上加霜。抗战大后方的物价由此迅速上涨。抗战之初，全国物价基本平稳，全国趸售物价指数以1937年上半年计算为100，并以此作为基期物价

① 参阅《四川省驿运管理处新渝支线总段长张毓灵、金堂县赵镇船业公会主席巫克智为雇用民船装运军米特订合同》（1940年12月25日），见四川省档案馆藏四川省驿运管理处档，全宗号：民132，案卷号：2，第24—25页。

②《四川省驿运管理处新渝支线总段长张毓灵、金堂县赵镇船业公会主席巫克智为雇用民船装运军米特订合同》（1940年10月31日），见四川省档案馆藏四川省驿运管理处档，全宗号：民132，案卷号：2，第2—4页。

指数，那么 1938 年 10 月为 144，相对而言涨幅并不大。时至 1939 年，物价上涨速度加快，至年底全国物价总指数比 1937 年上半年上涨了 3 倍。然而时至 1940 年，物价飞涨，至年底成渝两地粮食价格与基期物价指数相比，涨幅达 5 倍，其他商品价格随同粮价攀升，比基期物价指数上涨达 7 倍，“到 1943 年 12 月，物价总指数已增至 22304，比基期[①]上涨了 222 倍”。[②] 至 1943 年，物价上涨已变得一发而不可收拾了。

物价以加速度方式上涨，给普通民众与政府工作人员生活带来极大的困难，尤其是城市居民生活。此时国民政府亦认识到物价上涨已不利于社会的稳定，1940 年 3 月的成都抢米风潮令国民政府震惊。基于此一认识，国民政府针对物价上涨采取了相应的措施：一方面举行节约运动，促进农业生产，例如 1943 年在川北推广优良小麦品种 2905 号达 55 万亩，效果良好；[③] 另一方面对物价施行管制，交通部制定了《加强管制物价方案实施办法》。根据该办法，被认为是物价一部分的运价，也照样被采取管制措施，当然对驿运运价的管制也就不能幸免。

国民政府对物价施行管制，最核心的举措就是采取限价政策。蒋介石在其有关加强管制物价的报告中，提出的第一条实施措施就是实施限价。[④] 针对运价而言，根据时人的理解，运价应是物价的一种，是一种“抽象物价”，“运价既然可以看作物价之一种，那么限制一般物价时，运价自然亦应当列入被限制的范围之内”；并且，运价也是

---

① 基期即指 1937 年 1 月至 6 月，以此期间物价指数为 100。

② 参阅周春主编《中国抗日战争时期物价史》，四川大学出版社，1998 年，第 136 页。

③ 参阅《抗日战争时期四川大事记》，华夏出版社，1987 年，第 170 页。

④ 蒋介石：《蒋兼院长手订加强管制物价方案》，《交通建设》第一卷第一期（1943 年 1 月），第 24 页。

构成物价的因素之一，“运输就是生产工作的一部分，运费就是物价的一部分”，运价上涨，可以促使生产成本增高，物价也就因之上涨，因此限制运价在理论上也为可行的了。[①]

1942 年 11 月，交通部制定《加强管制物价方案实施办法》，针对限制运价做了如此规定：“各运输事业之运价，除以三十一年十一月三十日以前核准有案外，均以三十一年十一月三十日之运价为最高限价。”“最高限价”其意应指限制性的最高运价。对此最高限价，经实施后，“无论军公商运，应一体恪遵，不得擅自增减”，并且要求“各运输事业之运价，应以最低运输成本为标准，如因最低运输成本发生重大变动”时，得呈请上级主管机关才可调整，其中驿运主要运输成本因素“以夫马食料车船属具等为主”，[②] 并且也规定，原全国驿运会议所定的每三个月修订运价一次，也予以废止，“关于每三个月调整运价一节，本处前已通电废止。”[③] 相应地，作为运输机关的四川省驿运管理处制定了《四川省驿运管理处驿运限价实施方案》，规定了驿运运价的基本计算方法：工具所有人血本占 27%，夫驮生活必需费用占 64%，办理运输必要费用占 9%，以此计算某驿运线的运价，其中根据各驿运线的具体情况，以人力板车而论，川西驿运区川中各驿运线（自贡段）驿运运价为每吨公里 14.70 元，遂壁线为每吨公里 14.00 元，成都平原各线为每吨公里 13.00 元，而川东驿运区渠万线为每吨公里 13.00 元，宣汉至江北两路口线为每吨公里 13.50

---

① 参阅刘鼎新《运价与物价的关系》，《交通建设》第一卷第一期（1943 年 1 月），第 33 页。

② 《交通部加强管制物价方案实施办法》，见中国第二历史档案馆藏交通部档，全宗号：二十，案卷号：1746，无页码。

③ 《准送驿运限价实施方案，兹将应予修正各点电希修正再覆备查由》（1943 年 1 月 26 日），四川省档案馆藏四川省驿运管理处档，全宗号：民 132，案卷号：130，第 30 页。

元。[①] 四川驿运管理处即以此为四川省办驿运各线的最高限价，由四川省政府公布并上报交通部驿运总管理处。

然而确定最高限价，对驿运运价实行管制，并不能缓减物价上涨的势头，物价上涨日益严重，已近失控状态。据其时有关人士的议论，对于运价与物价的关系，其实还有另一层理解：运价是物价的一部分，同时运价也是建立在物价之上的，“运价高是因为物价高，而物价高不尽是因为运价高”。[②] 虽然认识并不十分到位，没有意识到提高运价也可能抑制物价上涨，抑制运价则影响运输行业的资本投入，导致运输业不景气，运输不畅，反而刺激物价的上涨，但其至少也理解到过分地限制运价，如果物价上涨并不能控制，也就导致运价不合理，影响了运输业的发展，运输也就可能陷于停顿状态。

对运价的管制，设定最高限价，原为抑制物价上涨的一种措施，但国民政府最初也许没有认识到，虽然最高限价制定后，运价也可根据最低运输成本的变动在获得上级主管机关同意的条件下进行调价，但由于物价急速上涨后运价调价行为的滞后，运价调价的幅度远远赶不上物价上涨的速度，运价太低，就驿运而言，远不能收回驿运成本，导致驿运亏损，无力营运，物资运输不顺畅，“物以稀为贵”，更刺激物价上涨的速度。交通部驿运总管理处后来确实也认识到限制运价所存在的弊端，意识到可能造成严重的问题。其在谈到盐运时就曾说到：“此项运输费近亦因物价之不稳定而随之上涨，倘强加抑低，则盐运停顿，脱销，堪虞转成人造盐荒。”[③]

---

① 《四川省驿运管理处驿运限价实施方案》，见四川省档案馆藏四川省驿运管理处档，全宗号：民 132，案卷号：130，第 15－22 页。

② 刘鼎新：《运价与物价的关系》，《交通建设》第一卷第一期（1943 年 1 月），第 35 页。

③ 《奉令关于此次调整盐价之详细原因仰遵照并饬属遵照由》（1944 年 4 月 5 日），见四川省档案馆藏四川省驿运管理处档，全宗号：民 132，案卷号：176，第 397 页。

综上所述，物价上涨，促使国民政府限制运价，主观上认为可减缓物价上涨速度。但物价上涨并不能抑制，运价调价的滞后反应又使运价过低更甚，运价不及其成本，必导致运输业不景气（如民间运输商行对运输投资紧缩）；而运输业不景气，物资来源益显困难，更加剧了物价上涨，运价相对物价，其低廉程度更加明显，如此即形成了恶性循环。四川省驿运管理处川西驿运区面对如此困境，不得已于1943年10月14日召集地方相关机构举行运价限价会议，根据物价飞涨的严峻形势，重新议定驿运运价。其议定运价的原则是“一方面需要顾及劳工生计及车商成本，同时不刺激物价之上涨，拟定合理公平之运价”，最后决议为“胶轮板车普通运价，限价规定每壹百市斤每壹华里最高为七角，其因工具种类、包装方法、运输限期、运量多寡及路途险夷与长短等因素之不同，得由托运人与承运人以合约方式参酌上项限定运价订定办理，嗣后如遇最低运输成本发生重大变动时，再行会商，呈请核定调整”。① 定价七角，“折合每吨公里二十八元”，② 已与原定价每吨公里14元左右，增加了一倍。名为运价限价会议，实则为调价会议。1944年1月，交通部针对运价无法限制的情况，制定了《铁路公路水运驿运运价调整原则及办法》，其驿运的调价原则为“以大米（长江以南）或麦粉（长江以北）零售价格数为调整驿运运价之标准”。因为“确定驿运运价以力价为主要构成因素，计力价占运价百分之九十，而力价中百分之九十五为夫马食料，所以粮价变动直接可以影响运价”，所以“粮价增加，驿运运价亦应随之调整”，其方法是以1944年1月大米或麦粉之价格为基数，“假定某

① 《川西驿运区运价限价会议记录》（1943年10月14日），此为川西驿运区致省驿运管理处之呈文的附件，见四川省档案馆藏四川省驿运管理处档，全宗号：民132，案卷号：131，第387—393页。

② 《为检送本处川西区运价限价会议记录一份电请查照备案由》（1943年12月1日），见四川省档案馆藏四川省驿运管理处档，全宗号：民132，案卷号：131，第408页。

驿运线平均米价在本年（1944 年，笔者按）七月间米价较同年元月间指数增加一倍，则某线运价亦增加一倍”。①

因此，四川省驿运管理处下发电文，要求各驿运区再行议定驿运运价上报驿运管理处，其在 1944 年 3 月 24 日给川西驿运区的电文中声称：“查该区去年十年所订普通运价，以物价高涨，当不适用，似应加以调整，仰按照目前实际情形，根据本处本年二月三日营字第 0158 号令发部颁之铁路公路水运驿运运价调整原则及办法，召集有关机关团体议订（运价）。”② 限价政策所定的最高限价已无法适应实际驿运工作。根据省驿运管理处的要求，4 月 28 日，在川西驿运区的回复中，该区驿运运价调整至每百市斤每华里最高为壹元，折合为每吨公里 40 元，如其回复中所言：“本区现行运价过低，以致车商规避，不愿应雇，兹据各段站请求增加运价前来，本区为顾全劳资双方需要，并参照各段站提供意见，在加强运能、增大运量之条件下，于本月十九日在本区召集有关机关举行运价会议，当经议决，胶轮板车普通运价每百市斤每华里最高为壹元。”在此基础上，再根据各地自然条件和货物品类以合约方式订定运价。③

由于物价上涨太过迅猛，驿运运价调整幅度已难以赶上物价上涨的速度，“物价变动过速，经时未久，即相差甚巨”，④ 单就军运的调价而言，军事给予标准经修订后，“约等于商运运价百分之六十”，但

① 《铁路公路水运驿运运价调整原则及办法》（1944 年 1 月），见四川省档案馆藏四川省驿运管理处档，全宗号：民 132，案卷号：131，无页码。

② 《为该区前订运价应加调整仰遵照部颁运价调整原则及办法议订运价鉴核由》（1944 年 3 月 24 日），见四川省档案馆藏四川省驿运管理处档，全宗号：民 132，案卷号：131，第 306 页。

③ 《为议订本区运价限价每百市斤每华里为壹元呈请鉴核示遵由》（1944 年 4 月 26 日），四川省档案馆藏四川省驿运管理处档，全宗号：民 132，案卷号：131，第 324 页。

④ 《据本处川东驿运区呈报调整该区运价等情电请查照由》（1944 年 6 月 13 日），四川省档案馆藏四川省驿运管理处档，全宗号：民 132，案卷号：131，第 347 页。

标准尚未施行，“运本又涨，虽经修改，亦仅等于商运百分之二十五”，“运本”其意即运输成本，运输成本上涨，其实质即指物价上涨。[①] 物价上涨过快，驿运运价调整滞后，调价失效。万不得已，四川省办驿运各区段便采取更为便捷的办法，以实物定运价。1944 年 4 月，川东驿运区与四川省粮食储运局议定驿运运价原则三条：“一、照本区驿运运输队编组及区段间行程日期，每人夫一名每日给与三市升米价，以全队人夫应得之米价及其运程及运量折算吨公里运价；二、运输队人夫由本区每名每日发给二升米价，作为生活维持金，其余一市升米价，则为夫队因雨停息，或其他事故延误行程超出程期之伙食费，及运夫伤病医药费，车辆损坏需用工资材料费及管理人员薪金等费；三、米价以县政府公布之平均米价为准，每半月更改运价一次。”[②] 力价占运价 90%，而力价中 95%为“夫马食料”，以米价定运价，在物价飞涨之时，既便捷又实在。另据川西驿运区 1944 年 10 月 2 日呈称：“绵竹站八月运输绵竹县仓库食米，均系发给夫粮计算运费。”[③] 此时的川西驿运区更以实物来支付运费了。

第四节 驿运营运管理与民间运输管制

驿运机构之名，在中央命为驿运总管理处，在省命为驿运管理处。顾其名，思其义，一为管理，一为运输。就其管理之内容，大致包含两个方面，一是驿运营运管理，一是民间传统运输力量之管制。

---

① 谭炳训：《全国驿运工作之展望》，《交通建设》第一卷第八期（1943 年 8 月），第 5 页。

② 《据本处川东驿运区呈报调整该区运价等情电请查照由》（1944 年 6 月 13 日），四川省档案馆藏四川省驿运管理处档，全宗号：民 132，案卷号：131，第 347—348 页。

③ 《为呈报绵竹站八月份粮运收入百分之五业务费夫粮出售经过情形请鉴核备查由》（1944 年 10 月 2 日），四川省档案馆藏四川省驿运管理处档，全宗号：民 132，案卷号：154，第 331 页。

一、驿运营运管理

驿运营运过程中，因所牵涉的人与事纷繁复杂，其管理也就具有非同一般的作用。一方面对驿运运夫的管理，使运夫不致在运输途中遗弃或变卖货物以及因事潜逃，另一方面对驿运工具与兽力的管理，不致使工具被人故意损坏，驮兽因劳累过度而倒毙。驿运工具与动力是驿运的根本，如在运输途中不善加管理，致使工具毁坏，牲畜倒毙，运夫潜逃，那么驿运运输力就会减弱，驿运事业发展必致受阻。

（一）驿运运夫的管理

1941年4月22日，奉建支线总段就奉建支线所经奉建巫三县代征运夫情形呈文四川省驿运管理处，指出征募运夫中所存在的问题。其所呈问题共三点："一、奉建巫三县各乡镇所代征运夫多系采用征丁办法，希图凑数，点交后听其自行逃避归藉，不加查究。二、送站运夫往往以老弱幼病者充数，到站后或运一二次即病，或乘隙潜逃。三、各县乡镇多系轮换办法，且轮换均无定期。凡运夫离乡时告以仅挑半月，或数天不等，而至期竟不征夫替换，是以至期运夫纷请返乡，如其不准，亦均出之一逃矣。"并且，运夫潜逃时"常常携带公物，因迭经函请该县府转饬追赔，多视为具文，从无一追还者"。① 以征丁办法代征运夫，即为一种地方摊派。前方战事正酣，后方征兵任务繁重，再征运夫实非易事。采取地方摊派的形式，地方政府为完成任务，不得已以老弱相充塞。服役运夫也难以再征民夫予以替换，超期服役之运夫潜逃已在情理之中。另据四川省政府致万县县政府的训令，其中指出："万利恩三县代征运夫多以老弱塞责，到站后不能

① 《为呈请援例令饬奉建巫三县代征运夫不得以老弱幼病者充数并饬赔偿拐逃公物由》（1941年4月22日），见四川省档案馆藏四川省驿运管理处档，全宗号：民132，案卷号：63，第201页。

胜任，有潜逃情事，影响军运甚巨。”看来运夫潜逃并非个别现象。

然而，运夫潜逃的发生，也不能仅仅由代征各县的不当操作来承担，其实其时驿运机构给予运夫的待遇太差也是原因之一，四川省驿运管理处就曾有所透露。其在回顾前期驿运时，就认为奉建支线“所经线路，多属荒凉，该总段经费又复未蒙充分拨济，以致各项仓库食宿站设备及运夫待遇，均未达到理想目的”。① 经费未足，改善待遇从何谈起，此处虽为轻描淡写，但这是当事者的陈述，所以也可见其问题的严重性。1941 年 7 月，四川省驿运管理处呈文省政府，谈及运夫待遇问题时声称：“关于民夫运送粮食或其他物品，无一定交运地点，及无粮可运时，并未发给停工津贴，以致运夫多发生变卖衣物或中途逃亡等情事。”② 另在彭山县政府致四川省驿运管理处的代电中也提及，其驿运各站负责人，对于“运输队炊具卧具全不管”，以及运夫“领米”，“发米一斗二升”，“均感困难不敷”。③ 待遇太差致使运夫潜逃。除此之外，管理运夫之驿运干部素质不高，工作不称职，也为原因之一。奉建支线总段给省驿运管理处的呈文中指出，“领队队长，不称厥职，或管理无方，或剥削渔利”。④

据奉建支线总段的报告，运夫潜逃时，确也拐走了公物。至 4 月 22 日止，近半年的驿运，巫山县有 10 人，奉节县有 21 人携带公物

① 《四川驿运》，四川省驿运管理处编印，1941 年 7 月内部发行，重庆市图书馆枇杷山分馆收藏，第 4—5 页。

② 《据情电呈粮站对运夫不合情形恳祈鉴核转饬改善由》（1941 年 7 月 17 日），见四川省档案馆藏四川省驿运管理处档，全宗号：民 132，案卷号：176，第 119 页。

③ 《为彭山县运输队各中分队长报称饮食困难，请通筹办法以利运输由》（1941 年 11 月 25 日），见四川省档案馆藏四川省驿运管理处档，全宗号：民 132，案卷号：176，第 50 页。

④ 《为举办本线运输干部人员训练班呈请备案由》（1941 年 1 月 18 日），见四川省档案馆藏四川省驿运管理处档，全宗号：民 132，案卷号：64，第 6 页。

逃走，比如巫山县龙田乡运夫杨乾发潜逃时，竟拐走了盐一担。[①] 抗战期间，在食盐来源不易，局部地区发生盐荒之时，这不是一个小数目。当然，对于拐带公物之情事发生，政府与各级驿运机构都认为是所征募的运夫“来源复杂”，“品类不齐”，“素质不良”所致。然而是否因经费困难等原因，驿运机构没有发足力价费，以致运夫不得已才携走公物以充力价费，此确有商榷之余地。1941 年 7 月 18 日，四川省驿运管理处致函省民政厅，就曾透露出这方面的信息：“自县府以下各级均有克扣民夫递运费情事，请通饬严禁。”[②] 运输军公物品，驿运经费来源于政府，地方政府克扣运夫力价费，导致运夫潜逃并拐带公物以抵力价费，自然亦在情理之中了。

因此，四川省政府与各级驿运机构对此运夫潜逃问题不能不认真对待，必须采取一定的措施，以改变此一状况，否则驿运事业难见发展。从上述分析来看，征募不善，待遇差，驿运干部工作不称职，运夫素质不良等，是运夫潜逃并拐带公物的主要原因。除了上一章所述针对驿运干部加以培训与管理外，政府和驿运机构针对这些问题，一方面制定改善运夫待遇的政策，拨足经费，改善食宿条件，发足力价费，对于克扣运夫力价费等情事，则由政府“通饬严禁”；另一方面对运夫严加管理，进行训练与精神训导。至于征募不善的问题，四川省驿运管理处“呈由省府迭令奉巫二县及函请鄂省府令饬建始县，以后征夫不得以老弱充数”；其他各地有此问题者，也相应地由省政府

---

① 《为呈请援例令饬奉建巫三县代征运夫不得以老弱幼病者充数并饬赔偿拐逃公物由》(1941 年 4 月 22 日)，见四川省档案馆藏四川省驿运管理处档，全宗号：民 132，案卷号：63，第 201—202 页。

② 《准第六战区司令部代电以据报告县府以下各级均有克扣民夫递运费情事请通饬严禁由》(1941 年 7 月 18 日)，见四川省档案馆藏四川省驿运管理处档，全宗号：民 132，案卷号：176，第 131 页。

出面进行解决。①

在改善运夫待遇方面，国民政府首先从政策上保证运夫安心运输，建立代征运夫免除兵役的制度。早在全国驿运会议结束不久，蒋介石即签署第三零六五号手令，同意驿站运输工人准免兵役一案实施，要求制定驿站运输工人准免兵役办法。1940 年 10 月 23 日，遵照蒋氏同意驿站运输工人准免兵役之意旨，军政部会同运输统制局商定《驿站工人准免兵役办法》三项，予以公布，并要求各省各驿运机关切实遵照办理。此三项办法已于第三章第一节详细陈述，在此不再赘言。据此方法，虽使运夫能得以免除兵役，安心从事驿运工作，但该办法在运夫发生潜逃之前即已公布施行，因此就改善运夫待遇而言，政策上应不存在问题；改善运夫待遇，重点应在食宿条件和力价费上。

蒋介石在全国驿运会议闭会训词中，即提出民众参加驿运，应属于“半工半义务的性质”。② 据此，政府所制定的驿运运夫之运输力价给予标准很低，仅及市场运输价格的一半。交通部驿运总管理处处长谭炳训在总管理处成立三周年纪念会上提及，对于驿运运夫，“在半尽义务之原则下，仅予发给维持夫畜最低生活费用之力价”。特别是军运，其给予标准极低，无法达到运输成本。此种情况，据四川省第九区行政督察专员公署所转呈云阳县总工会代理理事长殷承之的呈文，可以略知一二。如前所述，云阳县云开帮民船船员工会代征民船 20 只，装运九八师杨钧亚大队长在云阳接收之新兵 1000 余名至湖北三斗坪，到达目的地后，所给民船运价低微，据其呈文所称：“查最

① 因驿运干部工作不称职而对其实行训练与管理，已在驿运干部的培训与管理一节中论述过，此处不再赘言。

② 蒋介石：《驿运制实施之基本工作》，见薛光前等著《新驿运运动》，战地图书出版社，1940 年，第 10 页。

近济楚官盐由云阳雇民船装运至秭归，较三斗坪为近，如该黄德丰等之船，每次每船给价在二千元以上，如非此数，不能缴船回籍。此次九八师杨大队长计每船给价通计只一百余元，比较官盐给价，差十五六倍；不知部章规定，是否如此低微。”[①] 随着物价上涨，所给予运夫的力价费，已不够其一天的生活成本，更何况运夫还要供养家小，所以规避与潜逃已为必然之事了。因此，政府会同军事机关不得不改变原有驿运政策，提高力价给予标准，不再以半义务相要求，重新制定了《军事征雇夫马车辆租力给予标准表》，使运夫能主动参加运输。据 1941 年 1 月军事委员会所颁给予标准表，挑夫以挑重 40 公斤，日行 30 公里计算，每夫给费 1.2 元，回程放空给费 0.7 元。其他运夫如板车独轮车车夫、木船船夫，照此计算。就当时情形看，这种标准也达到了商运给价的 80%，“以不低于直接运输成本为原则”。虽然此种标准并不一定合理，但至少有一个可遵循的依据，不致军队任意强征运夫，以事涉军事为由不给，或仅象征性的给予运费。[②] 至于公物运输如粮运，则大部分以订约形式承运，基本上与商运运价接近。

同时，对于运输途中的运夫，也致力改善其食宿条件，在驿运线路沿途修建了多个食宿站，给运夫在运输途中的生活提供方便，不因地处荒凉而受饥饿，露宿野外。譬如奉建支线共三个分段，设立 10 个驿运站，至 1941 年 2 月 10 日止，其中开办了 10 个食宿店，为奉节、大溪、王家沟、庙宇漕、天鹅池、沙坝、陇里、建始、龙凤坝、恩施 10 处，后来又在民兴镇、白杨坪等地陆续设立食宿店，为运夫

---

① 《据云阳县府呈请通令征雇民船办法以维船业等情一案转呈鉴核示遵由》（1940 年 12 月 11 日），见四川省档案馆藏四川省驿运管理处档，全宗号：民 132，案卷号：136，第 12 页。

② 《增订军事征雇夫马车辆租力给予标准表》，见四川省档案馆藏四川省驿运管理处档，全宗号：民 132，案卷号：136，第 17 页。

提供饮食和休息场所。[①]

综上所述，正如四川省驿运管理处副处长王余杞所言："所有运夫，由站供给食宿，并支生活费，至于伤病医药，死亡抚恤，悉有规定，应缴运夫，并由区（驿运区，笔者按）依照法令，转请兵役机关，分别免缓兵役，俾使安心工作。"[②] 也就是说省驿运管理处努力在改善驿运运夫的各种待遇，使驿运工作能顺利开展下去。

针对征募运夫、发放力价费中所存在的弊端以及运夫潜逃之情事，除了上述所谈改善各项运输条件之外，省驿运管理处亦采取一系列措施，加强对运夫的管理。

1. 采用编组管理的管理方式。征募而来的运夫，人数众多，人员素质不齐，对其进行适当的管理亦为必要，这正如《四川的驿运》一书所言："各地征募之运夫，数量既多，品类复杂，如不加以严格训练，及妥善管理，非特指挥困难，影响业务之推进，且聚众要挟斗殴滋事，对于货物运输之安全，必无保障，为谋指挥便利及货运安全起见，对于运夫之征募、编制、训练、管理，均采用军事方法，使有严格之组织，强健之体魄，良好之纪律，再灌输民族思想与驿运之重要性，俾有深切之认识，不敢妄为。"[③] 对运夫采用"军事方法"，进行编组训练，使其有组织、有纪律地从事运输。1941 年 3 月，渠万支线总段对分水至万县间的驿运运输队施行了编组管理，运输颇为顺利，这在其给省驿运管理处的呈文中就曾提到："查本支线分万间早经开运，所有运输队编制，经暂按每运夫四十名，编为一分队，拖板

① 参阅《四川驿运》，四川省驿运管理处编印，1941 年 7 月内部发行，重庆市图书馆枇杷山分馆收藏，第 5 页；《驿运线路段站设备概况表》（1941 年 2 月 10 日），见四川省档案馆藏四川省驿运管理处档，全宗号：民 132，案卷号：7，第 3 页。

② 王余杞：《四川两年来之驿运》，《四川建设》第二期（1944 年 7 月 31 日），第 86 页。

③ 《四川的驿运》，四川省政府建设厅秘书室编审股编，1943 年 6 月内部发行，重庆市图书馆枇杷山分馆收藏，第 4 页。

车十辆；每队设分队长一人，负责押运车货及管理运夫。”[1] 奉建支线总段也是如此。针对奉建支线运夫潜逃问题的严重性，四川省驿运管理处最初就曾动议由驻守地方部队直接派兵对运夫施行军事管理。四川省驿运管理处曾呈文省政府，要求为奉建支线派武装士兵管理运夫：“该线征用民夫，随时发生逃亡，拟仿照输送办法，每队运夫派一武装士兵随行押运，以期实行军事管理而免发生逃亡。”[2] 直接派兵施行军事管理，这一办法是否实行，却不见记载，但该支线对运夫实行军事编组管理，却是事实。该支线对运夫运输队伍，以五人为一班，五班为一分队，四分队为一中队，四中队为一大队，实行层层管理，并订定奖惩规则，严格执法。施行军事管理之后，以前运夫潜逃之风“渐遏”。[3] 驿运区设立后，川东驿运区对运夫的管理也基本上类似，“川东区内向不行驶车辆，日益缺乏此项挽车骡马与职业运夫，是故该区所有运夫，大部分由万、大、渠、梁等县征调而来，运夫应征后，组为运输队，每队计有大队长副队长各一人，伙夫一人，运夫三十九或四十人”，[4] 对运夫施行编组管理照样实行。

2. 建立押运管理制度。四川省办驿运对驿运运夫实行编组管理，同时，分派押运员，逐步建立押运管理制度，对运输途中的运夫予以生活与运输方面的各种管理。渠万支线总段在其呈文中明确指出押运员的职责就是“负责押运车货及管理运夫”，[5] 押运主要由各段站驿

① 《为运输队分队长之任用究由钧处委派抑总段迳委鉴核示祇遵由》（1941 年 3 月 25 日），见四川省档案馆藏四川省驿运管理处档，全宗号：民 132，案卷号：150，第 33 页。

② 《四川省政府致第六战区司令部的公函》（1941 年 2 月 19 日），见四川省档案馆藏四川省驿运管理处档，全宗号：民 132，案卷号：63，第 173 页。

③ 《四川驿运》，四川省驿运管理处编印，1941 年 7 月内部发行，重庆市图书馆枇杷山分馆收藏，第 5 页。

④ 王余杞：《四川两年来之驿运》，《四川建设》第二期（1944 年 7 月 31 日），第 86 页。

⑤ 《为运输队分队长之任用究由钧处委派抑总段迳委鉴核示祇遵由》（1941 年 3 月 25 日），见四川省档案馆藏四川省驿运管理处档，全宗号：民 132，案卷号：150，第 33 页。

运干部承担，充任押运员。为了充实押运人员数量，交通部驿运总管理处举办押运干部训练班，培训了一定量的押运员分发各驿运营运机构，从事押运工作。奉建支线总段开办的运输干部人员训练班所培训的干部，大部分即为分发各运输分队担任分队长，承担押运任务，管理驿运运夫运送货物。四川省驿运管理处开办的驿运人员训练班的学员毕业后，分发各驿运区段站任司事，在运输繁忙时，也照样派至各驿运线沿途押运，管理运夫。管理运夫，既包括在驿运运输途中管理运夫运输的货物，管理运夫的日常生活，改善其饮食、住宿条件，也包括对运夫进行精神上的宣导，使其认识驿运对抗战的意义，从而能更主动地参与运输工作；同时，对于违反纪律的运夫进行教育，严重违纪者，上报驿运段站及省驿运管理处或地方政府予以惩罚。《驿运货物押运规则》第五条规定："押运员对待所属运（输）队人夫，无论长期雇用或临时征用，均应取和蔼态度，倘遇所属人夫有违章或不听指挥情事，先加以劝告，如不服劝告，方得相机惩戒，或报告经过站站长惩处。"[①] 该条对驿运押运人员管理运夫的职责以及管理运夫中应采取的方式，规定甚明。

（二）驿运工具与兽力的管理

对于驿运工具与兽力的管理问题，蒋介石在全国驿运会议开幕致词中就曾指出："一定要使人力兽力，都能经常维持其运输能力。我们要达成到这个目的，第一要注意运夫和骡马等的待遇，营养和卫生。宁使公费增加，而设备不能太简，待遇不能过低，饮食不能太差，必须常常维持其健康，增强其体力，然后不致减损其运输的力量。即如骡马食料每天应有定量，载重应有定限，不能装载过分的重

① 《驿运货物押运规则》（1941 年 4 月 15 日交通部驿运总管理处公布），见四川省档案馆藏四川省驿运管理处档，全宗号：民 132，案卷号：120，第 36 页。

量，行进应有定程。第二，一切运输器具如板车手车，马鞍船只等，都要妥为保存，爱惜使用。我们对于骡马务要切实调整，加意爱惜。每行进一程——三十里，在休息的时候，就应将马鞍卸下，稍舒喘息，以恢复其劳力。”[①] 第一点主要着意在驿运兽力的保养，第二点侧重在驿运工具与兽力的实际管理问题。其后，蒋氏在此次会议的闭幕致词中，再次强调对驿运工具与兽力的管理，这足见其对此问题的高度重视，“至于对牛马驼兽之切实爱护，为实现理想的驿运运输制之要件，一般驿运人员与运夫等，必须具备使用之知识与爱护之精神，尤其对于牛马驼兽，要时刻注意其给养，检查其身体，视其颈背有无伤破，蹄铁有无损毁，体力是否过劳”。[②] 从蒋氏所谈中，其侧重的主要是驿运工具与兽力的保养。其实，对驿运工具与兽力之保养即是管理工具与兽力的一个侧面。身为国民政府的领袖，对驿运工具与兽力的管理，考虑得如此之细致，实属难得；更重要的是，此中足见驿运工具与兽力的管理对开展战时驿运工作的重要。

战时驿运机构的设立，全国驿运工作全面展开，交通部驿运总管理处为此制定《举办全国驿运实施纲要》，针对驿运工具与兽力的管理与保养，提出数条原则，其中工具的管理与保养，约有数端：“(1) 车身船身每年须加油漆。(2) 遇有损坏，即时修理，切忌勉强使用。(3) 平时须注意油润。(4) 载重勿使逾限。(5) 行驶切忌过速，道路崎岖地段，尤应注意缓行。”除此之外，另对工具的检验和修理都做了具体的规定。对于兽力管理与保养，大致有此数条：“(1) 食料饮水须有定时，尤须洁净新鲜。(2) 载重勿使逾量。(3) 休息时，饲养

---

① 蒋介石：《驿运制之重要及其特点》(1940年7月15日)，薛光前等著《新驿运运动》，战地图书出版社，1940年，第7—8页。

② 蒋介石：《驿运制实施之基本工作》(1940年7月18日)，薛光前等著《新驿运运动》，战地图书出版社，1940年，第11页。

时，须卸载。（4）应有适度之休息时间，勿使过劳。（5）每日应用稻草刷擦全身，并勤以清水沐浴。（6）有病须即予治疗，切勿拖延。（7）遇有破伤，应即时设法消毒。（8）凡驮马众多之驿运路线，应在主要驿运站设置兽医所，俾便随时医疗救济。”① 此等原则，规定具体细致，对驿运工具与兽力的管理与保养及对各省办驿运具有指导意义。

1942 年四川省政府的训令，即要求四川省驿运管理处“征用民夫牲畜车辆，应加意爱护，并从优给价”。② 对于四川省办驿运来说，其遵循上述要求，在实际营运中，比较注意驿运工具与兽力的管理与保养。1943 年 3 月，四川省驿运管理处下发电文，要求川西驿运区加强驿运线路沿途设施建设，注意驿运工具与兽力的管理与保养：“查天气渐暖，行驶马匹须要饮水，如就各该站饮水，既恐水质不良，复亦稽延业务，且此间每逢春季，阴雨必多，欲免车辆暴露，油漆脱落，车棚更属必需，拟请迅予设置饮马桶，修盖车棚，并加宽门前木桥，以利业务。”③ 为了对驿运工具与兽力予以适当管理与保养，四川省办驿运设立了一些配套设施。1941 年，四川省办驿运设立的站房有 45 处，④ 时至驿运区时期，“因限于经费，所有区段站厂房舍暂均租用民房，各项设施，亦惟择要举办，经分于川东、川西两区设立

① 《举办全国驿运实施纲要》（1941 年 1 月），交通部驿运总管理处编，见四川省档案馆藏四川省驿运管理处档，全宗号：民 132，案卷号：143，第 22—25 页。

② 《为奉委员长成都行辕代电为订限制各机关部队征用民夫牲畜车辆办法六项一案令仰遵照由》（1942 年 9 月 18 日），见四川省档案馆藏四川省驿运管理处档，全宗号：民 132，案卷号：182，第 57 页。

③ 《电请该区车辆经过各站段设置饮马桶车棚等查照办理见复由》（1943 年 3 月 12 日），见四川省档案馆藏四川省驿运管理处档，全宗号：民 132，案卷号：85，第 96 页。

④ 《全国驿运干线支线三十年度驿站设备调查表》，见《全国驿运业务概况统计表》，交通部驿运总管理处编，中国第二历史档案馆藏交通部档，全宗号：二十，案卷号：2069。

运夫食宿站十二所，车棚十三处，货场一所，修车场三所，马厩十六所”，[①] 以便利于兽力的休息与工具的保管。

此外，四川省办驿运开运不久即实行押运制度。运输押运，除了管理运夫之外，也对驿运工具与动力，实行有效之管理。新渝支线开运之后，承运军米，因自身无工具，“完全利用民有船只，征雇编队行驶，派员押运，经常动员木船二百只”，[②] 该线即实行了押运制度，委派押运员，对驿运工具实行编组管理。渝广水陆联运线也是如此，其运输工具“均系雇自民间，该段依照征雇通则手续办理雇用登记，后并照驿运行车通则加以编组，其编组办法每队多少不同，按照每一车主所有车辆之多寡而定，有每队多至十三辆，最少有一辆者”，[③] 分派押运员，施以编组管理。

然而，四川省办驿运，对工具与兽力的管理与保养并不完全到位，亦有不足之处。四川省驿运管理处视察蔡英九在其视察报告中，针对渝广水陆联运线工具与兽力的管理问题，便有所透露：在牲畜保养方面，“如俗语云‘细草能肥马’，现正得其反，草质坚硬而长豆料均干食，对于老马之消化上不无影响”；对于车辆之保养，车辆在驿运运输中的保养，“鲜有顾及者，车辆任其弃置”。[④] 蔡英九较具体地指出驿运工具与兽力管理中所存在的问题，反过来又足见其对驿运工具与兽力管理的重视程度。

四川省办驿运对工具与兽力的管理，虽未做得十分到位，但其在

---

① 《四年来的四川驿运》，四川省驿运管理处编，《驿讯》第三十八期（1944 年 11 月 1 日），第 4 页。

② 《四川驿运》，四川省驿运管理处编，1941 年 7 月内部发行，重庆市图书馆枇杷山分馆收藏，第 7 页。

③ 蔡英九：《渝广线视察报告》（1941 年 10 月 18 日），见四川省档案馆藏四川省驿运管理处档，全宗号：民 132，案卷号：138，第 73 页。

④ 蔡英九：《渝广线视察报告》（1941 年 10 月 18 日），见四川省档案馆藏四川省驿运管理处档，全宗号：民 132，案卷号：138，第 75、91 页。

驿运路线沿途设立各种配套设施，至少也可为驿运工具与兽力在运输途中提供方便；其分派押运员，对工具与兽力予以编组管理，则提高了运输效率，减少了运输途中的事故发生，对四川省办驿运完成运输任务，应具积极的意义。

二、民间传统运输力量之管制

有如前述，因四川省办驿运经费紧张，自备驿运工具与兽力颇有困难，并也无法满足其时十分紧急的大规模军公运输任务；又因民间传统运输业力量巨大，民有驿运工具与动力种类繁多，数量上难以计算，那么发动民间传统运输力量，征雇民间驿运工具与动力则为四川省办战时驿运发展之捷径。正因为如此，为四川省办驿运大规模发展起见，对民间传统运输力量施行适当管制，以适应举办战时驿运之需要，在其时与驿运相关人士看来，也就显得十分重要。

早在四川省驿运管理处成立之初，其就有过计划，对民间传统运输力量施行适当的管制，以与驿运管理处“管理”二字相符。据其时省驿运管理处的记载，渝广支线“为川陕孔道，兽力与人力板车络绎于途，但缺乏组织，不能增进运输效率”，而省驿运管理处的职责之一就是“管理各项运输工具”，因此“爰订定统制管理办法，拟先由成广间于三十年四月一日起试办，并分别呈电省府及交通部驿运总管理处鉴核”，但“嗣因有关机关，权责尚待调整，以致稽延”，[1] 比如水运木船管理则与航政机关的责权相重叠，难以明确划分，必须划清责权范围，才可对民间运输工具施行管制。即便如此，对民间传统运输力量施行适当管制并非就此停顿，不再施行，因为，如果对民间传

---

① 《四川驿运》，四川省驿运管理处编印，1941 年 7 月内部发行，重庆市图书馆枇杷山分馆收藏，第 10 页。

统运输力量确实缺乏适当管理，往往也会对主要依靠民间运输力量的战时四川军公运输造成混乱，不利于四川省办驿运事业的发展。在粮食部致四川省政府的咨文中，即谈到四川省办驿运开展初期四川运输的混乱局面，“查川西平原，产米素丰，但年来成都食米供求不尽相应，粮价时有波动，考其症结所在，并非因粮源不足，而在运输之不善”，因为各地运输商行“不计本身运输力量，尽量包揽粮运，承运后，再挪租他行车辆应付，以致往往不能按时如数运交”，更有人“并无商行组织及运输车辆，临时捏造运商行名，蒙混订约，转交他行承运，从中取利”。因此，粮食部要求四川省驿运管理处“将川省各县板车运输商行及其车辆一律限期切实加以登记，自经登记后，所有车辆概归驿运管理处掌握，以后各县储运局仓库需用板车运粮，概行委托驿运管理处代为办理”。[①] 如此混乱的局面，管制民间传统运输力量已刻不容缓。

1941 年 8 月，行政院颁布实施《驿运车驮管理规则》，以此为标志，开始对民间传统运输力量实行管制。驿运总管理处在《三十一年度扩展驿运事业实施纲要》中对实行管制之政策又予以强调，“遵照行政院公布之驿运车驮管理规则，推行管制，以发动大量民众输力”，1942 年关于运输的主要方针之一，即为根据军用民生之需要，“管制驿运工具”。[②] “管制”二字，以其时用法，即为管理与统制的合用，具有强制管理、统一控制之内涵。

四川省驿运管理处遵照《驿运车驮管理规则》及交通部驿运总管理处的要求，在四川省办驿运各驿运区段线路所经之县乡对民间传统

---

① 《为奉省府令转准粮食部咨以请饬登记运输商行与车辆数量饬即遵办一案令仰知照由》(1941 年 2 月 2 日)，见四川省档案馆藏四川省驿运管理处档，全宗号：民 132，案卷号：109，第 116 页。

② 《三十一年度扩展驿运事业实施纲要》，见四川省档案馆藏四川省驿运管理处档，全宗号：民 132，案卷号：15，第 25 页。

运输力量实行管制，其主要工作经规定如下：（一）办理驿运工具与动力之登记。在已开办路线内，所有驿运工具与动力，包括车、船、牲畜，都要受驿运机关之管制，不论民有或政府各机关所有，必须在限定时间内向所在地驿运机关申请登记，领取登记证，在未开办驿运之地方，“由各该县市政府按照规定办理”。（二）分配驿运工具与动力。在已开办路线内所有营业驿运工具与动力，除各军公机关自备之工具与动力得参照驿运车驮管理规则第三十八条及各机关办理驿运联系办法之规定办理外，一律由驿运机关根据工具与动力所有人登记之先后，公平支配。其民间自备非营业工具与动力，遇必要时亦得征雇。（三）规定驿运征雇民有驿运工具和动力之租金。施行管制之驿运机关得视当地生活情况，在征雇民有驿运工具与动力时，拟定合理的租金标准，并呈准上级机关公布施行。（四）私运之取缔。各运输商行，办理驿运工具与动力登记手续后，未经驿运机关允许，不得私自揽运货物。必得驿运机关同意后，根据驿运机关核定之运价，承运货物，不得抬高或压低运价。①

概言之，正如四川省驿运管理处在其驿运扩充计划中所言：“查本省驿运工具，散布各地，并无严密之组织，为适应战时需要，拟由省驿运管理处商同省党部，将此项驿运行商加以严密之组织，对于工具，则由省驿运处按照院颁车驮管理规则严格予以管理，对于物资之配运，则由省驿运管理处通盘筹划，按照交通部公布之章则实施，藉免虚糜，对于运价力价，则由省驿运管理处根据各地生活指数，按时予以平定，俾得公平合理。”② 此处对管制民间传统运输力量的各项

① 参阅《三十一年度扩展驿运事业实施纲要》，见四川省档案馆藏四川省驿运管理处档，全宗号：民132，案卷号：15，第25—27页。

②《1942年四川省驿运扩充计划》，见四川省档案馆藏四川省驿运管理处档，全宗号：民132，案卷号：15，第73—74页。

工作予以简明概述。

从此，管制民间传统运输力量的工作，陆续在四川省办驿运各区段展开，四川省驿运管理处处长张冲霄在其会议报告中，对此有过描述："政府办理驿政，在辅导民间运输事业之发展，故对民间工具，必先明意其数量与动态，以为驿政之张本，故调查登记为基本工作之一。现川西区自贡及石桥广汉各段已着手办理，成都段正在筹备，八月份起可实行；川东区万县梁山大竹渠县各地均已实行。"[①] 管制民间传统运输力量的第一步即对民间运输工具与动力予以调查登记，此项工作在四川省办驿运川西、川东两驿运区迅速展开。

然而，对民间传统运输力量施行管制的实际效果并不理想，民众对此并不十分理解，主动向驿运机关申请登记者寥寥无几，"惟推行伊始，各方不无摩擦，且一时民众亦难于普遍明了，乐于接受"。[②] 在渝广水陆联运线总段的呈文中，即有因管制民间传统运输力量而致使板车车夫殴打驿运站管理人员的记载。据其呈文中转呈其所辖新都站魏站长 1942 年 4 月 5 日之呈文中所称："窃查职站本月四日午后二时许，由成至绵人力板车十余辆，车夫约百余人，行经本站，当即派员查询，不意该车夫等出言不逊，肆意诋毁，号呼叫嚣，将车辆曳引北去。职以其态度不善，遂派员至警察队派警弹压，经该队李巡官率武装警士五名至站，是时车辆之在站侧停留者，仅有一辆，忽有违章北去之车夫蜂拥而来，将最后一辆拖离站侧。经会同警方官兵详细解释，车夫佯允本站人员至停车地点（约距站半华里）记录车号。职乃会同全体警方人员前往，将抵车辆附近，讵料车夫等各手持木棒，横

① 张冲霄：《本处两月来工作报告及其检讨》（1943 年 7 月 19 日），见四川省档案馆藏四川省驿运管理处档，全宗号：民 132，案卷号：39，第 157 页。

② 《四川驿运管理处筹办概况》，见四川省档案馆藏四川省驿运管理处档，全宗号：民 132，案卷号：143，第 39 页。

加凶殴，致将两腿击伤，同时警士因阻劝，亦被殴伤。职为避其凶暴，急行逃避，该车夫等一面持木棒追击，一面以石子投抛，致头部腰部复被击伤。”此表面上为一起车夫殴打驿运管理人员的偶发事件，但究其发生之原因，却为管制车辆所致。在上述呈文最后，即分析了此事发生的原因，“多以误会所致”，误会原因是“唯以人力板车统制伊始，各方难免发生误会，偶生事端，势所不免”。[①]

民众对此管制不能理解，也许是管制工作难以开展的原因之一，其实更深层的原因是，此种对民间传统运输力量的管制带有诸多强制性质，存有许多弊端，尤能引起民间运输商行及一般民众的强烈反对。王炳南谈到东南各省驿运管制工具的问题时就指出：“各省驿运工具，大部分为民间所有，各机关办理运输必先争取工具，地方有权力之机关，自设管制机构，其他如运输行商及同业工会等，则希望自由运输，反对驿运机关管制工具，故控案屡出不穷，再加各站驿运人员偶有一二操守不佳，利用职权勒索舞弊，则更易启外界攻击之口实。”[②] 就四川省办驿运管制民间传统运输力量而言，也有类似之事发生。自贡市骡车运输业同业公会筹备会呈文国民政府行政院，即控告四川省驿运管理处川中驿运区，据其呈文所言：“即如去年国防工程建筑机场，商等曾征派车辆多部，运送泥石，效力至巨；对于地方运输亦低价揽载，务使米盐无缺，供洽相求，于公于私，裨益至大。不料去年有驿运站，在白马庙强迫登记，苛扰征税，几经交涉，自行撤去，延至今年，又有四川驿运管理处川中区复派人员在本市大山铺

---

① 《为呈报新都站肇事情形及处理经过乞鉴核祗遵由》（1942年5月3日），见四川省档案馆藏四川省驿运管理处档，全宗号：民132，案卷号：69，第30页。

② 王炳南：《东南驿运》（1943年11月视察东南驿运报告），《驿讯》第二十二期（1944年3月1日），第1页。

等处，次第成立车站，强迫登记，横加管制。”① 反对之声甚烈，其原因即在于利用管制之名，行“勒索”、“苛扰征税”之实。

上述情事之发生，也正如后来交通部驿运总管理处处长谭炳训所言：“以前我们所推行的‘统收统运’政策，少数地方实行起来，很收成效，其余地方实行起来，则哀怨丛生。推原其故，就是我们，对于从事驿运的民众及其工具动力，各地的政治力量及社会情形，皆没有下‘知彼’的功夫。同时对各地各级驿运干部人员的能力操行，也不作一番‘知己’的审察。既不知彼，又不知己，全国各地同时推行硬性的运输管制，有如盲人骑瞎马，当然要闯祸闹事的。”②

1942年3月国家总动员法公布后，交通部驿运总管理处就曾动议“拟废止《驿运车驮管理规则》，另订《全国水陆驿运管理通则》，该项通则，以统收统运为目标，主张全面作彻底之强迫性管制”，此举更为火上浇油。③ 但交通部根据各驿运支干线管制民间传统运输力量后，民间的强烈反对情形，并不同意另订驿运管理法规，认为“在驿运本身力量未充实前，遽行统收统运，徒滋扰民，难期实效”。④虽在实际驿运经营中，部分驿运线路实行过“统收统运”政策下的对民间传统运输力量的管制，但交通部并不同意此项举措。1943年5月3日，其时之交通部驿运总管理处处长谭炳训，在国父纪念周上报告全国驿运工作，针对驿运管制的偏颇，提出了发动民众参加驿运的两条新原则：“人民共营重于政府专营”，“奖励扶助重于管制”。此原则的提出，从根本上否定了强迫性管制民间传统运输力量的政策，转

① 《为呈请令饬四川省政府提前撤销驿运管制机构使民有交通工具得以自由营运俾期发展工商业务而利建国前途由》，见中国第二历史档案馆藏行政院档，全宗号：二，案卷号：8610，缩微号：16J－1414，胶片页码：7317。

② 谭炳训：《驿运上的知己知彼》，《驿讯》第十一期（1943年9月16日），第1页。

③ 《修订驿运基本法规》，《驿讯》第十八期（1944年1月5日），第2页。

④ 《修订驿运基本法规》，《驿讯》第十八期（1944年1月5日），第2页。

而对民间传统运输力量采取奖励与扶助的方针。他指出，“过去驿运管制，多主张全面彻底的管制，以‘统收统运’为目标。结果，此种管制仅属理论，而不能见诸实现，且扰民太甚，流弊极多”；他认为，“今后之管制在纵的方面，应有限度，横的方面，应有范围；尤应先以奖励扶助之方法，解除人民痛苦及困难，使人民乐于参加驿运服务，再逐渐加以合理之管制，凡足以减低运量，提高运输成本之强迫管制方法，应完全避免。而后民间输力，始能普遍发动，驿运工作始可大量发展”，“驿运既为人民之运输，政府即应运用奖诱方法”，而政府专营，“工具有限，力量甚小，管理困难，成本极高”。[①] 驿运管制应“得其法”，应该“先有精确调查以为依据，次根据调查结果，举办登记编组，再施以工具与货运动态以及运价与力价之合理管制，因时，因地，因工具，因任务，而制其宜，实施务求合理，使人民自动自发，乐于供献其输力，为国家服务，则不难达到普遍发动输力之目的。”[②] 管制民间传统运输力量，举办战时驿运，目的即为普遍发动民间运输力，为抗战服务，但方法不得当，则不但不能发动民间运输力量，反而阻碍了其参加战时驿运，与“推行管制，以发动大量民众输力”之意旨相违背。

根据谭炳训的战时驿运新原则，国民政府对驿运政策予以适当的调整。1943 年 12 月，行政院同时颁布了《水陆驿运管理规则》和《奖励民营驿运事业办法》，在奖励与扶助的基础上，对民间传统运输力量仅施行适当的管理，“关于民有之板车木船驮马等工具之数量及其行驶情形，由各驿运机关调查登记并酌予协助保护，以不妨碍其原行路线，不变更其既有习惯为原则”，由原来企图“统收统运”的强

① 谭炳训：《全国驿运工作之展望》，《交通建设》第一卷第八期（1943 年 8 月），第 5—6 页。

② 龚警初：《如何加强驿运事业》，《驿讯》第十二期（1943 年 10 月 1 日），第 1 页。

迫性管制政策改为尊重民间运输习惯，“亦自单纯之管制，演变而为奖掖诱导”。[①] 尤为重要的是，在《水陆驿运管理规则》中规定：“凡经驿运主管机关登记检验合格之水陆驿运动力与工具均免费发给牌照。”此条规定，阻止了驿运支干线驿运管理机关借登记和发放牌照之名收取费用，勒索民众。当然，对民间传统运输力量给予适当的管理也是必要的，基于此点，交通部还制定了《水陆驿运动力及工具登记办法》、《水陆驿运动力及工具编队办法》、《水陆驿运运输商行管理办法》一系列法规，对民间传统运输力量施行有限度的管理，但以不苛扰民间为原则。

四川省驿运管理处遵照此奖励与扶助的驿运政策，停止了对民间传统运输力量曾有过的强迫性管制，“依据交通部规定之工具登记，编队，及管理行帮公会等办法，继续实施管制水陆驿运工具及动力，以适应抗建需要”，[②] 这种“管制”已是在奖励和扶助民间传统运输力量的前提下，与以前施行的强迫性管制已有本质的区别，“川省民间潜在输力至大，过去各驿运区对于车驮登记编组事宜，照部发之《水陆驿运管理规则》及《奖励民营驿运事业办法》，普遍督行，并从奖掖诱导入手，使之明了驿运制度之重要，乐于参加，以使地尽其利，物尽其用，人尽其力，发挥战时交通之效能”。[③] 然而，就四川省办驿运的实际情形而言，其运输任务繁重，承担军工多项重要运输任务，在管制民间传统运输力量方面，时有力不从心之感，有时即连对基本的工具和动力的登记亦难以实行。川西驿运区在1944年四川省驿运管理处第二次处务会议的提案中就提到：“查本区奉令办理全

① 王炳南：《四年来驿运概述》，《驿迅》第三十四期（1944年9月1日），第2页。
② 《四年来的四川驿运》，四川省驿运管理处编，《驿迅》第三十八期（1944年11月1日），第4页。
③ 卢季彭：《三十二年四川省驿运之检讨》，《驿迅》第二十一期（1944年2月16日），第2页。

区车驮管理，举行车辆登记，自上年八月份以来，公文增多，表报亦添加十余，各段站尚未普遍实施。本年工作展开，事务当更繁重，至负责运输，经总处定为中心工作尤应彻底遵行。”① 运输任务繁重，“车驮管理”无力实行。由此可见，就四川省办驿运的实际经营来看，对民间传统运输力量的管制并非能彻底地施行。

① 《四川省驿运管理处处务会议川西区提案》（1944 年 2 月 5 日），见四川省档案馆藏四川省驿运管理处档，全宗号：民 132，案卷号：99，第 225 页。

第五章　四川省办驿运中民间力量的参与

政府举办战时驿运，事起匆促，自身本无多少工具，人员设备欠缺，一切白手起家。因此，业务开展上不得不依赖于民间力量，运输上向民间征雇工具与动力，与民间运输商行合作；在管理上亦寻求民间力量的协助，聘用公会代表、船帮代表为驿运顾问。四川省办驿运事业的发展是与四川民间力量的支持分不开的。

第一节　驿运与政府实行全民抗日动员

酝酿已久的中日全面战争，终于在 1937 年卢沟桥夜晚的枪声中拉开序幕，从此中华民族陷于血与火的深渊。

1937 年 7 月 17 日，蒋介石在庐山发表讲话，严正表明了中华民族的抗战决心，其中所言：“如果战端一开，那就是地无分南北，年无分老幼，无论何人，皆有守土抗战之责任，皆应抱定牺牲一切之决心。”[①] 简而言之，即为全体国民都有抗战的义务，其言尤为明显的一个倾向就是要动员整个中华民族参加抗日战争。1938 年 4 月 1 日，中国国民党临时全国代表大会通过《中国国民党抗战建国纲领》，明确提出实行全民抗日动员，“发动全国民众，组织农、工、商、学各职业团体，改善而充实之，使有钱者出钱，有力者出力，为争取民族生存之抗战而动员”。在经济方面，“奖励海内外人民投资，扩大战时生产”；军事上，“训练全国壮丁，充实民众武力，补充抗战部队”，并且，“指导及援助各地武装人民，在各战区司令长官指挥下，与正式军队配合作战，以充分发挥保卫乡土捍御外侮之效能，并在敌人后方发动普遍的游击战，以破坏及牵制敌人之兵力”；在政治方面，“组织国民参政机关，团结全国力量，集中全国之思虑与识见，以利国策之决定与推行”；在教育方面，“训练青年，俾能服务于战区及农村”，“训练妇女，俾能服务于社会事业，以增加抗战力量”。如此纲领，实行全民抗战动员之态度甚明。[②]

1939 年 3 月 12 日，国民政府颁布《国民精神总动员纲领》及实施办法等文件，确立了国民精神总动员的实施原则、指导思想与运动目的，从精神上实行全国总动员。其用意也许是多方面的，但国民政府欲借发起国民精神总动员，以“打破敌人精神制胜之毒计”，避免汪精卫式的卖国投降事件再次发生，从精神上动员民众抗战到底之意十分明确，这是应该可以肯定的。[③] 太平洋战争爆发以后，中国的抗日战争，已成为世界反法西斯战争的一个重要组成部分。1941 年 12

---

① 《蒋介石对卢沟桥事变之严正声明》，见章伯锋、庄建平主编《抗日战争》第三卷政治（上），四川大学出版社，1997 年，第 15 页。

② 《中国国民党抗战建国纲领》，见章伯锋、庄建平主编《抗日战争》第三卷政治（上），四川大学出版社，1997 年，第 95－98 页。

③ 《国民精神总动员纲领》，见章伯锋、庄建平主编《抗日战争》第三卷政治（上），四川大学出版社，1997 年，第 145 页。

月23日，国民党五届九中全会通过《加强国家总动员实施纲领案》，认为“现代战争，乃国家总力之决斗，必须集结全国任何一人一物，悉加以严密组织与合理运用”，然而，“我国自抗战以来已四年有余，检讨以往，深觉全国各方面动员之程度，距战争之要求相差尚远，于潜蕴之国力，犹未能充分发挥”，[①] 全国抗日总动员做得很不够。因此，必须加强国家总动员，会议特制定《加强国家总动员实施纲领》10条，决定从政治、经济、军事等各个方面，实行全国总动员，设立全国总动员机构。1942年3月29日，国民政府公布《国家总动员法》，以法律的形式确立了国家总动员的抗战基本方针。

由此看来，虽然国民政府动员民众之实际效果不便夸大，但其动员民众参加抗战之意旨却很明确。如从根本上认定国民政府的抗战没有做全国抗战总动员，没有发动民众参加抗战，仅为“片面”性的抗战，从尊重历史事实的角度而论，这种论说似乎难以成立。

在全国总动员的背景下，国民政府动员全国民众积极从军，献金献粮，参加特种工程建设，赶修公路桥梁，其中最富特色的就是动员广大民众参加国民政府组织的战时驿运，为前方军队、后方民众，输送大量的军公物资，完全体现了抗日战争时期全国总动员之主旨。交通部驿运总管理处在《举办全国驿运实施纲要》中认为，“驿运机关所负之使命至为重大”，其使命之一就是“组织国民运输队，促进全国总动员”。[②] 虽然国民运输队的组织未见明文记载，但在全国抗战总动员的政策下，确实动员了大量民众及大批的驿运工具与兽力参加战时驿运，从事军公物资运输，以满足前后方物资需求。

---

① 《加强国家总动员实施纲领案》，见章伯锋、庄建平主编《抗日战争》第三卷政治(上)，四川大学出版社，1997年，第474—483页。

② 《全国驿运实施纲要》(1941年1月)，交通部驿运总管理处编，见四川省档案馆藏四川省驿运管理处档，全宗号：民132，案卷号：143，第11页。

其实，最早对驿运需要动员民众有过深切认识的是其时交通部官员薛光前。全国驿运开办之初，他即谈到举办战时驿运必须动员民众之问题，他说："驿运以动力为主，而动力资源之取得，尤以运夫为骨干。现在后方兵役农事，及一切经济建设，在在皆需要民力，为之肆应，今如于各地普遍举办大规模之驿运，自当发动大量民力，此非充分利用党政力量，及地方基层组织，自宣传民众，组织民众，训练民众，动员民众着手不为功，故驿运之推行，其成败得失，将寄托于二大柱石之上。柱石维何？曰科学管理与动员民众是已。"[①] 动员民众为两大柱石之一，足见动员民众参与战时驿运的重要性。

举办战时驿运的基础就是借助传统运输工具与动力，而传统运输工具与动力，就在民间，政府并没有准备传统运输工具与动力。骡马为民所养，板车、独轮车、木船为民所有，运夫则全在民间。交通部驿运总管理处处长王国华曾说："我中华以农立国，一般农民常依运输为副业，除沿海一带交通发达，得利用新式机械运输工具外，其余内地各省交通运输，向赖人兽之力维持，以我国幅员之广，人口之多，其潜在运输力量之大，可想而知。"[②] 举办战时驿运，使用传统运输工具与动力，不借助大量存于民间的传统运输工具与动力，将从何着手？"既然驿运工作是需要广大的人力物力的，而这些人力物力又是像矿产似的蕴藏着的，要使他们能够为驿运发挥出最大的能力，就须要去发掘他们，动员他们，把他们的分散的力量集中起来，成为一个不可计量的伟力"。[③] 既然传统的运输动力与工具"蕴藏"在民间，"驿运之力量在民间"，[④] 发动民众参与驿运也就尤为必要。

---

① 薛光前：《新驿运运动》，战地图书出版社，1940年，第42页。

② 王国华：《发动民众运输加强抗战力量》，《驿运月刊》第二卷第一期（1941年6月），第1页。

③ 李颀：《怎样唤起民众参加运输》，《驿运月刊》第三卷第一期，第12页。

④ 龚警初：《如何加强驿运事业》，《驿讯》第十二期（1943年10月1日），第1页。

并且，恢复传统驿运方式，举办战时驿运，也需要大量的人力、兽力与工具，“推行驿运，毫无疑义的，必须运用大规模的人力”，依据交通部的估计，全国驿运线，计有公路里程9463公里，大道里程602公里，水程3954公里，总共14019公里。“除开水程利用民船，一部分公路仍以汽车接运外，今后以每日每站对运十吨计算，共需运夫七万七千七百六十八人，如按照以上运量提高二倍即每日每站对运三十吨计算，则运输总额应为二十三万三千三百另四人”，[①] 其实从四川省办驿运的实践中，木船水运也纳入驿运的范围，那么加上木船之船夫，所需人力更为庞大。暂且不考虑其计算的精确如何，但至少可以说明一点，战时驿运需要大量的人力，这是毫无疑义的。就驿运所需兽力与工具而言，在驿运机构成立之初，其自身并无工具与兽力，例如四川省办驿运，其开办之初，除渠万支线总段有交通部驿运总管理处租拨的板车200辆可算自备工具之外，其他各线自身并无工具与动力可言。新渝支线“完全利用民有船只，征雇编队行驶，派员押运，经常动员木船二百只”，“自三十年一月至六月底止，前后共征雇木船六六六艘”；为新津特种工程而专设的川西支线，“所用工具为胶轮板车，木船，竹筏，独轮高车四种，均系向民间征雇”，“自开运迄结束共四个月，计雇用板车一三〇六辆，独轮车一九八四〇辆，竹木筏三三六只”；渝广水陆联运线，“自三十年起至六月止，共雇用胶轮人力板车二四八七辆，平均每月约四一五辆，胶轮兽力板车六一五辆，平均约一〇三辆，人力车一四四八辆，平均每月约二四一辆”；连以力夫肩挑背驮为主的奉建支线，也雇用了驮马376匹，人力胶车

---

① 谢际唐：《推动驿运与发动民众》，《驿运月刊》第一卷第一期（1941年3月），第27页。

12 辆。[①] 据统计，四川省办驿运自 1941 年 1 月至 6 月，总共使用民有驿运工具与兽力，计胶轮人力板车 3805 辆，胶轮兽力板车 615 辆，人力车 1488 辆，独轮车 19840 辆，船筏 1035 只。[②] 仅数月而已，所用兽力与工具如此之多，那么发动民众提供工具与兽力参与驿运，为抗战"出力"已至关重要。

总之，驿运工具与动力在民间，而政府为抗战所办驿运，因大量军公物资急需运输，但汽车运输困难，所以所需驿运工具与动力的数量至为庞大。因此，发动民众参加驿运为驿运成败之关键，为驿运两大"柱石"之一，应无疑义了。四川省驿运管理处认识到发动民众参与战时驿运的重要性，曾于 1941 年 12 月，致函国民党四川省执行委员会："查驿运业务在动员民众，对于各级工会组织及有关法令亟须明了，俾便灵活运用，充分发动民力。素稔贵会领导民运，风著宏规，对于此项法令，搜罗克备，用特函请惠予检赐，藉资参考。"[③] 为了动员民众，四川省驿运管理处亟需了解地方各运输业工会及有关法令，以便与地方运输力量取得联系，开展驿运业务之时能顺利征集民间传统运输工具与动力，充分发动民间力量参加运输。

然而，恢复已废止近三十年的官办传统驿运，并非都能为社会有识人士所认识，更非为广大民众所理解。有人认为驿运早已过时，现代战争如能取得胜利，非依靠现代机械运输工具不可，"驿运的速度，非常的迟缓，驿运的容量，非常微薄，压根儿驿运便是一件开倒车的

---

① 参阅陈筑山《四川省驿运之概况》，《驿运月刊》第二卷第二、三期合刊（1941 年 12 月），第 24 页；《四川驿运》，四川省驿运管理处编，1941 年 7 月内部发行，重庆市图书馆枇杷山分馆收藏。

② 数据见陈筑山《四川省驿运之概况》文内之《各线征雇工具及动力统计表》，《驿运月刊》第二卷第二、三期合刊（1941 年 12 月），第 25 页。

③《为函请检赐工会组织及有关法规以资参考由》（1941 年 12 月 18 日），见四川省档案馆藏四川省驿运管理处档，全宗号：民 132，案卷号：94，第 73 页。

蠢事”,[①] 甚至认为政府举办驿运是“与民争利”，更有认为驿运是“劳民伤财”。因此，为了发动民众从事战时驿运，首先对民众进行宣传，阐明驿运在抗战运输中的重要意义，在军公运输刻不容缓之时，应是十分及时而必要的。因此，蒋介石曾说：“驿运制的实施，首重宣传与推动。”[②]

1940 年 7 月 15 日全国驿运会议所提出的驿运方针，即包括组织、经费、宣传三个部分，足见驿运宣传的重要及国民政府对此的重视程度。关于驿运宣传，会议要求驿运宣传工作“由各级党部负责，召集各有关机关共同参加，经常研讨推进有关驿运之各项宣传事宜”，宣传工作的方法“不仅以举行会议散发文字为能事，须实事求是，多方鼓励，先使年富力强之党员尽量参加，以身作则，再从力夫中选勤苦尽职者吸收为党员，以求运输力量之加强与持久”。[③] 在确立宣传为驿运三大工作之一后，各级政府、各级驿运机构便迅速展开战时驿运宣传工作。

1941 年 1 月，交通部驿运总管理处下发《举办全国驿运实施纲要》，要求各省大力宣传战时驿运之重要意义，以此“促进全国总动员”。其时负全国精神宣导工作的国民精神总动员会亦于 1941 年 1 月拟定《战时驿运宣传大纲》，从驿站制度的历史与功用、建立战时驿运制度的意义、建立战时驿运的基本条件、战时驿运的管理问题、民众对战时驿运应尽的义务等五个方面进行驿运宣传，其中就战时驿运的意义而言，认为驿运可“使军运民运，继续畅通，全国物资，保持

① 章勃：《认识驿运和推动驿运》，《驿运月刊》第一卷第二期（1941 年 4 月），第 1 页。

② 蒋介石：《驿运制实施之基本工作》，见薛光前等著《新驿运运动》，战地图书出版社，1940 年，第 11 页。

③ 《全国驿运会议主席团报告书》，见中国第二历史档案馆藏行政院档，全宗号：二，案卷号：8607，缩微号：16J－1414，第 17－18 页。

适当调剂，以答复敌人封锁”，“贯彻我‘自力更生’的国策”，“为抗战树立必胜的基础，为建国奠立必成的桥梁”，更重要的是，驿运是“组织民众的洪炉，发挥民众力量的伟大机构”，发动民众参与战时驿运与全国抗战总动员的根本意旨完全相符。该宣传大纲最后亦制定驿运宣传标语，如“参加驿站服役，就是帮助前方作战”，“参加驿运是民众最好的团结”，“大家要随时准备为驿站服务”等等，[①] 其意在于突出驿运在抗战中的地位，指出后方民众参加驿运，就同在前线抗战杀敌一样重要。

就四川省办驿运而言，其宣传工作于1941年全面铺开。据报道，四川“省党部以驿站运输为战时急要工作，兹将会同省府驿运管理处拟定《四川省驿运宣传实施暂行办法》，通令各县市党部彻底规划，依照施行，并于文到一月内举行宣传周，发动有关各方普遍宣传”，其办法主要者有三项：“一，普遍宣传驿运之意义与重要及民夫待遇等项，二，指定人员经常专对驿站民夫宣传，三，重要段站，应经常组织宣传队，或以党部与宣传委员会所辖区队主持之。”[②] 所拟宣传办法是否施行，却不见下文，但据四川省驿运管理处的记载来看，应有所施行：“办理驿运重要条件，在发动民力，欲发动民力，厥在普遍宣传，本处宣传工作，除遵照全国驿运会议主席团报告书之规定，与党部切取联络策进外，并经常派员对外宣传，以期普遍深入。”[③] 四川省驿运管理处所属渝广水陆联运线针对“驿运事业，一般民众尚未深切了解，以致影响工具民夫之征雇，营业之招徕”的情况，拟定

---

① 《战时驿运宣传大纲》(1941年1月8日)，见重庆市档案馆藏兵工署第五十厂档，全宗号：0186，目录号：2，案卷号：979，无页码。

② 《省党部驿运处拟定驿运宣传实施办法》，见《新新新闻》1941年3月14日第七版。

③ 《四川驿运》，四川省驿运管理处编，1941年7月内部发行，重庆市图书馆枇杷山分馆收藏，第17页。

驿运宣传要点三条：一、宣传对象“为货主车主及社会人士与一般民众”；二、宣传方式：“印刷传单标语，商请当地党政军机关学校于壁报内出驿运专号，以资广大宣传，于各种集会时，利用时间讲演”；三、宣传手段“以暴露商人运输中之剥削关系，分散车主与车店运输行及货主与运输行中的友谊，以取得车主货主与驿运之密切联系；颂扬驿运政策及目的，完全为车主货商谋利益，驿运以合理之管理与改善并谋增加运输效能，以负担驿运于抗建中之使命”。① 虽然其宣传手段上有些不切实际，但为动员民众参加战时驿运所做宣传的初衷应不可否认。

当然，宣传并非能完全到位，“提起今日的驿运事业来，因为创办不久，且过去宣传工作尚欠普遍，除当局和驿运从业员工外，恐怕尚有多数的人以火车轮船汽车的头脑来衡量驿运的效能，不免睥睨或怀疑这复兴的事业”。② 正因为如此，驿运宣传一时难以达到预期的效果，发动民众参加运输时常亦发生困难，常有运夫“拐带公物”潜逃之情事发生，在征集运夫方面也常常难以达到目的，“驿运事务复杂繁琐，尤以征雇夫马船筏，统制运输工具，筹设仓库及办理夫马食宿等项，直接间接与民众发生利害关系，吾国民众智识水平不一，驿运创办未久，宣传尚难普遍，规避与纷扰，势所不免”。③

1941 年 8 月，行政院颁布实施《驿运车驮管理规则》，对民间传统运输力量实行管制，驿运总管理处，即“遵照行政院公布之驿运车驮管理规则，推行管制，以发动大量民众输力”。对民间传统运输力

① 蔡英九：《渝广线视察报告》（1941 年 10 月 18 日），见四川省档案馆藏四川省驿运管理处档，全宗号：民 132，案卷号：138，第 91 页。

② 李溶：《四川省驿站运输的概况与新使命》，见《新新新闻》1942 年 1 月 14 日第九版。

③ 《县政人员协助推行驿运须知》，见四川省档案馆藏四川省驿运管理处档，全宗号：民 132，案卷号：111，第 33 页。

量实行管制，其初衷是便于发动民众参加战时驿运。但其结果却是“直接间接与民众发生利害关系”，“如运输行商及同业工会等，则希望自由运输，反对驿运机关管制工具，故控案屡出不穷”。① 其与民间运输实际相违的强迫性管制，引起民众及运输行商等的反对，此实与发动民众参与战时驿运的旨意相违背，是战时各级驿运机构所意想不到的。

1943 年 5 月 3 日，谭炳训针对驿运管制的偏颇，提出了发动民众参加驿运的两条新原则：“人民共营重于政府专营”，“奖励扶助重于管制”。他认为，“今后之管制在纵的方面，应有限度，横的方面，应有范围；尤应先以奖励扶助之方法，解除人民痛苦及困难，使人民乐于参加驿运服务，再逐渐加以合理之管制，凡足以减低运量，提高运输成本之强迫管制方法，应完全避免。而后民间输力，始能普遍发动，驿运工作始可大量发展”。② 虽其对民间传统运输力量需实行“管制”之初衷未改，但已与原来之管制具有本质上的区别，改强迫为诱导，改控制民间运输力量为奖励与扶助民间运输，以与发动民众参加战时驿运的宗旨相符。

1943 年 12 月，行政院同时颁布《水陆驿运管理规则》和《奖励民营驿运事业办法》，一改强迫性的管制民间驿运工具与动力的方针，转而以奖励与扶助民间传统运输力量为原则，发动民众参加运输，期望以民间传统运输力量促进战时驿运事业之发达。在《奖励民营驿运事业办法》中规定，“各驿运主管机关沿线原有之食宿设备及停车篷牲畜厩等设备，得免费或收取最低费用供给民营驿运利用，或代向当

① 王炳南：《东南驿运》（1943 年 11 月视察东南驿运报告），《驿讯》第二十二期（1944 年 3 月 1 日），第 1 页。

② 谭炳训：《全国驿运工作之展望》，《交通建设》第一卷第八期（1943 年 8 月），第 5—6 页。

地餐馆宿店商订特约食宿站”，“民营驿运如因添制工具或增购驮兽而感财力不足，得向驿运主管机关请求货款”等等，以此来作为对民营驿运事业的奖励。战时驿运由政府主办已扩展至民间，民营传统运输业已纳入战时驿运的范围；在《水陆驿运管理规则》中则规定，“凡经编组之水陆驿运动力及工具，得享受左列各款利益：一、分配物资承运，二、利用驿运机关运输上之各种设备，三、收受规定运价，四、货款添置或修理工具，五、享受驿运机关规定之福利”。① 由此改变强迫性管制民间传统运输工具与动力的政策，奖励与扶助民间运输力量，并将民营传统运输业亦纳入战时驿运的范围，以达到普遍发动民众参加战时驿运之目的。

就四川省办驿运而言，虽在发动民众的方式上照样有所偏颇，但为发动民众参加战时驿运所做的宣传，为发动民众政府所改变的政策，都对该省办战时驿运工作的顺利开展应有所裨益。其间，四川省办驿运所承担的第六战区的军运重任，特种工程工粮、工料的运输，田赋征实之粮运，成都市特约食米的运输等等，均能圆满完成任务。此应与政府发动民众参与驿运的根本性方针紧密相关。

总之，发动民众参加战时驿运，使其明了驿运对抗战的作用，提高民众的思想认识，虽未能达到预期效果，但在民众的协助下，四川省办驿运顺利完成了各项军公运输任务，足见发动民众参加战时驿运所具有的积极意义。此外，发动民众参加驿运，所涉及的范围由热闹的城市居民到偏远的乡村百姓，范围之广，动员民众之多，在全国抗战总动员的背景下，已展示了全国抗战总动员的一个侧面，与国民政府发动全国抗日总动员的意旨完全相符；另一方面，发动民众参加战时驿运，也为国民政府在抗战时期实行全国总动员，发动民众参加抗

① 参见《驿讯》第十八期（1944年1月5日），第2—3页。

战，而非“片面”性的抗战提供了一点点佐证。

第二节　驿运与民间运输力量的参与

国民政府为了抵抗日本侵略者的疯狂进攻，逐步实行全国抗日总动员。在运输方面，动员民众参加战时驿运，并做适当的宣传工作，以唤起民众参与战时驿运的热情。其中，亦有部分民间运输组织及与运输相关的民间人士，参与战时驿运，协助政府运输军公商等物资，这是一股不可忽视的力量。关于发动民间运输力量中的普通民众参加战时驿运，已于上一节有所讨论，此节集中讨论民间运输组织及与运输相关之民间人士参与战时驿运的问题。

一、利用民间运输组织从事驿运

政府举办战时驿运之前，因近代交通运输方式并未普及于整个国家，尤其是农村，因而一直存在诸多传统的民间运输组织活跃于穷乡僻壤、繁华闹市、山间水道之上。这些民间运输组织运用传统的运输工具和动力展开营运业务，例如云南的马帮，四川的船帮，城里的车行，乡村的力夫运输队等等，他们承担着民间大部分商货运输和客运，促进了城乡间、地区间的物品流通和人员的交通往来。国民政府在举办战时驿运之时，因利用传统运输工具和动力是其业务开展的基础，也就意识到蕴藏于民间的传统运输组织力量之强大，并试图借助于此种有组织的、有经营方式的运输组织，为军公运输服务。

全国驿运机构成立不久，重庆军事委员会即致电四川省政府，要求四川扩充并组织各县夫马车船公会及行帮组织。四川省政府随即转饬各县政府照办。与此同时，四川省驿运管理处致函四川省党部，要求其转饬各县党部会同各该县政府，组织夫马车船公会，对民间运输组织实行管理，“将省境内各地原有夫马车船公会及行帮组织者，应予利用，并设法扩充，其无此项机构者，应饬协助分行组织”，因为“此项组织实系推行驿运之基础”，① 充分认识到了民间运输组织对四川省办驿运的意义。经过半年多时间的准备，四川省党部于1941年7月致函四川省驿运管理处，对此要求做了答复：“嘱为转饬各县市党部会同县府扩充车马夫船公会及行帮组织一案，当经函复并转饬遵办去讫。兹据威远等县执行委员会先后呈复遵照组织该项公会及工会等情前来，除分别指令并俟其余各县呈报来会，再行函转外，相应汇请查照。”并随函附送各县市党部扩充车马夫船公会及行帮组织情形一览表，此表所提供的10个县，如威远县，其“已组织成立计民船商业同业公会及船工业职业工会，已组织未成立者计板车商业同业公会、板车业职业工会，其余正组织中”，永川县“已组织成立者计人力车商业同业公会、民船商业同业公会，已组织未成立者计肩舆商业同业公会，板车商业同业公会”，渠县“已组织成立者计民船商业同业公会、力运业职业工会”，兴文县“货物运输全恃人力，策动组织运输业职业公会”等等。② 组织车马夫船公会，其目的就是对各县传统的民间运输组织如运输商行等实行管理，例如威远县后来组织成立的板车承揽运送商业同业公会，其章程中明载：“凡在本区域内经营板车业务之公司行号，不论公营民营，除关于国防之公营事业或法令规定之国家专营事业外，均应为本公会会员。”并且规定：“公司行号不依法加入本会，或不缴纳会费，或违反章程及决议者，得经执行委

① 《为奉令扩充各县夫马车船公会及行帮组织函请查照转饬各县之党部会同县政府遵查照办理由》（1940年11月30日），见四川省档案馆藏四川省驿运管理处档，全宗号：民132，案卷号：48，第3页。

② 《据威远等县执行委员会呈报组织车马夫船公会及行帮组织情形一案，汇请查照由》（1941年7月20日），见四川省档案馆藏四川省驿运管理处档，全宗号：民132，案卷号：48，第9-10页。

员会之议决，予以警告，警告无效时，得按其情节轻重，依照商业同业公会法第二十六条规定之程序为左列之处分：（一）十元以下之违约金，（二）有时间之停业，（三）永久停业。”① 此规定即表明该公会组织对民间运输组织实行管理之意旨甚为明朗。

与此同时，四川省政府要求各县政府对各该县车船公会、运输行帮组织及各该县传统运输工具与动力进行调查，并列成调查表，呈送省政府。所列调查表中，所调查之县数量共有50个，其中已成立车马夫船公会等组织者有23个县；后陆续上报的有20余县，其中组织了夫马车船公会等组织者有11个县。该调查表对各县运输组织名称、成立日期、负责人、工具与动力种类数量都一一登记在案。据调查表记载，资中县有人力车职业公会，负责人为彭福兴，有人力车30辆；江油县有协记信合运输商行，成立于1932年3月1日，负责人为方免尘，有汽轮板车30辆；达县有力运业公会，有力夫149人，船业公会，有木船156只。②

此时，针对民间运输商行及运输业个人的组织与管理，由政府强力介入而成立或在原有基础上扩充的各种运输业同业公会或工会，其组织已具有官方的痕迹。虽然从所掌握的资料，要明确界定其时各地的运输业同业公会或工会，是民间组织还是官方组织，确实不易找到一个尺度，理论上亦有一定的难度，③ 但从其组织构成来看，大部分运输业同业公会或工会，其会员基本上是民间运输商行或运输业个人，因此运输业同业公会或工会虽有政府力量的介入，但其组织构成

① 《威远县板车承揽运送商业同业公会章程》，见四川省档案馆藏四川省驿运管理处档，全宗号：民132，案卷号：52，第29—30页。

② 《四川省各县车船公会调查表》及《各县市驿运运输行帮公会调查表》，见四川省档案馆藏四川省驿运管理处档，全宗号：民132，案卷号：48。

③ 在朱英主编的《中国近代同业公会与当代行业协会》一书的导论中有“以民间化为根本趋向的同业公会和行业协会组织”一语，但并没有明确把同业公会定性为民间组织。

应为民间运输组织或运输者个人的集合体，具有强烈的民间色彩；再从实际运输过程的角度来谈，四川省办驿运机关与各同业公会或工会签订合约，承运军公货物，其工具与动力全为民间所有，并无官办性质。因此，从本质上而论，与各种运输业同业公会或工会签约，承运军公物品，应理解为民间传统运输力量参与政府举办的战时驿运。在下面的论述中，凡是与运输业同业公会或工会订约承运军公物资，都纳入民间传统运输力量参与战时驿运的论述范围。

组织夫马车船公会，对民间运输组织实行调查与管理，便于四川省办驿运工作的开展。四川省办驿运各级机构因所承担的军公运输的需要，可随时与民间运输组织联系，洽谈运输业务。四川省办驿运经营的实际情形也确实如此。

四川省办驿运业务开展之初，奉建支线承担第六战区的军运任务，其运夫主要利用地方政府的力量征集而来，没有利用民间运输组织；而其他各线，都或多或少地利用四川地方的民间运输组织，参与各种军公运输，协助四川省办驿运各级机构及时而较迅速地完成运输任务。其中最突出的是新渝支线总段，其在承运军米之时，因其自身并无驿运工具，绝大部分运输任务则是与车马夫船公会及民间运输商行等组织签订合约，由民间运输组织承担完成，新渝支线总段仅只随行派人押运。其中最早的合约签订是在新渝支线总段刚刚成立之时。1940 年 10 月 31 日，新渝支线总段与金堂县赵镇船业公会签订合同，由该船业公会雇用民船装运新渝支线总段所承担的军米运输任务，合同载明运输量为“壹万贰仟五百双市石（合计贰千吨)”，分两批运输，“第一批五仟双市石限十日内运出，第二批柒仟五百双市石，随到随运，不得延误”，并且规定，“承雇载运军米之民船必须完整坚固，附具齐全，对于甲方交运之米，负绝对保管责任。除遇有特别事故，非人力所能抵抗者外，中途如有停搁盗卖短少，或故意漏湿霉坏情事，由该船主照市价赔偿，乙方亦负连带责任”，甲方指新渝支线总段，乙方指赵镇船业公会，“承运军米之民船船主及船工人等，无论在行驶或停泊时，应绝对听受甲方所派之押运员指挥，倘有任意违抗或鼓噪怠工及其他非法举动致运程延误影响军食者，得由甲方呈请执法机关，从严惩办”。① 其后新渝支线总段与各车船夫马公会及民间运输商行签订的合约，基本上与上述合约之规定大同小异，区别不大。据所掌握的资料，新渝支线总段与各运输业同业公会或工会及传统运输商行，签订的承运军公物品运输的合约有如下表：

表 5－1　四川省驿运管理处新渝支线总段与各传统运输组织签订合约统计表

承运组织名称	订约人	约定运量	起讫地点	订约时间	工具、动力
金堂县赵镇船业公会	巫克智	二千吨	赵镇至泸县	1940.10.31	木船
泸县民船业公会	苏华燕	至少一万双市石	泸县至重庆	1940.11.21	木船
新都县船业公会	鞠翰卿	一千二百吨	新都至金堂县赵镇	1940.12.23	木船
金堂县赵镇船业公会	巫克智	一千二百吨	赵镇至泸县	1940.12.25	木船
金堂县赵镇船业公会	巫克智	五千双市石	赵镇至内江	1941.2.26	木船
泸县民船船员工会	钟澍森	二千双市石	泸县至重庆	1941.2.20	木船
金堂县赵镇船业公会	巫克智	五千双市石	赵镇至内江	1941.3.19	木船
内江民船同业公会	易洪盛	五千双市石	内江至泸县	(未注明日期)	木船

---

① 《新渝支线总段长张毓灵、金堂县赵镇船业公会主席巫克智为雇用民船装运军米特订合约》(1940 年 10 月 31 日)，见四川省档案馆藏四川省驿运管理处档，全宗号：民 132，案卷号：2，无页码。

续表

承运组织名称	订约人	约定运量	起讫地点	订约时间	工具、动力
金堂县赵镇码头力夫行	汤利兴	一千五百四十九单市石	赵镇太平桥至农本局仓库	1941.1.23	力夫
泸县民船船员工会	钟澍森	三千单市石	泸县至重庆	1941.4.18	木船

资料来源：上表数据来自四川省驿运管理处档案中所收的运输合约书。见四川省档案馆藏四川省驿运管理处档，全宗号：民132，案卷号：2。

从上表可见，新渝支线总段在承担军米的运输任务时，因自身并无工具，所以就借助民间传统运输力量，由其组织机构同业公会或工会订立合约，展开运输，自开运至1941年5月，“共已运出食粮等三二二四二二公吨，计二〇五一六八三延吨公里”。

再如渠万支线总段开运初期，其运输梁山大竹间的粮食，一是供应第六战区的军米，一是供应重庆市民的食粮，运输任务繁重，而其自身仅有交通部驿运总管理处租拨的板车200辆，难以满足紧急而庞大的军公物资运输任务，因此亦利用民间传统运输力量。渠万支线总段要求万县分段在“板车及绳索未能装配齐全之前”，应该“尽先利用当地原有运输工具，即行开运”。万县分段根据这一要求，与万县地方运输组织商讨，订立了合约。1941年2月26日，万县分段致渠万支线总段的呈文中声称，万县分段“于二月六日与万县市内黄包车夫工会主席黄金武及万分长途黄包车业工会主席胡荫才订立运输本段军米合约，规定每车自分水至万县载重壹百八十公斤，运费国币贰拾元，黄金武每日派三十部，胡荫才每日派十部，已自二月七日开运”。渠万支线总段于3月4日再转呈四川省驿运管理处，并附有万县分段与黄金武、胡荫才所订合约两份。[①] 在万县分段与黄金武合约中，规定了运输起讫地点：由分水到万县，工具为黄包车，每车规定载重量为 9 小包，每包 40 市斤，运费为 20 元，装卸费在内，“倘生活程度趋变，原规定运费得由双方协议酌增之”。[②] 与长途黄包车业公会主席胡荫才的合约也大体类似，除订约人不同外，无甚区别。两约所订时间全为 1941 年 2 月 6 日，运输急迫，订约后第二天即开运。由此而论，各支线总段开运之初，大体上是在与各地民间运输组织签订合约的条件下，展开驿运业务，完成军公运输任务。

从所掌握的史料来看，虽不见渝广水陆联运线与民间运输组织签订的运输合约，但在四川省驿运管理处视察蔡英九的视察报告中，却能反映该线在运输中利用民间运输力量的情况：在广元与成都沿途，“各行组织不同，商行、运输行、堆栈、车店，半多合营者，间有专营车店及麦料店或运输行堆栈者”，其中“运输行均办理商行代客买卖堆栈等业务”，而渝广水陆联运线“运输工具均系雇自民间”，其中有车主多达 13 辆车被雇参与战时驿运，从中可知民间运输组织亦参与了渝广水陆联运线的战时驿运。[③]

随着四川省办驿运事业的发展，自身工具逐渐增多，与民间运输组织所订运输合约似有减少之趋势。据所掌握的资料，在驿运区时期，已不见有上述合约，但从四川省驿运管理处的统计数据来看，民间运输组织的参与应难以排除在外。如前所述，在驿运工具与动力的征雇中，四川省办驿运自备车辆与木船所占比例极少，就板车数量而

① 参阅《转呈万县段与人力车工会签订运分万间合约祈备案由》(1941 年 3 月 4 日)，见四川省档案馆藏四川省驿运管理处档，全宗号：民 132，案卷号：2，第 57 页。

② 参阅《渠万支线总段万县段与万县市内黄包车夫工会订立军米运输合约》(1941 年 2 月 6 日)，见四川省档案馆藏四川省驿运管理处档，全宗号：民 132，案卷号：2，第 58 页。

③ 蔡英九：《渝广线视察报告》(1941 年 10 月 18 日)，见四川省档案馆藏四川省驿运管理处档，全宗号：民 132，案卷号：138，第 73 页。

论，1941年至1943年，三年累计实际使用自备车辆所占比例仅为11.2%。除开自备部分，其他的车船应征雇民间，也就不言而喻了。由此可见，四川省办驿运工作的开展，对包括民间运输组织在内的民间运输力量的依赖应属偏重的，反之而论，大量的民间运输组织及个人参与了四川省办驿运，不管是自愿还是非自愿的。

二、聘请民间人士为驿运顾问

在四川省办驿运的实际营运中，经营区域辽阔，川东、川西甚至湖北的建始、恩施，涉及热闹的城市与偏僻的农村，面对各色人等，情况亦颇为复杂。因此四川省办驿运在所经各地由各县县长兼任各分段段长，以协助省办战时驿运工作。新渝支线总段在开运之初，即呈文四川省驿运管理处，要求委派泸县县长为泸县驿运分段段长，以利运输。据其呈文所称："查本总段航线起讫，上自新都，下达重庆，中间航程，千有余里。在此远长航程中，泸县适当其中，兼之泸县又为沱长两江之合流地，中间转载类多在此。因是万一事件之处理，或有时船只之雇用，难免不与地方政府发生关系。用特拟请钧处转请委派泸县现任县长袁守成兼任泸县段段长。"① 这一请求即成为制度，四川省办驿运各线所经各县，多由该县县长兼任段长职务，利用地方政府人员的力量以实现促进驿运发展之目的。

但由县长兼任段长职务，仅属名义性质，并未参与实际驿运工作，驿运机构仅为借用其名壮大声势，实际驿运工作则由四川省驿运管理处委派的副段长负责，因而在驿运工作中遇到的诸多实际问题，解决起来有困难。正如新渝支线总段泸县段副段长张庆潭所言："泸

---

① 《为拟请委派泸县现任县长袁守成兼任泸县段段长及聘任泸县船业公会主席苏华燕为本总段顾问由》（1941年1月7日），见四川省档案馆藏四川省驿运管理处档，全宗号：民132，案卷号：3，第11页。

县船帮昨转运新都第一批军米五千双市石，不肯服帖，以致各事都难冀就范，百般迁就，始克运出，此后续办，似有长筹之必要。就已往所经，最感困难之处，即属未有地方力量之后援。”因而新渝支线总段认为：“本总段系属创办，在此人力未周，及本身交通工具尚未建立期中，对于推动业务，似不无借助地方力量之必要。”① 四川省办驿运更需要一些与传统运输业密切相关之人士来协助，所以除了委派地方县长为分段段长职务之外，更应聘用与传统运输业密切相关的、且在民间具有威望的民间人士为驿运顾问，协助运输，参与征集动力与工具，处理与驿运有关的突发事件。新渝支线总段基于上述认识，随即聘任了泸县船业公会主席苏华燕为总段顾问，认为苏华燕“代本总段雇用船只，尚具热心，且在泸县船帮中，亦有相当信仰”。四川省驿运管理处随即同意了此一请求，给苏华燕发了聘书：“兹聘请台端为本处新渝支线总段顾问，此致苏华燕先生。”②

像苏华燕之类的地方势力人士，其既为船业公会主席，又为船帮中人，具有实质性的地方威信，如聘其为顾问，则可由其代雇工具与动力，从而既可减少驿运工作中的地方阻力，又能促进营运业务顺利开展。因此，四川省驿运管理处及其所属各驿运区段，在实际营运中，大部分聘请了民间传统运输业中地方势力人士为顾问。1941 年 4 月 4 日，就渝广水陆联运线聘请文绍祥为顾问一事，四川驿运管理处下发指令：“令渝广总段，三十年三月二十七日呈一件为呈请聘文绍祥为本总段顾问，乞鉴核由。呈悉。准予聘请文绍祥为该总段顾问，月支夫马费六十元，在业务费项下段站费用第五节其他内列支，附发

---

① 《为拟请委派泸县现任县长袁守成兼任泸县段段长及聘任泸县船业公会主席苏华燕为本总段顾问由》（1941 年 1 月 7 日），见四川省档案馆藏四川省驿运管理处档，全宗号：民 132，案卷号：3，第 11 页。

② 《四川省驿运管理处给苏华燕的聘书》（1941 年 2 月 3 日），见四川省档案馆藏四川省驿运管理处档，全宗号：民 132，案卷号：3，第 15 页。

聘书一件，仰遵照查收，转交为要。此令。”① 文绍祥为成都人力板车业同业公会主席，“为本市人力板车界权威”，聘其为顾问，有利于渝广水陆联运线征雇工具与动力。亦在1941年4月4日，据渝广水陆联运线总段成都分段呈称：“查成广间统制管理，业于今日开始施行。惟成广间大多数工具为兽力板车，故本线开办之初，再再（原文如此，笔者按）需要长途兽力板车业公会之协助。职是之故，拟请准予聘该会会长王长龄为本总段顾问，以利工作。”② 4月10日，四川省驿运管理处同意聘请王长龄为渝广水陆联运线总段顾问，并下发了聘书。王长龄为此也呈文四川省驿运管理处，略表心意：“兹抗战正殷之际，后方交通关系甚宏，本国家兴亡匹夫有责之义，敢不勉为努力，共同研讨。”③ 此呈文虽含礼节性的意思，但在此中华民族生死存亡之秋，至少也表达了民间人士意欲为后方交通运输出力的愿望。

1941年5月，新渝支线总段根据具体情况，又聘请了内江船业公会主席易洪盛为顾问，“查本总段航线起讫，上自新都，下迄重庆，中间航程千有余里，在此远长航程中，内江适当沱江之中心，对军米运输，不无转载情事，兼之广汉军米已定于此转载，安岳军米亦由此起运泸，因是万一事件之处理或民船之雇用，难免不与地方发生关系”，所以拟请“聘任内江船业公会主席易洪盛为顾问”，并且聘请了张忠麒、刘炳华、洪炳荣三位民间人士为“督运员”，④ 四川省驿运

① 《据呈请聘文绍祥为顾问乞鉴核，准予照聘由》（1941年4月4日），见四川省档案馆藏四川省驿运管理处档，全宗号：民132，案卷号：50，第92页。

② 《为请聘王长龄为本总段顾问伏乞鉴核由》（1941年4月4日），见四川省档案馆藏四川省驿运管理处档，全宗号：民132，案卷号：50，第98页。

③ 《王长龄致四川省驿运管理处的呈文》（1941年4月17日），见四川省档案馆藏四川省驿运管理处档，全宗号：民132，案卷号：50，第101页。

④ 《为据内江段呈请聘任易洪盛为顾问张忠麒等为督运员，转请鉴核由》（1941年5月2日），见四川省档案馆藏四川省驿运管理处档，全宗号：民132，案卷号：174，第17页。

管理处亦随即同意了此等请求。内江船业公会主席改选后，“为招雇民船，便于接洽起见”，又聘请新当选的主席洪炳荣为顾问，而易洪盛则为名誉顾问。①

此外，新渝支线总段还聘请了金堂县赵镇船业公会主席巫克智、赵镇船业公会沱帮代表严金山为该总段顾问，1941年5月赵镇船业公会主席改选后，则聘请新任主席邓津廷为顾问，巫克智为名誉顾问。

上述从民间有威望的、并且与运输有密切关系的人士中聘请顾问，四川省驿运管理处之目的是利用民间人士协助驿运，因此其顾问可称为运输顾问。再如渠万支线总段，由于其需要大量征集运夫，因此为征集运夫也聘请了顾问。因其主要为征集运夫服务，这种顾问就称为征夫顾问。有如前述，据1942年1月17日渠万支线总段的呈文中，要求延聘征夫顾问，“使其协助征夫工作，联络地方感情，则征夫前途必愈益顺利，而运夫来源可不虞匮乏”。② 同年5月6日，四川省驿运管理处同意了渠万支线总段的请求，延聘“地方闻人”李增禄为梁山分段征夫顾问。

延聘民间人士为顾问，有利于四川省办驿运营运及征集驿运动力与工具，其驿运顾问在实际营运中，确也具有某些作用。在各驿运支线总段请求为在驿运工作中表现出色的人员予以奖励的呈文中，其中就有为运输顾问请求奖励的呈文，以此可以说明驿运顾问在战时驿运中确有实际意义。据新渝支线总段呈文所称：“查本总段此次代运购

---

① 《为据内江段呈请聘任洪炳荣为本总段顾问改聘易洪盛为名誉顾问转请鉴核由》（1941年10月15日），见四川省档案馆藏四川省驿运管理处档，全宗号：民132，案卷号：13，第115页。

② 《为据请在本线各分段添聘征夫顾问一人协助征调运夫工作，是否有当，仰祈鉴核示遵由》（1942年1月17日），见四川省档案馆藏四川省驿运管理处档，全宗号：民132，案卷号：78，第31页。

运处新都军米第二批七千五百双市石，适值毗河水位枯落，由新赴赵，颇感不易，幸有新都二江沱沱帮代表严金山不辞劳苦，移住二江沱码头附近，协助本总段运输人员调配船只，并鼓吹各船户尽力赶运军米，遂将所有军米提前运竣。”① 又据新渝支线总段呈文称：“查本总段顾问巫克智，热心驿运事务，为抢运新都军米，多方协助，颇有成效。似此急公尽瘁，殊属难能。恳请钧处，予以令奖，以资慰勉而励来兹。”② 聘请驿运顾问，利用民间人士参与驿运，其效果彰彰明矣。

第三节 政府与民间的利益冲突及其原因探析

四川省举办战时驿运，承担大宗军公物资运输，在支援前线的抗战和满足后方民众的生活需求方面，应具有不可否认的战时意义。然而，在实际营运中，确也损害了部分民间运输组织与运输从业人员的利益，政府与民间在此方面的冲突迭起。

如前所述，早在奉建支线开办初期，因运夫待遇太差等原因，就有运夫携带公物潜逃之情事发生，此即蕴涵政府与民间利益发生冲突的意味。对于携带公物潜逃，四川省驿运管理处请求四川省政府并函请湖北省政府饬令奉建巫三县按照潜逃运夫所拐带公物数量表，“追赔拐逃各物，以利驿运而重公物”。③《驿运车驮管理规则》公布以

---

① 《为本总段装运购运处新都第二批军米，前赵镇船业分会主席邓益三尽力协助恳予传令嘉奖由》(1941 年 1 月 24 日)，见四川省档案馆藏四川省驿运管理处档，全宗号：民 132，案卷号：69，第 20 页。

② 《为本总段顾问巫克智协助驿运恳予以嘉奖以资慰勉由》(1942 年 3 月 2 日)，见四川省档案馆藏四川省驿运管理处档，全宗号：民 132，案卷号：69，无页码。

③ 《为呈请援例令饬奉建巫三县代征运夫不得以老弱幼病者充数并饬赔偿拐逃公物由》(1941 年 4 月 22 日)，见四川省档案馆藏四川省驿运管理处档，全宗号：民 132，案卷号：63，第 201 页。

后，四川省办各驿运机构对民间传统运输力量实行管制，统一编号，统一编组，收取一定的管理费用，此即引起民间运输商行与运输从业人员的不满。1942 年 5 月 3 日，新都驿运站因驿运管制，发生了人力板车车夫殴打驿运管理人员的事件。此事在处理上，首先由新都县警察局将闹事人力板车车夫“缉获归案”，“本当将肇事人依法严办”，但渝广水陆联运线总段考虑再三，认为“人力板车统制伊始，各方难免发生误会，偶生事端，势所不免。为便于驿运进行及使受惩知戒计，故责令肇事人将魏站长所受损失完全赔偿并具结，嗣后再不生此暴行”。[①] 这在驿运营运管理一节中有过讨论，此处不再过多赘述。在此所需明白的一点是，四川省办驿运与民间运输业已存在利益冲突，但这种冲突，仅为局部的，非组织性的，带有很强的偶发性。车夫殴打驿运管理人员事件处理之后，也就不见有类似事件再度发生的记载，矛盾基本上还是处于隐伏状态。至 1944 年秋天，交通部驿运总管理处行将结束之时，此种矛盾冲突才日益明显。

1944 年秋天，抗战胜利渐露曙光，日本战败已为时间问题，盟国对华援助份额加大，战略物资包括汽车已源源不断输入中国，汽车数量大增，汽油及零配件供应渐趋增多。因此国民政府对驿运的依赖渐为减弱，有意撤销交通部驿运总管理处，结束驿运干线的营运，而对于各省办驿运，则由各省自行决定结束时间。对于战时驿运机构，中央的裁撤意图十分符合民间运输业人士之利益，四川民间传统运输业相关人士则乘机提出要求，撤销省办驿运机构。

1944 年 8 月 25 日，成都名人李璜等人致函国防最高委员会三位委员，明确要求撤销省办驿运机构，针对的对象其实即为四川省办各

① 《为呈报新都站肇事情形及处理经过并请嘉奖出力人员各予记功一次乞鉴核祇遵由》(1942 年 5 月 3 日)，见四川省档案馆藏四川省驿运管理处档，全宗号：民 132，案卷号：69，第 30 页。

级驿运机构。其信函中声称："顷阅报载国防最高委员会议决，对于全国驿运管理处加以调整等语。查驿运管理处自设置以来，弊窦丛生，民情愤恨。约言之如次：一、查驿管处之设置系为政府运粮商民运货，而其本身并无运输工具，粮运货运均系向粮食机关及货主承揽，复转招车辆运输，从中扣取运费，其性质与民间无车转运商无异，此种办法，不但剥夺无车转运商之利益，且剥削车主之利益，政府与民争此小利，似觉大可不必。至其主要任务为政府运粮，然粮食机关甚多，如专靠此一驿运机关，呼应不灵，必致延误，故事实上政府运粮从来均系各仓库自行觅车办理，多与驿管处无关。二、我国劳工管制尚属初步，驿管处成立不啻为劳工居间者，最易引起误会，下层社会莫名其妙，自不免弊窦丛生，纠纷时起，例如成都外南驿运管理站，于本年七月十八日向板车征税，唆使站丁凶殴板车中杠夫刘继明，以致当时毙命一案，本处曾据板车业公会诉愿前来，经派员查明属实，正函请省府核办中，即为明证。基于以上两点，全国各省所设驿运管理处实无设置之必要。"① 其中所言，"政府与民争此小利"，实点明了四川省办驿运机构与民间运输业主间的利益冲突，指出省办驿运所存在的实质性问题：在四川省办驿运自身工具与动力不多的情况下，驿运营运，其运输业务主要是先向政府或货主承揽，再招雇工具与动力运输，从中收取类似中介费的"管理费"；而不是民间运输业主直接向政府或货主承运。如直接承运，则可不需驿运机构的"管理费"，运输成本相应减少，民间运输业主所得利润则可能增加。这就是民间运输行业人士反对驿运的根本所在。

时至1945年，因四川省办驿运而形成的政府与民间的矛盾冲突

---

① 《李璜等致国防最高委员会三位委员函》(1944年8月25日)，中国第二历史档案馆藏行政院档，全宗号：二，案卷号：8610，缩微号：16J－1414，胶片页码：7298－7299。

更趋具体化。自贡市骡车运输业同业公会呈文行政院，控告四川省驿运管理处在川中驿运区实行强迫性运输管制的行为不当。在其呈文中，首先强调该同业公会在抗战时期所发挥的积极作用，其文称，“去年国防工程建筑机场，商等曾征派车辆多部运送泥石，效力至巨，对于地方运输亦低价揽载，务使米盐无缺，供洽相求，于公于私，裨益至大”，为抗战运输军公物品，有所作为，为控告建立合法性基础。“不料去年有驿运站在白马庙强迫登记，苛扰征税，几经交涉，自行撤去。延至今年，又有四川驿运管理处川中区复派人员，在本市大山铺等处，次第成立车站，强迫登记，横加管制”。然而，四川省“驿运管理处法令所载掖奖运输事业，福利运输商人”，以奖励扶助为宗旨，实行强迫管制有违驿运法令，并且，“本市办理驿运登记者，独向骡车板车登记，强迫管理，庶非行政失平”，因而“拟请通令川中废止驿运管理，以恤商艰而利运输”。①

交通部驿运总管理处奉令于 1945 年 3 月底结束，各省驿运管理处大部分于 1945 年底结束营运业务，而四川省驿运管理处则最迟于 1946 年 5 月底才最终结束。“查全国驿运机构均于本年底先后裁撤，唯有四川保留延长继续推行”。② 然而四川省驿运管理处“保留延长继续推行”，却使早有意见的民间运输业人士更为不满，使隐藏的矛盾进一步表面化。

1945 年 11 月，成都市兽力车商业同业公会理事长王九如呈文行政院，亦控告驿运管理政策的失当，其中所转呈该同业公会外东分所

---

① 《自贡市骡车运输业同业公会筹备会致国民政府行政院的呈文》，中国第二历史档案馆藏行政院档，全宗号：二，案卷号：8610，缩微号：16J－1414，胶片页码：7317－7319。该呈文未具时间，但从“去年有驿运站”，“今年又有四川驿运管理处川中区”推断应为 1945 年，因为川中驿运区是 1945 年初才成立。

② 《直辖广汉段致四川省驿运管理处的呈文》（1945 年 12 月 10 日），四川省档案馆藏四川省驿运管理处档，全宗号：民 132，案卷号：176，第 474 页。

来函内容，强烈要求行政院令饬四川省政府撤销四川省驿运管理处及其直属机构。所转呈之来函首先直陈兽力车业为抗战所做的贡献，“自抗战期中，本业服务后防，其所贡献之力量尚未落后于人，如集中车辆修建机场，其他如运输炸弹汽油及枪炮弹药以及一切军公物资，无不唯命是听达成任务。在此期中本业不畏任务艰难，不惧手续繁多，不计运费底［低］微，不较损失重大，能使抗战力量得以加强者，无不努力以赴之”，兽力车业本抗战卫国之大义，不惜该行业之运输成本，努力于后方军公运输，损失惨重，“因此之故，本业濒于危殆时有八年，有变卖车辆而另寻生路者，有典当俱穷而流落异乡者，茹苦含辛可以想见”。然而，抗战已经胜利，正是运输商业大可发展之时，但四川省办驿运机构并未裁撤，“当兹抗战胜利，战争结束，应予我工商业以发展之机会，若仍照战时管制，不但无发展之望，且有凋敝之危，而本业受驿运管理，手续既不单纯，抽收驿运费达百分之三十，物品成本增加，必然刺激物价上涨，影响民生至为重大。况值此建国期中，各部门复员在即，首以运输是赖，建设后防必先繁荣工商业，亦舍运输无由”，收取驿运管理费用“达百分之三十”，也许有夸张成分，但收取“管理费”即已增加了民间运输业的负担。因此，成都市兽力车商业同业公会外东分所强烈请求，撤销四川省驿运管理处及所属机构，“综观以上各点，交通实为先决条件，对于战时运输管制，确有妨碍建国工作之可能，似无存在之必要，特此函请贵会转呈行政院令饬四川省政府提前撤销管制机构，使民有交通工具还之于民，俾本业得有自由营业之望。”① 其中所陈“管制机构”即指四川省办驿运机构，撤销该省驿运机构，使民有交通运输工

① 《成都市兽力车商业同业公会呈文行政院》（1945 年 11 月），中国第二历史档案馆藏行政院档，全宗号：二，案卷号：8610，缩微号：16J－1414。

具“还之于民”，以达“自由营业”之目的。

“控案屡出不穷”，虽未见记载有关行政院对四川省办驿运问题之控告的反应，但因四川省办驿运继续举办而导致的政府与民间之间的矛盾已逐渐显露出冰山之一角。时至1946年，川陕驿运干线分处在成都营运的客运马车全部移交给四川省驿运管理处之后，四川省办驿运与民间运输业之间的矛盾冲突则大为激发。

四川省驿运管理处所办马车客运业务最早于1943年即已营运，由川西驿运区成都段管理，所办业务并不大，而川陕驿运干线管理处的客运服务所，其备有数十辆马车，并也从事长途运输，行驶于成都市郊及成都至重庆之间，业务较大。川陕干线驿运管理分处奉命于1945年3月底结束，其客运业务则全部移交给四川省驿运管理处，四川省驿运管理处随即于4月1日成立其直辖的客运服务所，4月4日，川西驿运区成都段的客运马车亦移交该客运服务所。客运业务统一后，该所则集中于成都市区及城郊营运。在货运业务日见萎缩之际，四川省办驿运大力开展客运业务，以补其经费之不足，

然而，除了四川省驿运管理处举办的客运马车之外，更有大量的黄包人力车在成都市区及城郊载客营运。因客运马车每次载运人数多，以马骡为动力，速度较黄包人力车为快，更重要的是客运马车每次载人多，马车成本有政府补贴，运价也就相对便宜。总之，客运马车“票价低廉，时间经济，运行安全，座位舒适”，而黄包人力车，正如时人所言：“行缓费多，蹒跚劳顿。”[①] 因此客运马车的生意日见旺盛，相对而然，黄包人力车生意就渐见清淡，如此，则损害了以拉车为生的黄包人力车夫及黄包人力车运输业主的利益，客运马车与黄

① 《为开办成雅路马车客运呈请备案由》（1943年3月17日），四川省档案馆藏四川省驿运管理处档，全宗号：民132，案卷号：110，第4页。

包人力车的冲突也就在所难免了。下面就是 1946 年 2 月 25 日四川省驿运管理处客运服务所的代电，一睹冲突情形：

急四川省驿运管理处钧鉴，查本所客运马车，自前川陕分处开办行驶成都市郊数年无异，行人咸称便利，忽于本月梗日，本所祠堂街、城守东大街外东、九眼桥、老西门等站，突有人力包车，每处不下百辆之多，拥塞站外阻止马车通行，出言詈骂马夫及各站售票员工，连日由朝至暮，包车轮番来去阻止不散，实有一触即发，打毁各站及车马等之情势，并有身着便衣者数人时来时往暗中指挥。且盐市口至南门及祠堂街至新西门之商营马车亦被其辱骂，打毁数辆。除饬各站及马夫等尽量忍受，静候报请上峰请示处理，并迳电治安机关调派军警制止外，理合电请钧处俯赐鉴核，恳速转电成都市政府及警备司令部、省会警察局，调派军警严予制止，以维交通而免酿成意外，临电迫切，无任翘企待命之至。客运服务所主任谢晴霄叩。丑迥印。[1]

从该电文的语气，便知其时情况极为紧急，黄包人力车与客运马车冲突真可谓“一触即发”。黄包人力车夫对政府所办客运马车，施以阻塞马车通行，出言詈骂，而客运服务所则准备动用军警制止此等冲突。虽然成都市政府在回电中所称，“黄包车夫拥塞各马车站滋事，业经本府令饬人力车职业工会切实制止”，[2] 但黄包人力车与客运马车间的矛盾冲突已难以平息。据成都市人力车同业公会致成都市政府的公函中声称：“值兹营业萧条，生计维艰，而马拉车又复载客往来，争取区区微利，不但劳工无以终饱，车商大有倒闭，受此影响实为甚

① 《为电呈本所各站连日突有黄包车不下百辆之多，轮番来去终日拥塞站外请速制止鉴核示遵由》（1946 年 2 月 25 日），四川省档案馆藏四川省驿运管理处档，全宗号：民132，案卷号：124，第 159 页。

② 《为准电请制止车夫拥塞各站滋事一案复请查照由》，四川省档案馆藏四川省驿运管理处档，全宗号：民 132，案卷号：124，第 213 页。

巨，工商会员纷纷议论，予马拉车方面决心以相当对付，群情愤慨，已非一日，若不迅予解决，则此后发生冲突酿成事件，非敝会所敢负此责于万一。”[①] 原来黄包车夫胆敢对抗政府所办之马车客运，实有民间运输车商在背后暗中支持，所称“有身着便衣者数人时来时往暗中指挥”，并非空穴来风。此种矛盾郁积已久，其形成“已非一日”之功，由抗战期间“隐忍不发”至战后正面冲突，黄包人力车与客运马车间的矛盾日益显示出民间与政府的利益冲突。

3月7日，据客运服务所呈报：“近来行驶成都至双流线之客运马车，常有黄包车夫伙同流氓沿途滋扰殴打马夫，击坏车辆情事，自上月迄今，业已数次。前以事态尚不十分严重，本息事宁人之旨，仅在出事地所管乡公所报请备查保护，未予请求究办，原图缓和目前以为后日安全地步。殊该包车夫等只知恃其横蛮，以逞私欲，以致愈演愈烈，昨日午后，本所第二〇〇二号马车由双载客开省路，经簇桥，又来包车夫多人，伙同流痞，气势汹汹，不问情由将马车夫洪云山拖下马车加以殴打，一面更将马车击为粉碎。”[②]

5月6日，则有马车“之马夫黄远岗秦玉兴罗海云等与人力车夫互殴，以致殴伤人力车夫”。[③]

5月21日，又呈文称：“殊为时不过月余，前案尚未得有成果之际，该暴徒等竟不畏法，复哨聚多人继续行此暴动，于本月八号，捣毁马车一辆，九号又捣毁三辆，又于二十号马夫被殴打。”[④]

---

① 《成都市政府致四川省驿运管理处的电文》（1946年4月6日），四川省档案馆藏四川省驿运管理处档，全宗号：民132，案卷号：44，第78页。

② 《为本所客运马车迭被破坏祈请查照由》（1946年3月7日），四川省档案馆藏四川省驿运管理处档，全宗号：民132，案卷号：44，第63页。

③ 《为据报第一〇七五号等车马夫肇事请查照将车三辆马三匹归还由》（1946年5月7日），四川省档案馆藏四川省驿运管理处档，全宗号：民132，案卷号：44，第92页。

④ 《为该所车行成双间连被暴徒捣毁以维交通一案令仰知照由》（1946年5月21日），四川省档案馆藏四川省驿运管理处档，全宗号：民132，案卷号：44，第90页。

据上所引，已知人力黄包车与客运马车的冲突确已愈演愈烈，虽有警察制止，也无济于事，非省政府出面解决，则不可为。然而欲妥善解决，其唯一方法则是划分各类车辆行驶路线，据四川省驿运管理处客运服务所呈文称："因人力车一再与本所行车发生纠纷，以致涉讼未决，经省府召集会商管理马车办法，当经决议限制本所行驶车额及指定行驶路线，并订期验车发照使用纪录在案。此项办法旨在安定人力车与马车双方生活，藉以避免再度发生严重纠纷，影响社会秩序，意义相当良美。"[①] 省办驿运管理处客运服务所之客运马车，营运路线最终划定为成都西门至金牛坝，盐市口至南门，其余各线，由人力黄包车及民间客运商自由营业，矛盾最后以客运马车的让步而予以基本解决。[②]

总而言之，对于四川省办驿运所导致的民间与政府的矛盾冲突，其最终结果则以四川省驿运管理处于 1946 年 5 月底予以撤销而最后全部解决。四川省驿运管理处寿终正寝，民间传统运输业则"自由营业"，一曲矛盾交响乐戛然而止。[③]

纵观其民间与政府在驿运经营中的矛盾发展，其原因不外乎两点：

一、政府强力介入民间，民间对此的回应。国民政府迫于抗战期间运输上的窘境，利用民间传统运输工具与动力，成立各级驿运机构。驿运管理处，顾名思义，其工作一是运输，二是管理，在利用民间传统运输力量展开战时运输方面，承担了大批军公商等方面的物资

① 《为本所行驶车额及指定行驶路线祈请鉴核由》(1946 年 5 月 8 日)，四川省档案馆藏四川省驿运管理处档，全宗号：民 132，案卷号：44，第 127 页。

② 参阅《为本所行驶车额及指定行驶路线祈请鉴核由》(1946 年 5 月 8 日)，四川省档案馆藏四川省驿运管理处档，全宗号：民 132，案卷号：44，第 127 页。

③ 然而四川省驿运管理处于 1946 年 6 月把全部财产业务移交四川省公路运输公司后不久，又由公路运输公司举办马车客运，人力车与客运马车的矛盾又于 1947 年迅速兴起。此是后话。

运输任务，为前后方输送了大量军用民需物资，其运输确实具有实际意义；然而，在管制民间传统运输力量方面，却不能尽如人意。

在中国传统基层社会，早就形成了弱政府、强民间的格局。中央王朝的政令下达中国基层社会，必得通过民间士绅势力，由其宣示于民众；而对民众的日常管理也是由民间势力去执行。[①] 民国时期，这种局面并未有多少改变，北洋政府的四分五裂，更导致了政府力量在中国基层社会进一步弱化，民间势力在基层社会急剧膨胀。1928 年，国民政府形式上统一了中国，但继承北洋政府而来的地方军阀势力仍保持了半独立状态，新的军阀混战使新立的国民政府也无暇顾及民间治理。时至抗战爆发，各种势力迫于外力的侵入而最终勉强整合，团结一致抗日之时，国民政府的权威渐已树立。与时同时，国民政府为了发动国民抗战动员，也逐渐把政府势力伸入民间，比如新生活运动，保甲制度的建立即为明证。但这只是国民政府的一种愿望，实际效果并不理想。就抗战时期民间传统运输业而言，迫于政府的压力而成立的同业公会职业工会，由于民间士绅力量的强大，其公会或工会往往即为民间士绅帮会势力所把持，譬如四川省金堂县赵镇船业公会中就有沱帮代表严金山，其即为四川船帮中二江沱沱帮中人。

在四川省办驿运前期，四川省驿运管理处及其直属驿运机构，比较注重利用民间运输力量，往往以签订合约的形式与其合作，取得了较明显的效果，运输任务迅速完成，矛盾较少。至 1942 年施行驿运管制，四川省办驿运机构对民间传统运输工具与动力予以登记编组，强力介入民间运输管理，此势必引起民间运输势力的不满。这种不满虽只通过运夫的个别行为而表现出来，但也许是基于民族抗战之大

---

① 参阅王先明《乡村社会结构与社会控制》，见其所著《中国近代社会文化史论》，人民出版社，2000 年。

义，从而基本上处于潜伏隐忍状态。时至抗战胜利前后，对这种政府强力介入的运输管理，最终成为民间势力攻击的目标。据自贡市骡车运输业同业公会的呈控可知，其控告的目的就是“拟请通令川中废止驿运管理”；成都市兽力车商业同业公会的呈文即是“提前撤销管制机构，使民有交通工具还之于民，俾本业得自由营业之望”，其根本的目的即是排斥政府力量的介入，保持民间运输势力的独立，在运输业上能“自由营业”。①

二、经济利益的争夺。国民政府各级驿运管理机构成立以后，承担大部分的军公运输，甚至一部分商运，如此即减少了民间运输业的业务，挤压了其生存空间，势必导致民间运输业对政府所办之驿运持反感态度。李璜等致三位国防最高委员会委员的信函中，即已强烈流露出此种意思，正如其言，“驿管处之设置系为政府运粮商民运货，而其本身并无运输工具，粮运货运均系向粮食机关及货主承揽，复转招车辆运输，从中扣取运费，其性质与民间无车转运商无异”，即与一般中介商收取中介费并无本质区别，很明显也就剥夺了民间运输中介商的利益。更重要的是，“此种办法，不但剥夺无车转运商之利益，且剥削车主之利益”，政府举办之驿运机构承担军公运输甚至商运任务，争占了民间运输业的部分业务，使民间运输业无货或少货运输，也就剥夺了民间运输业的利益。“政府与民争此小利，似觉大可不必”，与民争利也就成了民间运输业相关人士对政府所办驿运施以攻击之主要理由。②

特别是到了四川省办驿运后期，随着军公运输业务的减少，各线

① 《为呈请令饬四川省政府提前撤销驿运管制机构使民有交通工具得以自由营运俾期发展工商业务而利建国前途由》，中国第二历史档案馆藏行政院档，全宗号：二，案卷号：8610，缩微号：16J－1414。

② 《李璜等致三位国防最高委员会的信函》，中国第二历史档案馆藏行政院档，全宗号：二，案卷号：8610，缩影号：16J－1414，胶片页码：7298。

驿运机构以图自存，亦大力发展商运业务，由运货到运人，由承揽货商物品运输，到举办客运服务所，伸入民间传统运输业务的趋势亦尤为明显。本为主要承担“军公运输”而举办的战时驿运，却在大力从事商运，与以从事商运为根本的民间传统运输业争夺运输业务也就愈演愈烈，由此更加重了矛盾的激烈程度，加快了矛盾爆发的步伐。1946 年的客运马车与黄包人力车之争，把此种矛盾推向了高潮。

因此，时至抗战结束，中央所办驿运业务结束，交通部驿运总管理处撤销，各省驿运机构陆续裁撤，而四川省办驿运各级驿运机构则继续“保留”，本着为民族抗战之大义而隐忍不发之矛盾，至此则全部表面化、明朗化。

结 语

1940 年 9 月 1 日，国民政府交通部驿运总管理处成立后，四川省驿运管理处则是最早成立的省办驿运机构之一；1945 年 3 月底，交通部驿运总管理处撤销，各省驿运管理处亦相继裁撤，而四川省驿运管理处却于 1946 年 5 月底才裁撤，四川成为最后结束战时驿运事业的省份。全面考察四川省办驿运事业，可以略知其在战时驿运中的特色与意义，有望获得一叶知秋式的理解。

一、四川省办战时驿运之特点

纵观四川省办战时驿运五年多时间的经营，其在中央所办驿运与各省所办驿运中，大致具有如下一些特点：

首先，四川战时突出的地理位置，使四川省办驿运具有南北东西驿运运输的枢纽性质。抗战进入所谓战略相持阶段后，中国抗战军队退守大西南、大西北，四川正好处于西南与西北交通之关键位置。西北之棉花，玉门之石油及苏联的援华物资经陕西翻越秦岭，再经四川而南运两广滇黔或东运鄂西湘北。经粤汉、滇越等铁路，滇缅等公路抢运而来的进口战略物资，经四川分运至各抗战前线，如北运豫西晋北等北方战场，或东运鄂西湘北等地。此外，西南、西北之土特产如桐油、猪鬃，或经四川北运，再经陕西甘肃西运至苏联，或经四川南运，再经粤汉铁路至香港，经滇越铁路至越南河防，经滇缅公路至缅甸仰光，出口国外，换取战略物资。在此大规模南北东西物资转运中，四川省办驿运即承担了部分运输任务，正好处于此物资流动的大漩涡之中心。如四川省办驿运前期的渝广水陆联运线，“其使命一方面使川西食粮源源东运，一方面沟通川陕，使陕西棉花布匹大量输入”；[①]“二十九年十月因川东各地军米奇缺，仰赖川西供给”，新渝支线总段随即成立，承担军米运输重任，由川西运往川东，再运至各抗日战场。[②]

其次，四川省办驿运所承担的粮运重任，为四川省各大中城市居民及公务人员的生活用米提供了一定的保障，特别是重庆、成都两大城市；同时亦为前线军粮的及时供应发挥了作用。川西的粮食作为军米通过新渝支线、渝广水陆联运线东运至重庆，再转运至各抗日战场，以供前线抗战官兵食用。驿运区时期，川西驿运区承担了成都市特约米的运输，特种工程的工粮运输以及田赋征实之粮食的运输任务。此外，渠万支线以及后来的川东驿运区，则承担了重庆城市用米及前线军粮的部分运输任务。据统计，四川省办驿运所运物品，其粮运占总运量的66%，而与中央所办战时驿运比较，1941年中央所办驿运干线所运物品，其粮运仅占2%。虽然只能列出一年的中央所办驿运干线粮运比例，但大致可知四川省办驿运粮运地位突出。[③] 另据学者研究，四川是大后方产粮大省，负担了整个抗战期间大后方近三

① 《四川驿运》，四川省驿运管理处编，1941年7月内部发行，重庆市图书馆枇杷山分馆收藏，第8页。

② 参阅《四川驿运》，四川省驿运管理处编，1941年7月内部发行，重庆市图书馆枇杷山分馆收藏，第7页。

③ 参阅本书驿运物品结构及其流向分析一节。

分之一的粮食供应,[1] 而庞大的粮食供应则需要巨大的运输能力，在战时近代运输力量不足之时，由四川省办驿运承担庞大的粮运重任自在情理之中了。

四川省办驿运承运军公粮食，正如四川省驿运管理处在总结其四年驿运时所说：“本处历年业务均以粮运为中心，如二十九，三十年奉建线担任第六战区军粮运输，新渝，渠万两线担任本省军公食米运输，川西，渝广两线担任本省特种工程工粮运输等。自三十年田赋改征实物后，各线主要任务则为运输各地征购粮食，肩负调剂民食之种种任务，三十二年度承运成都市特约米，以卓著成绩奉省府传令嘉奖”。[2] 此对四川省办驿运所承担的粮运任务予以整体性的描述，其因工作出色，获得省政府的嘉奖。四川省办驿运的粮运工作，在全国驿运事业的各类运输中地位突出，最富特色。

第三，四川省办驿运承担了大批量的特种工程运输，与其他各省办驿运比较，十分独特。据学者的初步研究，抗战时期的“特种工程”主要是在四川特别是在成都地区进行。[3] 另据所掌握的资料，除开四川，其他各省办驿运不见有关承担特种工程运输的记载。[4] 四川省办驿运承担特种工程运输在各省办战时驿运中应是十分独特的。四川省办驿运前期的川西支线，则专为特种工程而设，因特种工程完成而结束。至驿运区时期，川西驿运区则承担了大量的特种工程运输任务，虽运输量巨大，任务繁重，但仍能圆满完成。据四川省驿运管理

① 段渝主编：《抗战时期的四川》，巴蜀书社，2005 年，第 36 页。

② 《四年来的四川驿运》，四川省驿运管理处编，《驿讯》第三十八期（1944 年 11 月 1 日），第 3 页。

③ 参阅席亚兵《寻访 60 年前的“特种工程”》，见《世界博览》2004 年第 3 期；胡越英：《“特种工程”缘起述略》，《文史杂志》2003 年第 3 期；胡越英：《川西 B—29“特种工程”研究》，四川大学 2003 年未刊硕士学位论文。

④ 参阅《交通建设》第一卷第八期（1943 年 8 月）以及《驿运月刊》第二卷第二、三期合刊（1941 年 12 月）中有关各省办战时驿运之概况的记载。

处记载，“三十三年一月，本省川西各地举办特种工程，所需工料工粮奉部长面谕饬由本处筹集板车全力担运，四川省特种工程工粮处亦商请代运工粮，以济急需，本处以时机迫切，未遑自逸，立即饬由本处川西区筹集板车，备供使用。惟工程浩大，地区辽阔，任务至为艰巨”，因此，“全部工程完成后，交通部以本处参加特种工程运输异常努力特予嘉奖。”[1] 对于川东驿运区，参与梁山特种工程运输，任务完成亦较出色。

最后，与全国各省办驿运比较，四川省办驿运规模较大，发展较快，营运时间最长。就路线里程而言，从王炳南 1942 年 11 月的《驿运现况简述》中可知，驿运线路最长的是福建省，3000 公里以上的有江西、甘肃、湖南、浙江四省，四川省办驿运路线里程规模上其时仅 2167 公里，位居中等。[2] 然而，时至 1944 年 11 月份，各省办驿运因经费、业务等问题，营运路线日见减少之际，四川省办驿运却增辟了多条路线，里程大幅增长。据记载，湖南省驿运管理处于 1944 年 8 月裁撤，广东省于 1944 年 11 月结束驿运管理处，线路最长的福建省也于 1945 年 2 月底停止运输业务，办理结束。陕西省于 1945 年 4 月 1 日与该省公路运输局合并。驿运路线较长的江西省也在 1945 年 10 月 25 日停止驿运管理处营业，即驿运结束。除了四川省外，其他各省办驿运一律于 1945 年底结束业务。[3] 然而四川省办驿运于 1944 年 11 月，其所办川西、川东两驿运区共有驿运路线 23 条，总长

① 《四年来的四川驿运》，四川省驿运管理处编，《驿讯》第三十八期（1944 年 11 月 1 日），第 3 页。

② 王炳南：《驿运现况简述》（1942 年 11 月 9 日），见《中华民国史档案资料汇编》第五辑第二编《财政经济》（十），中国第二历史档案馆编，江苏古籍出版社，1997 年，第 440－441 页。

③ 此资料由部分档案总结而得，见中国第二历史档案馆藏行政院档，全宗号：二，案卷号：8613，缩微号：16J－1414。

3696公里，发展之快，非其他各省可比。[①] 福建省办驿运停办后，与其他各省办驿运比较，四川省办驿运在路线规模上应是最大的；如果与1942年川省所办驿运路线比较，四川省办驿运开辟路线相对发展迅速。至1945年10月，其他各省办驿运行将结束时，四川省办驿运还保持1904公里，共23条驿运路线的营运规模。

抗战胜利后，四川省办驿运又迅速承担战后复员的部分运输任务，为难民返乡运送行李与人员，为政府运输各类滞留在四川的军公物品。据四川省驿运管理处直辖广汉段的呈文，可略知一斑："查全国驿运机构均于本年先后裁撤，唯有四川保留延长继续推行，其重要性不言而喻。复查渝广线区行将结束，该区沿线各县征实米谷及川陕联运军公用品为数至巨，并纷纷前来广汉，声请托运。职段原以令定营运区域所限，未便接手。非特使各粮食部门及军公机关及货商等均感失望，抑对战后复员物资运输减弱，公私两方互有不便。为达成职段任务并增强驿运效率计，恳祈钧处将渝广线区原有由简阳至广元一段路线划为职段营运区域。"[②] 在此战后复员之际，四川省驿运管理处直辖广汉段主动要求承担更多运输任务，即可探知四川省办驿运予以"保留延长继续推行"的某些原因。1946年，钟古熙谈到四川的驿运时说："四川在公路没有普遍兴筑，汽车运输没有普及各地以前，驿运始终在四川交通上占一重要地位，不仅复员时期需要着它，而且在战后若干年内我们还不能离开它。"[③] 四川省驿运管理处于1946年5月底才最终结束，其为全国营运时间最长的驿运机构。

---

① 《四年来的四川驿运》，四川省驿运管理处编，《驿讯》第三十八期（1944年11月1日），第2页。

② 《直辖广汉段长蒋怀德为渝广线区划入广汉段营运区域致省驿运管理处的签呈》（1945年11月10日），见四川省档案馆藏四川省驿运管理处档，全宗号：民132，案卷号：176，第474页。

③ 钟古熙：《四川的驿运》，《四川经济季刊》第三卷第一期（1946年1月1日），第172页。

四川省办驿运因四川省在抗战时期地理位置突出，在全国驿运中实具有枢纽性质；其承担粮运重任，运量之大，与全国各地驿运比较，最富特色；其承担的大批量特种工程运输，与其他各省办驿运比较，十分独特；其驿运路线长，发展速度快亦十分突出。从1940年10月1日开办驿运，至1946年5月底结束，四川省驿运管理处为营运时间最长的省办战时驿运机构。总之，四川省办驿运较中央所办以及其他省办战时驿运，颇有其诸多特点。

二、四川省办战时驿运之意义

四川省驿运管理处成立四周年之际，四川省驿运管理处对该省驿运予以总结，其言称："四川省驿运管理处奉令于二十九年十月成立，岁月易得，行复四年，鉴往思来，不无足述。行政方面：初重于自备车辆，示范提倡，继重于奖掖民营，加强输力；业务方面：一则转输军粮，接济前方，一则承运工料，助成工事。幸赖层峰督导，各方协助，及从业人员之戮力同心，突破万难，奠定初基，推进工作，跻于发展。"[1] 其从增强战时运输力量以支援前线接济后方之角度，论述了四川省办驿运的重大意义。当时的这一总结道出了战时四川省办驿运的主要贡献，并非对四川战时驿运的全面论定。如今，立足于历史研究的角度再行反思，似可概括出以下几方面的意义：

第一、四川省办驿运展示了战时驿运对传统驿传系统的某些继承与发展。首先，四川省办驿运继承传统驿传系统之人员物资运输功能。中国数千年的驿传系统，其主要功能表现为传递紧急军情、官方文报，即信息传递功能，而迎送过往官员、皇室贵族、运输官方物

---

① 《四年来的四川驿运》，四川省驿运管理处编，《驿讯》第三十八期（1944年11月1日），第1页。

资，即人员物资运输功能，仅为辅助性质。中国古代，驿传系统并无专门的物资运输部门，至明代才明确规定其具有承担运输物资的功能，清代才真正推广使用，“古代驿站，偏重邮递，旧制驿赤，快马驰驶，亦只限传递急要文件。其应用于大量运输者，实肇始于清”，比如左宗棠平定“回乱”时期。“左宗棠平回乱，其经办军粮给养，即采取驿站运输。”[①] 在中国古代军事史上，军事后勤运输有专门的设置机构，驿传系统设置的主要目的不是为军用物资的运输，而是为了传递军情政令。[②]

近代交通在中国兴起之后，大量物资与人员交通之运输由传统时代借助板车木船以及人兽肩挑背驮，已逐渐转为依靠铁路火车、公路汽车、水路轮船。然而，“自抗战军兴，我国重要交通路线，相继沦陷，后方主要交通，端赖公路汽车运输，惟在敌寇严密封锁之下，油料零件供应艰难，去秋复以滇越滇缅两路之中断，来源更形匮乏，汽车已不能成为普通运输工具”，[③] 面对如此困境，国民政府决定恢复传统驿运方式，举办战时驿运，那么传统驿传系统的运输功能则在抗战时期全面突显。在四川省办驿运的实际营运中，其运输军公商各类物资，转运过往民间旅客、政府官员，“战时驿运”之名则“副其实”了。虽然其也承担部分邮件运输，但为先与邮政机关签约，仅只承担运输责任，已不具有传递信息的特定职能。传统驿传系统的主要功能——信息传递功能已不由战时驿运所具有。立足于传统驿传系统的视角，运输功能也就由传统意义上的辅助功能演化为战时的首要功能，四川省办驿运在继承传统的基础上又突显了传统驿传系统的运输

① 薛光前等著：《新驿运运动》，战地图书出版社，1940年，第52—53页

② 参阅薛光前等著《新驿运运动》，战地图书出版社，1940年，第52—53页。

③ 《四川驿运》，四川省驿运管理处编，1941年7月内部发行，重庆市图书馆枇杷山分馆收藏，第1页。

功能。

其次，四川省办驿运因袭了传统分站递运的驿站运输形式。即："依照我国从前所行驿站办法，或三十里一站，或五十里一站，组织当地的运夫骡马手车，每天只求运送一站，站站衔接，节节递运"。[①]四川省驿运管理处成立之初，其直属驿运营运机构奉建支线总段，承运第六战区军需，该驿运支线分设驿运站，为奉节、大溪、王家沟、庙宇漕、天鹅池、沙坝、陇里、建始、龙凤坝、恩施10站，基本上按照15公里一站的要求设站，除建始站至龙凤坝站相隔45公里之外，其他每站相隔14公里到16公里，每站设有仓库、食宿站等配套设施。另外，在相隔45公里的建始至龙凤坝之间，后来也在其间之白杨坪和民兴镇设立饮食站，供应运夫的饭食，民兴镇还设立住宿站和邮政机构。[②]其他所办各线，也基本采用传统分站递运的运输形式，"站站衔接，节节递运"，其中新渝支线分为新都、赵镇、内江、泸县、重庆等站，渠万支线分为渠县、卷洞门、万县、高山坡、分水、福禄坝、梁山、银河场、大竹九站，渝广水陆联运线设成都东门水运站、北门站、新都站、绵阳站、广元站以及泸县站、重庆站等，川西支线设邛崃、蒲江、崇庆、郫县、新津、温江六站。虽然水运线各站相隔距离略大于15公里或30公里，但基本上仍按照传统分站递送的运输形式展开营运业务。四川省办驿运继承了传统的驿运运输形式。

然而，在四川省办驿运营运实际中，因设站过多而使装卸次数增加，既影响运输效率，又增加运输成本。特别是水运，整船整船地大

---

① 蒋介石：《运输统制与运输运动》，见薛光前等著《新驿运运动》，战地图书出版社，1940，第3-4页。

② 参阅《驿运线路段站设备概况表》（1941年2月10日）和《四川省驿运管理处奉建支线总段各站里程图》，见四川省档案馆藏四川省驿运管理处档，全宗号：民132，案卷号：7，无页码。

批运输，装卸一次实属不易。板车运输亦具有此类问题。此外，分站递运，各站必须相互衔接，形成一条运输链，如果衔接不上，则会延误物资的运输，运输链就会脱节，势必引起运输链上的混乱。正如时人所言："运输若是常常衔接不上，则货物的保管，中转，和移交，就会发生紊乱，错误，和纠纷，其足以影响运输之进行。"[①] 因此，随着四川省办驿运业务的进一步展开，针对分站递运的缺点，创造性地采取"分段接运"的驿运运输形式，特别是板车与木船运输。例如新渝支线特别是川西区时期的新渝线即是分段运输的实例，此线"起自新都县，沿毗河至金堂县之赵镇，转向东南，顺沱江以达泸县，再转入长江向东以抵重庆"，即运输船只先由新都行船至赵镇卸货后，在赵镇另换船只装载，起运过内江只作停靠休息，不再卸货，至泸县才卸下货物，再由船只装运沿长江而下至重庆，实际上即为三段运输，以赵镇、泸县为中转站。[②] 其他各线，如奉建支线后来则按奉节、巫山、建始三段运输；渠万支线以及川东区时期的渠万线，则分为万县、梁山、大竹、渠县四段运输。

分段接运，其在继承传统驿传系统分站递运运输形式基础上又有了创造性的发展，以适应战时之需要。"分段接运制，是由分站递运制而来的，抑即是分站递运制的变态"。

再次，四川省办驿运运输所利用的工具即为传统之运输工具，如板车、独轮车、木船等，动力为运夫、骡马等，比如奉建支线，主要利用运夫肩挑背驮，渠万支线主要使用板车拖运，新渝支线即利用木船水运，以后川西、川东两驿运区，亦为利用板车、独轮车、木船等

---

① 参阅李起涛《由"分站递运制"谈到"分段接运制"》，《驿运月刊》第一卷第三期(1941年5月)，第17—18页。

② 《新渝支线及川西线区营运概况》(1943年7月31日)，见四川省档案馆藏四川省驿运管理处档，全宗号：民132，案卷号：39，第124页。

展开运输，征用运夫、骡马等参加战时驿运。所以说，四川省办驿运之工具与动力的使用，即继承了传统驿传系统之运输工具与动力。

然而，在使用传统运输工具与动力之时，又添加了某些近代的内容。比如板车车轮，四川省办驿运在使用木轮或铁轮的基础上，大量利用废弃的旧汽车外胎，做成胶缘车轮，使用起来更为耐磨。泸县造车厂更制造许多胶胎板车，车轮有内外轮胎，内胎充气，既耐磨又不损坏路面，正如时人所言，“旧式民用板车之车轮，均以硬木块拼合成圆形，外以铁箍卷牢。此种轮式，不但影响载重量，且易损坏路面。为增加重量及减少车轮与路面之摩擦计，以胶胎为车轮最宜”。[①] 板车车轴也由木轴改为钢轴，“旧式板车，系用木轴，取材虽坚，然既大且笨。其轴项与轮套相接处，润滑不佳，致车轴轮套等，极易磨损；且车轴系木质制成，承受重量过小，应改用钢轴，精密镟光轴项，其与轮套接合处，利用滑滚或铜质波斯，减少摩擦。轮套中镟出油槽，储存润油，力求转动灵活，俾省动力，并可增加其载重量”。[②] 渠万支线开运之初，即获得交通部驿运总管理处下拨的胶缘板车200辆参加运输。据渠万支线总段长张春霖的呈文，即可略知装备新式车轮之板车的使用情况，据其呈文所称：“查本段前后奉到大处拨来胶胎板车壹百辆，胶缘板车四百辆。惟胶缘板车除已损坏，报请作废者九十四辆外，现能行驶者，只余三百零六辆。分配于梁万间者，胶胎板车壹百部，胶缘板车壹百五拾部；竹渠间者，胶缘板车壹百五十辆”，因渠万支线粮运数量庞大，所以要求四川省驿运管理处“再拨胶缘板车三百辆，或胶胎板车壹百五十辆”。[③] 其后省驿运管理处同

---

① 袁景章：《板车制造概述》，《交通建设》第一卷第八期（1943年8月），第35页。
② 袁景章：《板车制造概述》，《交通建设》第一卷第八期（1943年8月），第35页。
③ 《为粮运紧急拟请再拨胶缘板车三百辆或胶胎板车壹百五十辆以资使用请鉴核由》（1941年3月31日），四川省档案馆藏四川省驿运管理处档，全宗号：民132，案卷号：74，第2页。

意由渝广水陆联运线总段转拨胶胎板车 70 辆，并向驿运总管理处请求同意，由驿运总管理处再拨给渠万支线总段胶缘板车 200 辆。至驿运区时期，据记载，1944 年川东驿运区自备工具有胶缘板车 162 辆、胶胎板车 14 辆，民有工具有胶胎板车 114 辆；川西驿运区自备工具有胶缘板车 58 辆、实心胶条车 380 辆，民有工具有胶胎板车 960 辆。[①] 由此可见，四川省办驿运已大量使用新式板车车轮，在利用传统驿运工具的基础上，又利用近代制造技术对传统运输工具予以改装，四川省办驿运既继承了传统又发展了传统。

此外，传统驿运，陆驿所利用之道路称为驿道，民间也有官路、便道或大道之称；水驿则利用天然河道。随着近代交通的兴起，抗战时期的战时驿运除了利用驿道和天然河道之外，还大量利用新式交通道路——公路。就四川省办驿运而言，除奉建支线利用古驿道、乡间小道，新渝支线利用天然河道运输外，其余各驿运线都利用了部分公路从事运输。渠万支线全线基本为公路运输，其公路为 1937 年修通的川鄂公路一段；渝广水陆联运线“由重庆上溯长江到泸县，转岷江达成都，改循公路到广元”，[②] 该线成都至广元段即为公路运输，其驿运道路为 1935 年竣工之川陕公路的一部分。据 1942 年 3 月 9 日交通部驿运总管理处的统计，其时四川省驿运管理处所属三线，新渝支线全为水路，渝广水陆联运线重庆至成都为水路，成都至广元为公路，渠万支线则全为公路。[③] 传统的驿运工具与动力行驶在近代的公路上，利用传统交通运输方式时又添加了近代的内容。

---

① 《四川省驿运管理处三月份处长副处长定期通讯第一号》（1944 年 4 月 15 日），见四川省档案馆藏四川省驿运管理处档，全宗号：民 132，案卷号：108，第 15 页。

② 钟古熙：《四川的驿运》，《四川经济季刊》第三卷第一期（1946 年 1 月 1 日），第 169 页。

③ 数据来源于《全国现有驿运干支线名称里程一览表》（1942 年 3 月 9 日），驿运总管理处运输课编，见中国第二历史档案馆藏交通部档，全宗号：二十，案卷号：3365，第 7 页。

四川省办驿运如全国所办驿运一样，把传统驿传系统的辅助功能转变为首要功能，由分站递运发展出分段接运的运输形式，驿运工具有了新的改进，并且利用近代的公路展开运输，继承了传统又发展了传统，赋予四川省办驿运某些近代气息。

第二、为打破敌人之严密封锁，四川省办驿运实具有经济、军事、政治上的战时意义。国民政府举办战时驿运之初衷，即为“打破敌人的封锁”。蒋介石在 1940 年 7 月的全国驿运会议开幕致词中声称：“只要驿站运输制度能够成功，那我们就可以打破敌人的封锁，就可以获得最后的胜利。”1940 年 7 月 18 日，英国迫于日本的压力，将滇缅公路关闭三个月，中国大后方的西南国际出海口全部封闭，包括汽车汽油在内的抗战外援物资难以运入大后方。国民政府迫于抗战形势的变化，面对前后方运输上的困境，只得寻求中国自身的力量，在自力更生的原则下，恢复传统的驿运，利用本土的传统运输工具与动力，举办战时驿运，以补近代运输力之不足。龚警初谈到战时驿运的意义时，从经济的角度详列了一系列数据：至 1944 年 9 月底，四年驿运，“运输物资六万四千余万延吨公里，节省汽油二千五百七十余万加仑，节省汽车共约八千五百九十余辆，节省经费每年约四万六千余万元”，其经费开支，“国库拨用于驿运之建设专款，总共为一七九一〇一二三五元，比之历年用于其他交通事业之国帑，仅占百分之二”。①

就四川省办驿运而言，其承担了第六战区的军运，特种工程的工粮、工料的运输，成都市特约米的运输，以及田赋征实之粮运。在经济上，四川省办驿运承运大量的军公物资，不但节约了汽车、汽油与

① 龚警初：《驿运对抗战之贡献》，《驿讯》第三十五期（1944 年 9 月 16 日），第 1 页。

经费，更加快了后方物资的流通，部分满足了抗战后方民众的物资生活，“调济盈虚，互通有无”，对国计民生之发展，战时物资之输送，实具莫大之功也。据记载，至1944年10月，四川省办驿运四年，共运物资90829.459吨，7884784延吨公里；至1944年6月，一年半时间，共运旅客68552人，519428延人公里。[①] 总之，四川省办战时驿运之营运，对抗战时期后方经济发展实具有促进作用。

在军事上，奉建支线承担第六战区的军用物资运输，直接支援前方战场，其军事上的作用不言而喻。该支线因第六战区“军运需要迫切”，“共运军米军品商货等七五六二三公吨，计九一八一五延吨公里”。此外，新渝支线的军米，亦为支援前线而运。在四川省办驿运的运输业务中，最富特色的是特种工程的工粮、工料运输。特种工程即为修筑军用飞机场，军事目的突出；其工粮、工料运输，军事意义也就十分明显。四川省办驿运前期的川西支线总段即为特种工程而专设，“因新津特种工程紧急”，“共承运工粮三四九三四二吨，计一五六四八一延吨公里”。与此同时，渝广水陆联运线亦参与新津特种工程的工粮运输。1944年1月，成都周围地区大量修筑或改建军用飞机场，由川西驿运区承担此种特种工程的工粮、工料运输，任务完成出色，“交通部以本处参加特种工程运输异常努力特予嘉奖”。[②] 更重要的，正如时人所言：“驿运工具在后方空军基地的建筑中发挥了极大的效率之后，我们从事驿运的人们，又一度地警觉到我们要比前线壕堑中的士兵，对敌作战发挥着更积极的威力，因为B-29式飞机正

---

① 《四川省处历年各线客运运量表》和《四川省处历年各线货运运量表》，见《四年来的四川驿运》，四川省驿运管理处编，《驿讯》第三十八期（1944年11月1日），第2-3页。

② 参阅《四川驿运》，四川省驿运管理处编，1941年7月内部发行，重庆市图书馆枇杷山分馆收藏；《四年来的四川驿运》，四川省驿运管理处编，《驿讯》第三十八期（1944年11月1日）。

是我们用作轰炸日本本土的武器。”[1] 军用飞机场修筑完成，为盟国飞机轰炸日本本土提供方便，事实上加速了抗日战争胜利的进程。基于此，四川省办驿运的工粮、工料运输，也就具有了更为深远的军事意义。

政治上，四川省办驿运发动民众参加驿运，从某个角度而言提高了民众的战时政治觉悟。“中国从古以农立国，人口众多，牲畜繁盛，平时几无一家不备驿运工具，所谓南船北马，民间蕴藏的运输力量，极为雄厚，如果驿运机关能够一方面用政治力量，加以登记、编组、诱掖，和保护，一方面运用经济力量，予以充实、改良、指导，和合理调派。此种雄厚的民间输力，便可担起战时运输，换言之，便足解决抗战期中的运输困难问题”，[2] 解决运输困难问题，是从经济意义上立论，然而对于四川省办驿运而言，其在营运过程中发动大量的民众参加战时驿运，更重要的是提高了民众的抗战觉悟，实具政治上的深层内涵。

四川省办驿运虽在营运中损害过民众的部分利益，但其所承担的各项运输任务都能圆满完成，特别是军公运输；没有大量民众的参与，那只能是纸上谈兵，无济于事。就因有成千上万民众参与战时驿运，四川省办驿运总能在经费不足、工具匮乏的困境中努力经营，最终完成任务。据时人的议论，战时驿运，“一方面普遍发动民间运输力量，加以编组训练，使其负担一部分运输工作，有条理，负责任；同时对交通阻塞之地，渐渐地传播现代文化，宣导国家政策，直接间接可以提高人民的知识水平，发挥其自治能力”，[3] 基于此一看法，四川省办驿运有了更多的政治意味。再如国民政府所言，战时驿运是

① 丁雨山：《特种驿运的重要》，《驿讯》第三十期（1944年7月1日），第1页。
② 章江波：《战时驿运之效用》，《驿讯》第三期（1943年5月16日），第1页。
③ 陆佐安：《战后驿运的动向》，《驿讯》第三十期（1944年7月1日），第3页。

"组训民众的洪炉，发挥民众力量的伟大机构"，此说虽不免有夸张成分，但在发动民众参加战时驿运的过程中，使民众或多或少能认识到驿运在抗战中的积极作用，由此逐步提高民众的抗战觉悟，此一看法应是可以成立的。

对四川省办驿运一般意义上的探讨，可以认识到其驿运事业在继承传统的基础上又发展了传统，在抗战时期的经济、军事、政治上具有积极意义。如果由此再深入思考下去，包括四川省办驿运在内的战时驿运，其传统驿运方式的战时运用等，却支援了近代的战争，这不能不令人深思。

众所周知，至近代，中国传统逐渐成为落后的同义语。"面对西方强势文明的冲击，近代中国不乏陶醉于欧风美雨中者，对中国传统文明的鄙薄已成为近代国人的流行观念，'打倒孔家店'的呼声即可印证，废汉字、废国医的激进举动，反映了当时人们反传统的心态"。[①] 作为传统的驿传系统以及传统的运输工具如板车、木船等，都成为反传统的先锋战士们所贬斥的对象；但在中日两个民族生死较量的战争中，却成为近代交通并不发达的中国解决运输困难的有效手段。这样的历史也许告诫了反传统的战士们一个道理：传统在某个时间某个地点会有其特定的意义。因此，也就可以提出一个问题：中国数千年的传统是不是应该重新定位？这也许是本文留下的悬念，也许是以后努力的方向。

三、四川省办驿运存在的问题与总体评价

如上所述，四川省办战时驿运对抗战具有毋庸置疑的积极意义，

① 参见拙著《近代的"学术独立"观念辨析》，《海南大学学报》（哲学社会科学版）2006年第3期，第317页。

但其存在的问题也不容忽视。这些问题在一定程度上影响了其营运效益，限制了其驿运事业的发展。

首先，四川省办驿运组织系统缺乏专人全权负责。根据全国驿运会议的要求，各省办驿运管理处处长由该省建设厅厅长兼任，四川省办驿运管理处第一任处长即为建设厅厅长陈筑山兼任。此种兼任处长的设立，其优点是借建设厅长之名望以壮大驿运管理处之声势，从某种意义上说，有利于驿运工作的顺利开展。但兼任处长无时间参与驿运实质性工作，仅挂以虚名，对四川省办驿运缺乏具体的指导。据所掌握的四川省驿运管理处的会议记录来看，兼任处长从不参加处务会议，每次会议都派私人代表参加。[①] 因此，此种兼任处长对四川省办驿运的工作没有多少实际意义，反而使四川省办驿运工作缺乏专人全权负责。其中，营运及管理问题屡出，与此应不无关系。1944 年川西驿运区成都南站发生了驿运管理人员打死板车车夫的事件，据该驿运区主任张毓灵的辞职报告透露："至此次南站发生事变，虽因该站长放弃职责，事前不能预为防范，临事又不在站，应付无人，以致酿成人命重情。"[②] 驿运站长不坚守岗位，其中的管理松懈应可见一斑。此外，营运中，也发生多起偷卖军粮之事件。1942 年 8 月，承运四川崇庆军粮之车商正利公司乘渝广水陆联运线移交交通部举办，管理混乱之际，偷卖了军粮 680 余双市石。[③]

其次，在办理驿运业务过程中过多强调民族抗战大义，导致了忽视承运者经济成本的问题。蒋介石在全国驿运开办之际，就把战时驿

① 参阅《四川省驿运管理处处务会议记录》，见四川省档案馆藏四川省驿运管理处档，全宗号：民 132，案卷号：98、99。

② 《为引咎辞职呈请鉴核由》（1944 年 8 月 21 日），见四川省档案馆藏四川省驿运管理处档，全宗号：民 132，案卷号：117，第 663 页。

③ 《为正利公司及其保人大通酱园盗卖军粮侵蚀公款伙逃一案再呈鉴核由》（1942 年 9 月 16 日），见四川省档案馆藏四川省驿运管理处档，全宗号：民 132，案卷号：141，第 5 页。

运定性为“半工半义务”性质，“对于一般供给劳力的民众，饮食要比较丰盛，待遇要亲切周到，对于征用的牛马器材，要丰其给养，加意爱护，而报酬必须减低”。[①] 四川省办驿运如各省办驿运一样，秉着战时驿运“半工半义务”之意旨，尽量压低力价，然而给运夫的饮食待遇却不见改善，征用的动力与工具也不见如何爱惜，奉建支线运夫潜逃已在情理之中。

因运价过低，运输业主也不愿承运四川省办驿运所负担的军公运输任务。其中最突出的就是军运运价。抗战时期的军品运输，其运价照军事委员会制定的军事给予标准付费，该付费标准在战时几经修改提高，但远远赶不上物价的上涨速度，以致军运运价“仅等于商运百分之二十五，仍不足维持车船夫马之最低生活”，因军运运价过低而使“工具动力相率逃亡，甚至毁车沉船，或出售驮马”，[②] 对民间传统运输业的生存构成威胁，严重影响四川省办驿运事业的发展。

战时驿运以“半工半义务”相要求，虽然可减少政府的运输经费支出，但所导致的过低运价反过来又影响了运输业主及承运者个人参与战时驿运的积极性，对战时驿运工作的开展不无消极作用。强调民族抗战大义，忽视运输成本，反而阻碍了战时驿运对抗战的支援。

此外，四川省办驿运对民间传统运输力量实行管制，该举措并不得人心，民间因其利益受损而抵触较大，以致发生车夫殴打驿站管理人员之事。1944 年后，虽采取了奖励民间运输力量参与驿运的政策，但事实上政策实施不易到位，所以难以产生多少实际效果。在抗战胜利之际，继续保留的四川省办驿运机构，遭到了民间人士的反对，控

---

① 蒋介石：《驿运制实施之基本工作》，见薛光前等著《新驿运运动》，战地图书出版社，1940 年，第 10 页。

② 章勃：《驿运事业新动向》，见《交通建设》第一卷第八期（1943 年 8 月），第 23 页。

告纷呈，其中所持理由之一即为管制民间传统运输不合法。因此，四川省办驿运不得不于 1946 年 5 月底结束其营运，其所有财产移交四川省公路运输公司，经营了五年多的四川省办驿运至此结束。

然而，虽然四川省办驿运与全国各省办驿运一样，存在或多或少的问题，但其毕竟承担了国家及民间所托付的大量战时运输任务，其价值与意义是不容否定的。纪念全国举办战时驿运四周年之际，时人龚警初曾言："驿运以我国固有之人夫、兽力、板车、木舟等旧式工具，承受抗战时期艰难繁重的现代运输，屈指迄今，瞬忽四载。回溯此四年间，我国处境之艰危，实乃史所罕睹，而交通方面所遭遇之困难，至深且巨，如铁路线之日渐缩减，公路器材之日渐短绌，均为严重之现象，驿运于此时期，以科学方法，革命精神，动员全国人力物力，配合国家需要，展开全面运输，调济盈虚，互通有无，于国计民生之发展，战时物资之输送，莫不克尽最大之努力，而其动员之广，运量之宏，就历代驿运实施状况而言，恐亦为史所无。"① 此种对全国驿运的评价，自然也包括了对四川省办驿运的肯定。时人言"种种工程之举办，所有原料之运输，器材之转徙，粮食之供应"，② 均非赖四川省办驿运之协助，则不为功。此说亦堪称恰如其分。

---

① 龚警初：《驿运对抗战之贡献》，《驿讯》第三十五期（1944 年 9 月 16 日），第 1 页。

② 《四年来的四川驿运》，四川省驿运管理处编，《驿讯》第三十八期（1944 年 11 月 1 日），第 4 页。

参考文献

一、档案

1. 兵工署第十厂档，重庆市档案馆藏，全宗号：0174。

2. 兵工署第五十厂档，重庆市档案馆藏，全宗号：0186。

3. 重庆市警察局档，重庆市档案馆藏，全宗号：0061。

4. 重庆市政府档，重庆市档案馆藏，全宗号：0053。

5. 国民政府交通部档，中国第二历史档案馆藏，全宗号：20。

6. 国民政府行政院档，中国第二历史档案馆藏，全宗号：2。

7. 军事委员会战时运输统制局档，中国第二历史档案馆藏，全宗号：764。

8. 四川省第三区行政督察专员公署档，重庆市档案馆藏，全宗号：0055。

9. 四川省驿运管理处档案，四川省档案馆藏，全宗号：民 132。

二、民国报刊

1.《大公报》，1940 年 7 月－1945 年 8 月。

2.《建设周讯》，（特刊）1941 年 8 月。

3.《交通公报》，1940 年－1945 年，第三卷－第八卷。

4.《交通建设》，第一卷第八期，1943 年 8 月；第二卷第七期，1944 年 7 月。

5.《交通建设季刊》，第二卷第二期，1942 年 6 月。

6.《交通月刊》，第一卷第六期，1941 年 1 月。

7.《抗战与交通》，第三卷第四期，1943 年 7 月。

8.《四川经济季刊》，（新）第一期－第三期，1943 年。

9.《四川建设》，第二期，1944 年 6 月。

10.《统计月报》，第四十八期－第八十期，1940 年－1945 年。

11.《新华日报》（重庆版），1940 年 7 月－1945 年 8 月。

12.《新经济》，第三卷－第十一卷，1940 年－1945 年。

13.《西南边疆》，第五期，1942 年。

14.《西南导报》，第二卷第二期、第三期，1939 年。

15.《新西康》，第二卷－第三卷，1944 年－1945 年。

16.《新新新闻》，1940 年 9 月－1945 年 8 月。

17.《驿讯》，1943 年 4 月－1944 年 11 月，第一期－第三十九期。

18.《驿运月刊》，1941 年 3 月－1942 年 2 月，第一卷－第三卷，共八期。

三、史料集与文史资料

1.《成都文史资料选辑：纪念抗日战争胜利四十周年专辑之三》（总第十一辑），中国人民政治协商会议四川省成都市委员会文史资料研究委员会编，1985 年 9 月内部发行。

2.《抢米事件》，中共成都地方党史资料丛书，中共成都市委党史研究室编，成都出版社，1991 年。

3.《抗日战争时期四川省各类情况统计》，四川省档案馆编，西南交通大学出版社，2005 年。

4. 沈雷春、陈禾章编：《战时经济法规》，近代中国史料丛刊三编，第二十辑，台北文海出版社，1987 年。

5. 陶人观主编：《文史资料存稿选编（22）——经济》（下），中国人民政治协商会议全国委员会文史资料委员会编，中国文史出版社，2002 年。

6. 杨实主编：《抗战时期西南的交通》，抗战时期的大西南丛书，中国人民政治协商会议西南地区文史资料协作会议编，云南人民出版社，1992 年。

7. 章伯锋、庄建平主编：《抗日战争》第三卷政治（上），四川大学出版社，1997 年。

8. 章伯锋、庄建平主编：《抗日战争》第五卷《国民政府与大后方经济》，四川大学出版社，1997年。

9. 章德华主编：《西南民众对抗战的贡献》，抗战时期的大西南丛书，中国人民政治协商会议西南地区文史资料协作会议编，贵州人民出版社，1992年。

10.《中华民国史档案资料汇编》第五辑第二编《财政经济》（十），中国第二历史档案馆编，江苏古籍出版社，1997年。

11.《中国抗日战争时期物价史料汇编》，四川联合大学经济研究所、中国第二历史档案馆编，四川大学出版社，1998年。

12. 张嘉璈：《战时交通》，见秦孝仪主编《中华民国史料丛编》，1976年影印。

13. 张肖梅编：《四川经济参考资料》，中国国民经济研究所，1939年。

14. 张重华编著：《抗日战争时期重要资料统计集》，《中国抗日战争史丛书》，北京出版社，1997年。

四、著作

1. ［苏］比鲁利亚：《交通运输学概论》，周明镜译，人民交通出版社，1956年。

2. 白寿彝：《中国交通史》，《中国文化史丛书》，上海书店，1984年。

3. 陈红民主编：《中华民国史新论》，三联书店，2003年。

4. 陈世松、贾大泉主编：《四川通史》第七册，四川大学出版社，1994年。

5. 陈廷湘主编：《中国现代史》，四川大学出版社，2002年。

6. 杜鹃：《民国时期的云南马帮驿运》，四川大学2004年未刊硕士学位论文。

7. 段渝主编：《抗战时期的四川》，巴蜀书社，2005年。

8. 董增刚：《从老式车马舟桥到新式交通工具》，四川人民出版社，2003年。

9. 付润华、汤约生主编：《陪都工商年》，1945年出版，出版社不详，超星图书馆收藏。

10.《福建的驿运》，福建省运输公司编，1941 年内部发行，超星图书馆收藏。

11. ［美］费正清、费维恺编：《剑桥中华民国史》（下），刘敬坤等译，中国社会科学出版社，1994 年。

12. 龚学遂：《中国战时交通史》，商务印书馆，1947 年。

13. 何善昌主编：《国防经济学》，湖北人民出版社，1988 年。

14. 胡越英：《川西 B－29 "特种工程"研究》，四川大学 2003 年未刊硕士学位论文。

15. 金家凤：《中国交通之发展及其趋向》，正中书局，1937 年。

16. 金士宣、徐文述编著：《中国铁路发展史 1876－1949》，中国铁道出版社，1986 年。

17. 蒋廷黻：《蒋廷黻回忆录》，岳麓书社，2003 年。

18. ［英］肯尼思·巴顿：《运输经济学》，冯宗宪译，商务印书馆，2002 年。

19. ［美］柯文（Paul A. Cohen）：《在中国发现历史——中国中心观在美国的兴起》，林同奇译，中华书局，2002 年。

20. 刘广生主编：《中国古代邮驿史》，人民邮电出版社，1986 年。

21. 刘世茂：《抗日战争时期的四川交通》，四川师范大学 2001 年未刊硕士学位论文。

22. 刘文鹏：《清代驿传及其与疆域形成关系之研究》，中国人民大学出版社，2004 年。

23. 李平生：《烽火映方舟——抗战时期大后方经济》，广西师范大学出版社，1995 年。

24. 李天元等编：《民生公司史》，人民交通出版社，1990 年。

25. 李占才主编：《中国铁路史（1876－1949）》，汕头大学出版社，1994 年。

26. 李占才、张劲：《超载：抗战与交通》，广西师范大学出版社，1996 年。

27. 楼祖诒：《中国邮驿发达史》，《民国丛书》第三编第 35 册，上海书店，

1991年。

28. 楼祖诒：《中国邮驿史料》，人民邮电出版社，1958年。

29. 茅海建：《戊戌变法史事考》，三联书店，2005年。

30. 《内政一年》，福建省政府秘书处编，1942年内部发行，超星图书馆收藏。

31. 《全国驿运概况》，交通部驿运总管理处编，1944年11月内部发行，超星图书馆收藏。

32. 钱穆：《中国历史研究法》，生活、读书、新知三联书店，2001年。

33. 清庆瑞主编：《抗战时期的经济》，《中国抗日战争史丛书》，北京出版社，1995年。

34. 仇润喜主编：《天津邮政史料》（第一辑），北京航空学院出版社，1988年。

35. ［英］柯林武德：《历史的观念》，何兆武、张文杰译，商务印书馆，1997年。

36. 寿进文：《抗日战争时期国民党统治区的物价问题》，上海人民出版社，1958年。

37. 《四川的驿运》，四川省政府建设厅秘书室编审股编，1943年6月内部发行，重庆市图书馆枇杷山分馆藏。

38. 《四川交通史志文稿》（一）民间运输篇，四川省交通厅地方交通史志编纂委员会民间运输史志编写组编，内部发行，1982年9月。

39. 《四川驿运》，四川省驿运管理处编，1941年7月内部发行，重庆市图书馆枇杷山分馆藏。

40. ［日］石井一郎：《交通运输学概论》，顾时光译，人民交通出版社，1983年。

41. 苏全有：《清末邮传部研究》，中华书局，2005年。

42. 宋世琦、颜景政主编：《记者笔下的抗日战争》，人民日报出版社，1995年。

43. 宋同福：《田赋征实概论》，《中央银行经济研究处丛书》，1942年版，出版社不详，超星图书馆收藏。

44. 谭刚：《抗战时期大后方的交通建设事业》，南京大学 2005 年未刊博士学位论文。

45. 谭刚：《抗战时期的四川粮食储运》，四川师范大学 2002 年未刊硕士学位论文。

46. 王立显主编：《四川公路运输史》（上），四川人民出版社，1989 年。

47. 汪荣祖、李敖：《蒋介石评传》，中国友谊出版公司，2005 年。

48. 王晓华、李占才：《艰难延伸的民国铁路》，河南人民出版社，1993 年。

49. 王绍荃主编：《四川内河航运史》（古代、近代部分），四川人民出版社，1989 年。

50. 王先明：《中国近代社会文化史论》，人民出版社，2000 年。

51. 王秀鑫、郭德宏主编：《中华民族抗日战争史》，中共党史出版社，1995 年。

52. 王子今：《驿道驿站史话》，中国大百科全书出版社，2000 年。

53. 谢本书、温贤美主编：《抗战时期的西南大后方》，中国抗日战争史学会、中国人民抗日战争纪念馆编，北京出版社，1997 年。

54. 夏光南：《中印缅交通史》，中华书局，1948 年。

55. 薛光前等：《新驿运运动》，战地图书出版社，1940 年。

56. 席龙飞等主编：《中国科学技术史》（交通卷），科学出版社，2004 年。

57. 俞飞鹏：《十五年来之交通概况》，1946 年 4 月，出版社不详，四川大学图书馆文理馆藏。

58. 杨策主编：《少数民族与抗日战争》，《中国抗日战争史丛书》，北京出版社，1997 年。

59. 杨念群、黄兴涛、毛丹主编：《新史学——多学科对话的图景》，中国人民大学出版社，2003 年。

60. 余英时：《文史传统与文化重建》，三联书店，2004 年。

61. 余英时：《中国思想传统的现代诠释》，江苏人民出版社，2003 年。

62. 杨正泰：《明代驿站考》，上海古籍出版社，1994 年。

63. 周春主编：《中国抗日战争时期物价史》，四川大学出版社，1998 年。

64. 赵尔巽等撰：《清史稿·交通志》卷一百五十，中华书局，1976 年。

65.《中国古代道路交通史》，中国公路交通史编审委员会编，人民交通出版社，1994 年。

66.《中国公路运输史》第一册，中国公路交通史编审委员会编，人民交通出版社，1997 年。

67. 张公权等：《抗战与交通》，独立出版社，1940 年。

68.《中国近代邮电史》，邮电史编辑室编，人民邮电出版社，1984 年。

69. 张磊主编：《哲学与运输——现代运输基本理论研究》，中共中央党校出版社，1991 年。

70. 张心澄：《中国现代交通史》，良友图书印刷公司，1931 年。

71. 张振龙：《军事经济学》，辽宁人民出版社，1988 年。

72. 赵曾珏：《战后交通建设概论》，商务印书馆，1947 年。

五、地图

1.《全国驿运各干线图》，交通部驿运总管理处绘，1942 年 4 月。

2.《全国驿运路线图》，交通部驿运总管理处绘，1942 年 5 月。

3.《战时交通状况图》，中国第二历史档案馆藏，全宗号：20，案卷号：281。

六、论文

1. 陈红民：《抗日战争时期的驿运事业》，《抗日战争研究》1997 年第 1 期。

2. 陈三井：《抗战时期的中法关系》，《近代中国》第 152 期。

3. 陈涛：《抗战时期西南建设述论》，《楚雄师范学院学报》2003 年第 2 期。

4. 董长芝：《抗战时期大后方的交通建设》，《抗日战争研究》1993 年第 1 期。

5. 邓显金、廖鹤林：《略谈成都地区的驿运》，《成都志通讯》1987 年第 3 期。

6. 龚泽琪：《抗日战争时期大后方的战时交通建设与军事运输》，《党史研究与教学》1995年第3期。

7. 侯风云：《抗日战争时期的西北国际交通线》，《江苏社会科学》2005年第4期。

8. 侯坤宏：《抗战后期四川省田赋征实政策之研究》，《近代中国》第51期。

9. 胡越英：《“特种工程”缘起述略》，《文史杂志》2003年第3期。

10. 贾国雄：《论国民政府抗战时期的交通运输管理体制》，《西南师范大学学报》（人文社会科学版）2005年第4期。

11. 《抗日时期成都的汽车运输》，成都汽车运输公司修志组编，《成都志通讯》1985年第3期。

12. 《抗战时期迁都重庆之交通部》，重庆市档案馆编，《档案史料与研究》1989年第3期。

13. 刘东方：《抗战时期的安徽驿运》，《抗日战争研究》1993年第1期。

14. 龙汉武、文双发：《抗战时期的四川交通述论》，《武汉交通职业学院学报》2005年第3期。

15. 李建国：《简论近代甘肃的驿运业》，《甘肃社会科学》1995年第2期。

16. 李建国：《抗战时期中国特矿运输研究》，《南京社会科学》2006年第2期。

17. 陆民仁：《抗战时期的田赋征实制度》，《近代中国》第83期。

18. 刘世茂：《抗日战争时期的四川驿运述论》，《西南民族学院学报》2001年第11期。

19. 刘卫东：《关于抗战前期中国借道越南运输问题的几点考证》，《聊城师范学院学报》（哲学社会科学版）1999年第4期。

20. 刘卫东：《论抗战前期法国关于中国借道越南运输的政策》，《近代史研究》2001年第2期。

21. 谭刚：《抗战时期大后方的内河航运建设》，《抗日战争研究》2005年第2期。

22. 唐润明：《四川抗日根据地的策定与国民政府迁都重庆》，《档案史料与研究》1992年第4期。

23. 田霞：《抗日战争时期的陕西驿运》，《西北大学学报》（哲社版）1997年第3期。

24. 魏良才：《抗战期间的中美关系》，《近代中国》第59期。

25. 吴强：《云南马帮及驿运历史的结束》，《云南档案》2000年第3期。

26. 许文堂：《第二次大战时期中、日、法在越南的冲突与交涉》，《近代史研究所集刊》第44期。

27. 席亚兵：《寻访60年前的“特种工程”》，《世界博览》2004年第3期。

28. 杨斌：《抗战时期国民政府驿运事业》，《民国档案》1995年第4期。

29. 朱景升：《中缅邮运回忆录》，重庆市档案馆编，《档案史料与研究》1990年第1期。

30. 张劲：《抗战伟力之源在于民众——战时驮运述论》，《铁道师院学报》（社会科学版）1995年第3期。

31. 张水木：《对日抗战时期的中英关系》，《近代中国》第37期。

32. 赵先明：《抗战时期美国租借物资与西昌的历史联系》，《四川师范大学学报》（社会科学版）1998年第3期。

33. 张豫西：《四川藏区高原牦牛驮运的变迁》，《巴蜀史志》2001年第5期。

34. 周正龙：《论川滇桂回胞在抗战中的救亡活动》，《宜宾学院学报》2006年第1期。

后记

本书是在我博士学位论文的基础上修改而成。

2004年金秋，我满怀喜悦与不安，步入百年学府四川大学，有幸成为恩师陈廷湘先生的及门弟子。川大三年，巴山蜀水美丽神奇的自然风光陶醉了我的心田，增长我的智慧；更重要的是，其历史文化氛围，激起我学海求索的强烈欲望，唤起我探寻历史浪花的好奇。岁月匆匆，一晃三载学子生涯逝去，其间几多欢乐、几多忧愁，都历历在目，如在昨天，实乃感慨良多。

记得刚到川大，我虽经三年硕士研究生阶段的严格史学训练，懂得治史的基本方法与要求，但我毕竟是从中国思想史专业转入中国近现代史研究，近现代史研究所具有的一些特定的方法与要求我并不懂得。当身旁的师兄弟们正紧锣密鼓地切入中国近现代史某个领域的深层研究时，我还在进行中国近现代史研究方法方面的思考，摸索研究的门径。这种滞后性的存在，我想唯有勤奋也许可以弥补于万一。回想那样的日日夜夜，我几乎没有假日休息的概念，图书馆就是我每天生活的处所，史书阅读与史事思考就是我每天的功课。如此紧张但又充实，往后的日子，我一步步体味到做学问的艰辛与乐趣，并也逐步爱上历史研究这种工作。

记得博士学位论文选题确定后，首先要做的是搜集史料，而涉及本人博士论文的主要史料是在四川省档案馆。2005年秋冬两季，每天早晨骑着一辆破旧的自行车，迎着秋霜与寒风，从川大出发，经一个多小时到四川省档案馆，等待档案馆开门查阅档案。中午就近随便吃点炒饭或面条，然后回到档案馆候阅厅，躺在冰冷的长条木椅上略做午休，以便有精力下午继续查阅。夜幕降临时，又骑一个多小时的路程回到川大，赶到学校食堂吃一碗已凉的米饭。历时五个月，终于查完了博士论文所需的基本史料，望着手头所搜集到的沉甸甸的第一手史料。有一种艰辛后的喜悦。2006年春季，我提着皮箱从家乡湖南一个小城——新化坐火车去南京查阅史料。春运季节，我虽能买到无坐票，但上火车极为艰难，好不容易挤进车门，但已不能进车厢，只能站在车门旁的过道口，人站在人缝间，行礼箱却无处放，只好用头顶着，一直到江西鹰潭。到南京后，为节省钱，住在中国第二历史档案馆旁一家用地下室改装成的旅馆中。那天晚上，偌大的一间地下室，上百张床分三列摆开，全是白色的床单床套，而住的仅我一人，心真有点发毛。此时我真体验到那种人在地狱中的感觉。

也许但丁的寓言是人生的写照，只有炼狱后，人的精神与学识才能得以升华，面对自己辛勤而来的数百万字的史料，真有一种人生的充足感。数月的史料整理、阅读、归类，写作大纲拟定后，博士学术论文就此展开写作。有时思绪打开，写作起来滔滔不绝，如黄河之水天上来；有时苦思不得其解，难寻表达之通途；有时思绪万千，却不知从何处下手。有时写作已届凌晨三点，十分疲惫地躺在床上，但大脑已十分燥热而又兴奋，而难有睡意，就像一架运转得金属轮已高温发红的机器，此时我好像忽然理解了陈寅恪先生晚上睡不下非吃安眠药的原因；有时写作得庄生梦蝶，物我两忘而已无分，直到窗帘上隐隐透过的白光和窗外树上传来的清脆的鸟鸣声，才知天已亮了。

这是一种艰辛，更是我所自感到的人生最美丽的时刻，我的博士论文获得了导师的认可与众多评阅专家的好评，顺利通过了原来自感遥遥无期的博士论文答辩，此时我忽然发现上帝之门是虚掩着的。

当然，在我人生收获的季节，我决不能忘记时刻给我指导的恩师。初入川大，面对先生严谨的治学态度、渊博精深的学识令本为才疏学浅的我，尤为于心惶惶。然而，先生平易近人的待人态度，谆谆善诱的教诲，使我逐渐释却了疑虑与不安，激起了我学海遨游的勇气。

川大三年，在先生的悉心指点下，我致力于中国近现代史的研究工作，尤其是本人的博士学位论文，从选题、搜集史料、拟出大纲、撰写到修改，无不得到先生的精心指导。对于中国近现代史的研究，我虽感尚未登堂入室，但自认已找到从事这方面工作的门径，投入先生门下，承先生之教诲，真乃三生有幸啊。本书的顺利出版，又得先生出版基金项目的资助。这一切的一切，我无法以言辞表述我对恩师的感激之情。

川大三年，我得感谢王挺之教授、杨天宏教授、何一民教授、王东杰教授、刘世龙教授等各位川大师长们对我的教诲。我得感谢南京大学的陈红民教授、申晓云教授，复旦大学的吴景平教授，中国社科院近史所曾业英研究员，中国社科院马克思主义研究院吴恩远研究员，北京大学的杨奎松教授，西南交通大学鲜于浩教授，西南大学的谭刚副教授对我的指点与帮助，为本书的修改提出一些中肯的意见。我得感谢四川省档案馆、中国第二历史档案馆、重庆市档案馆、重庆市图书馆，为我查阅资料提供方便，并在经济上给予优惠。我还得感谢潘洵、尚季芳、黄小彤、戴斌武、周树槐、黄天华、高原、张忠、刘力、谢春、李晓宇、艾晶、张研、刘雪怡、昌文彬、李永芳、侯宣杰、吴佩玲、何洪涛、邝良锋、陈岗、鲁克亮、曾燕、黄萍、陈卯轩、任春艳、车镂、汪海清等各位学友给我的帮助与关心。

川大三年，我得感谢妻儿及家人，正是他们无尽的关怀，使我能安心求学。我的妻子定华默默承担了抚养孩子的全部职责，使我得以全身心地投入到论文的写作中。

当然，我还得感谢巴蜀书社的段志洪社长，为本书的出版提供方便；也得感谢巴蜀书社的责任编辑陈亚玲、肖静老师，为本书做了仔细的校对，费了许多心血。

学海求索无尽，一切我将铭记于心。

肖 雄

2012年1月于春城

图书在版编目（CIP）数据

抗日战争时期四川省办驿运研究 / 肖雄著. —成都：巴蜀书社，2012.4

ISBN 978－7－5531－0002－9

Ⅰ.①抗… Ⅱ.①肖… Ⅲ.①公路运输－交通运输史－研究－四川省－1937～1945 Ⅳ.①F542.9

中国版本图书馆 CIP 数据核字（2012）第 070259 号

抗日战争时期四川省办驿运研究
KANG'RI ZHANZHENG SHIQI SICHUAN SHENGBAN YIYUN YANJIU

肖 雄 著

责任编辑　陈亚玲　肖　静
封面设计　经典记忆
出　　版　四川出版集团巴蜀书社
　　　　　成都市槐树街 2 号　邮编 610031
　　　　　总编室电话：(028)86259397
网　　址　www.bsbook.com
发　　行　巴蜀书社
　　　　　发行科电话：(028)86259422　86259423
经　　销　新华书店
照　　排　四川胜翔数码印务设计有限公司
印　　刷　四川机投印务有限公司（028）87427333
版　　次　2012 年 4 月第 1 版
印　　次　2012 年 4 月第 1 版
成品尺寸　210 mm×148 mm
印　　张　10.125
字　　数　240 千
书　　号　ISBN 978－7－5531－0002－9
定　　价　24.00 元